电力营销管理

国网浙江省电力有限公司　组编

中国电力出版社
CHINA ELECTRIC POWER PRESS

图书在版编目（CIP）数据

电力营销管理 / 国网浙江省电力有限公司组编 . —北京：中国电力出版社，2023.10
ISBN 978-7-5198-6606-8

Ⅰ.①电…　Ⅱ.①国…　Ⅲ.①电力工业–工业企业管理–营销管理–教材　Ⅳ.①F407.615

中国版本图书馆 CIP 数据核字（2022）第 045736 号

出版发行：中国电力出版社
地　　址：北京市东城区北京站西街 19 号（邮政编码 100005）
网　　址：http://www.cepp.sgcc.com.cn
责任编辑：雍志娟
责任校对：黄　蓓　常燕昆
装帧设计：张俊霞
责任印制：石　雷

印　　刷：廊坊市文峰档案印务有限公司
版　　次：2023 年 10 月第一版
印　　次：2023 年 10 月北京第一次印刷
开　　本：787 毫米×1092 毫米　16 开本
印　　张：15.75
字　　数：341 千字
印　　数：0001—1500 册
定　　价：72.00 元

编　委　会

前言
Preface

随着市场经济的不断深入和发展，人们的生活水平有了质的飞跃，人们对电力系统的要求，尤其对电力企业服务质量的要求也越来越高。电力营销人员作为电力企业直接与客户打交道的人员，其综合素质是实现企业经济效益的重要因素之一。近年来电力营销中新的技术、新的业务层出不穷，对营销工作的标准和要求也在不断地变化。为使电力营销人员全面熟悉和掌握电力营销管理的基本理论、方法和技能，树立改革创新观念、优质服务观念、市场竞争和效益观念、依法经营观念，增强市场开拓、竞争和管理创新能力，全面提高电力营销人员的整体素质，根据国家政策要求和国家电网公司文件要求编写该培训教材。

由于电力营销管理工作相关的政策和标准是需要不断完善和修订的，因此该教材仅仅是根据目前执行的政策和标准编写，若有新的政策和标准出台，则以新的政策和标准为准。

本教材主要是作为国家电网有限公司电力营销新进人员培训用书，也可以作为供用电专业教学用书。

在该书的编写过程中，参考和辑录了相关的书籍与刊物，在此谨向这些书籍和刊物的作者致谢。

由于编者水平所限，再加上修改时间仓促，本教材的不足之处在所难免。对于本教材中的不足之处，敬请广大读者批评指正。谢谢！

编　者
2023 年 10 月

目录
Contents

前言

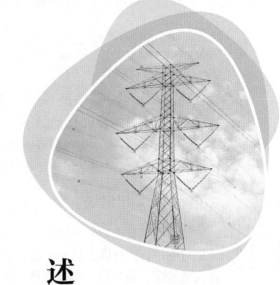

第一章 概　述

我国电力工业在新中国成立前十分落后,1949 年全国发电装机容量只有 185 万 kW,发电量只有 43 亿 kWh,均位居世界第 25 位。为求得尽快发展,新中国建立了由中央政府完全垄断的集中统一的电力工业管理体制,发、输、配、售一体化,政企合一,使电力工业得到较快发展,初步建立了我国的电力工业体系。与 1949 年相比,1978 年的电力装机容量增加到 5812 万 kW,增长了 29.9 倍;发电量增加到 2566 亿 kWh,增长了 58.7 倍。随着国民经济的持续发展和人民生活水平的不断提高,电力的需求量也越来越大,一段时间内电力短缺成为一种经常性的现象,特别是 1970 年开始的全国范围内的缺电持续了 20 多年,各级政府不得不相继出台了一系列限制用电政策,要求电力用户有计划地利用有限的电能。这个时期电力工业成为制约国民经济发展的"瓶颈"产业。

20 世纪 80 年代初实行改革开放后,集资建电厂、利用外资建电厂开始出现,电力工业逐步走出了由中央政府独家建设电厂的格局。特别在 1987 年,国家进一步提出了"政企分开、省为实体、联合电网、统一调度、集资办电"和"因地因网制宜"的方针,以及"新电新价、还本付息"的政策,极大地调动了各方面投资建设电厂的积极性,使电力工业得到蓬勃发展。全国装机容量继 1987 年跨上 1 亿 kW 台阶后,连续 11 年每年新增大中型机组 1000 万 kW,又于 1995 年突破 2 亿 kW,之后每年以新增装机 1500 万 kW 的速度增长,2000 年 4 月全国电力装机容量突破 3 亿 kW。电源建设从中央政府一方投资为主,发展到中央、地方、企业、外资和社会个体、民间多方共同投资的局面,实现了电力供需的基本平衡。

第一节　传统的用电管理

由于电力的不可储存和实时平衡等特性,传统的电力产业都是采取垂直一体化垄断运营,电力部门集"发、输、配、售"等电力生产业务于一身,具有相应的垄断经营区域。电力"发、输、配、用"的瞬间完成使得电力销售具有自然垄断的特性，而且由于过去我国电力紧缺，电力市场几乎不存在任何竞争，完全是"卖方市场"。加上政企不分，电力部门具有政府管理行业职能。所以过去在电力企业的经营活动中一直是强调"安全生产"，对于用户则是加强用电管理。

一、计划用电

计划用电是三电（计划用电、节约用电、安全用电）管理中的一个重要方面。所谓计划用电，就是在国家的统一计划下，本着统筹兼顾、保证重点、合理安排的原则，对各用电地区、用电单位实行有计划的电力分配。

（一）计划用电工作内容

计划用电工作贯穿于发、供、用电的全过程中，它包括合理分配、科学管理、节约使用、灵活调度四个重要环节。

合理分配。就是在执行国家电力统配政策的条件下，按照当时当地的具体情况，参照历史上较好产品的用电单耗和国家生产计划进行电力、电量的分配，这是实行计划用电的重要基础。

科学管理。要使计划用电落到实处，必须加强科学管理，即根据全电网的发电能力，各用户的用电水平和用电状况，负荷大小，实行行政、经济、技术、法律相结合的科学管理手段，认真做好电能管理工作。

节约使用。节约使用电能，一方面充分利用发、供电设备，组织用户移峰填谷，在电力供需矛盾突出的情况下更好地发挥有限电力的最大作用；另一方面是降低单位产品的用电单耗，达到节电目的。

灵活调度。发电、供电、用电情况每时每刻都在发生着变化，电网的平衡是发、供、用电的动态平衡。发电水平受着燃料供应、设备状况和管理状况等多种因素的影响，而用电状况则受着原材料的供应、生产计划及市场等因素的制约。因此，要保证发、供、用电的平衡，就必须根据发电和用电的变化情况，随时灵活调整发电出力和用电负荷，即灵活调度。

（二）计划用电工作特点

政策性。计划用电是一项政策性很强的工作。供用电管理人员要经常研究国家在各个时期的方针政策，根据国家的方针政策调整工作计划。在电力供应紧张时，调整负荷，停电或限电，有保有舍，不能搞一刀切，不能搞平均分配和自由分配。严格执行中央关于计划用电、节约用电的方针政策。

科学性。计划用电是一项科学性很强的工作，是在不平衡中求得暂时的平衡。发、供、用电的不平衡是绝对的、经常存在的，而平衡是相对的、暂时的。计划用电就是要在这种经常性的不平衡中，通过不断调整发电出力和用电负荷，使其不断地达到暂时的平衡。

地区性。计划用电工作的地区性很强。不同的地区，工农业比重不同，水火电比重不同，用电构成不同，电力供需矛盾的程度不同，燃料构成和自给程度不同，电网的结构不同等，这些差别的存在说明了各个电网都有其地区特点。这要求计划用电工作必须根据当地的地区特点，因地制宜，在当地政府的领导和支持下，根据国家在不同时期的方针政策，采取适合本地特点的和行之有效的措施，做好本地区的计划用电工作。

灵活性。计划用电工作的灵活机动性很强。由于电力供需矛盾经常发生变化，尤其一些突发事件的发生，如农村出现旱灾、水灾等，用电负荷骤增，计划用电管理部门就要在原来电力电量合理分配的基础上，重新调整负荷，压缩某些工业用电，力保农业用电，这都充分体现计划用电工作的灵活性，使之既要保证发、供、用电的平衡，又要适应负荷的突然变化需要。

二、节约用电

节约用电，就是通过采取技术上可行，经济上合理和对环境保护无妨碍的一切技术节电和管理节电措施，消除用电过程中的不合理和浪费现象，提高电力能源的有效利用程度，以实现能源的节约和电力供需的平衡，提高电能使用的经济效益。

企业开展节电工作主要从三方面着手，即管理节电、技术节电和结构节电。管理节电是改善和加强用电管理和考核工作，从而挖掘节电能力。技术节电是通过设备更新改造，工艺改革，采取先进技术进行节电。结构节电是通过调整产业结构、工业结构和产品结构进行节电。

工矿企业开展节约用电，对国家、对企业本身都有重大的意义。

节约一次性能源。我国人口众多，人均能源量很少。节约用电，可节约一次能源，尤其是火力发电，而一次能源的节约，又大大减轻了交通运输的紧张（因大量的煤，油等运输）。

缓和电力供需矛盾。通过节约用电，相当于多生产了电能，可更好地满足用电的需要，就在一定程度上缓和了电力供需的矛盾。

提高了企业的生产水平和科学管理水平。企业要开展节电工作，必须要解决生产中耗能高、工艺落后和管理中存在的问题，当这些问题解决后，必然使生产水平和产量提高，管理水平也跟着提高了。

提高了电能的有效利用率。企业开展节约用电，降低了损耗，降低了产品的单耗，提高了电能的有效利用率，同时也节约了电费，降低了产品的生产成本，进而提高了企业的经济效益。

总之，节约用电是一项不投资或少投资就能取得很大经济效益的工作，必须高度重视。

三、安全用电

安全用电，就是在用电中必须严格执行各种安全规章制度，加强设备维护，开展安全教育和培训等，杜绝各种电气事故。安全用电是"三电"中重要的一环，只有做到安全用电，计划用电和节约用电的目标才能顺利实现。

第二节 电力营销管理的特点及地位

一、电力营销的必要性

（一）买方市场的形成需要电力营销

1997年上半年以来，全国电力工业形势发生了很大的变化，电力供需紧张关系趋缓，个别地区甚至出现了电力供大于求的现象，电力发展速度不断下降，全国性电力买方市场宏观环境已形成。其特点是：供需矛盾相对缓和，发电量、售电量低速增长；电网峰谷差加大，高峰需求旺盛，负荷率逐年下降；发电设备年利用小时数逐年下降；欠电费数额增大。电力企业严重缺电和数量扩张为主的发展阶段已经结束，正向以平稳增长和整体素质提高为特征的新阶段过渡。电力工业从"卖方市场"转变为"买方市场"。

过去电力企业偏重于安全生产管理和技术管理，很多人认为电力企业是垄断行业，电能是"皇帝女儿不愁嫁"，不会遇到市场问题。电力工业从"卖方市场"转变为"买方市场"后，我国电力工业面临拓展电力市场的问题，需要研究如何满足客户需求、赢得客户、开拓市场。电力营销成为电力企业的重要组成部分。

（二）电力体制改革需要电力营销

1997年1月，国家电力公司的成立，标志着开始第二轮电力体制改革。改革目标是通过完成公司改制，实现政企分开，打破垄断，引入竞争，优化资源配置，建立规范有序的电力市场。1998年8月，国家电力公司推出以"政企分开，省为实体"和"厂网分开，竞价上网"为内容的"四步走"的改革方略。1998年12月24日，国务院办公厅转发《国家经贸委关于深化电力工业体制改革有关问题的意见》，"厂网分开，竞价上网"开始在六个省市先行试点。

随着我国电力体制改革的进行，"厂网分开"割裂了发电企业和电网企业之间的产权纽带，有利于电网企业公平、公正、公开地调度效率高的机组优先发电，"竞价上网"促进了发电企业之间的发电竞争。电力体制改革把传统的垂直一体化垄断经营的电力产业转变成为"厂网分开，竞价上网"的电力市场。

电力体制改革打破了电力企业的垄断经营，实现了电力资源的优化配置，客观上促进了电力企业之间的公平竞争，给电力企业造成了前所未有的经营压力，电力营销逐渐成为电力企业尤其是供电公司的最重要的经营活动。

二、电力营销的特点

由于电力企业生产是产、供、销同时完成的，电能不能储存，也没有半成品，因此电力企业在营销管理上有着与其他工业不一样的特点。掌握这些特点，能帮助我们更好的做好电力营销工作。

（1）先行性。电力工业是资金密集、生产高度自动化、建设周期较长的企业，而且又具有生产与需用一致性的特点。因此，电力工业企业的发展应当走在各行各业建设之前，这是经济建设的客观规律所决定的。

（2）政策性。电能的生产和使用，决定了供电部门与电力客户之间必须产生相互依存的密切关系。为协调双方关系，使电能的生产和使用得以正常进行，国家制定了有关法律法规，如《中华人民共和国电力法》《电力供应与使用条例》；有关部门颁发了一系列规章制度，如《电、热价格》《供电营业规则》《功率因数调整电费办法》等。电力供应者和使用者都必须遵循这些法律法规和规章制度。

（3）技术性。电力营销管理拥有自己的发展历史，其发展阶段与电力生产技术和管理技术密切相关，在不同的电力技术生产发展阶段，电力营销管理具有明显的时代特点。

与过去的用电管理相比，由于电子技术、控制技术、通信技术和计算机技术在电力生产、传输和营业管理中的广泛应用，形成了电力营销管理的一个重要特征，即强技术性。它包括工作的制度化和法制化，手段的智能化、信息传输的自动化、电力计量仪表的电子化和日常管理的计算机化等。采用现代化科技成果，推进电力营销管理的现代化是供电企业赢得经济效益、提高工作效率的有效保证。

（4）整体性。电力生产的特点决定了电力产品不能像其他商品一样通过一般的商业渠道进入市场，只能以电力企业与用户之间组成的电力网络，作为销售电力的流通渠道。而电力网是一个不可分割的整体，它直接决定电力企业生产的产品是否符合各类用户对电能的质量标准要求，关系到用户的生产与生活，也关系到电力企业的经济效益和安全运行。因此，电力营销工作人员在受理用户的有关业务时，必须站在用户的角度，结合电力营销各项业务工作环环相扣的特点为用户提供满意、快捷、准确和方便的供电服务。同时，又要注意电力企业安全生产所必需的技术条件，保证电网稳定运行，充分发挥供用电的整体作用。

（5）服务性。电力用户在电力市场中处于特殊地位，与其他商品市场中的用户与经营者的关系不同。电力用户与电力生产者、电力经营者之间由电力线路和电力潮流连接在一起，成为利益共同体，他们之间相互不能自由选择。电力用户居于电力市场中，是牵动一切电力活动的源头。因此，必须建立起用户至上的观念，把电力的全部工作与电力用户的需求和利益直接挂起钩，增强为用户服务的自觉性，把用户利益纳入电力建设、生产和经营的全过程。

三、电力营销的地位

（一）电力营销是电网企业经营成果的最终体现

任何商品的经营销售一般包括两个方面：向消费者供应质量合格的产品，从用户处取得合理的货币收入。电力产品和其他产品一样也是商品。随着我国市场经济的建立，电力企业要面向市场，引进市场经济体制，建立合理的电力市场机制进而获得可观的经济效益。为此，电力企业必须不断地发展业务，接受用户的用电申请，及时供给用户质量合格的电能；同时，还必须准确计量用户每月消耗的电量，及时核算和回收用户每月应付的电费，并上交给国家。及时顺利地完成销售电能和回收电费的全部过程，是电力企业电力营销部门的主要职责。因此电力营销是电力企业生产经营成果的最终体现。

（二）电力营销是电网企业的核心业务

在市场经济条件下，企业经营的主要目标就是追求盈利，增强市场竞争能力。电费是电网企业生产、经营活动中唯一的产品销售收入。电费回收额是电网企业的一项重要的经济指标，按期回收电费是维护国家利益，维护电力企业和客户利益的需要。电费回收是电力营销工作的核心，电网企业的经营成果要通过电力营销实现。

在电力供需缓和的情况下，树立市场观念，深入研究市场，大力开拓市场是供电企业面临的唯一选择。供电企业必须彻底转变工作作风，高度重视电力营销管理。

坚持以客户为中心，以市场需求为导向，以经济效益为目标，并承担相应的社会责任。生产围绕营销转，营销围绕客户转，使电网企业的生产经营适应市场需求的变化。因此电力营销在电网企业中具有重要地位，是电力企业的核心业务。

第三节 电力营销发展

为适应电力体制改革和电力市场建设的要求，电力营销坚持以市场和客户为导向，利用"互联网+"思维和技术改造传统营销服务手段和方式，健全服务渠道、再造服务流程、创新业务体系、拓展新业务应用。随着"阳光业扩""台区经理制""供电指挥平台"等服务举措的出台，优质服务水平显著提高，电力营商环境全面改善，在世界银行的营商环境评价中，其中"获得电力"从 2018 年世界排名的 98 位迅速提高到 2020 年的全球 12 位，成为发展中国家快速提升的国际标杆。

一、服务手续精简及流程优化

在客户报装服务上，简化业扩手续，推行现场申请免填单及远程申请电子化，实行营业厅"一证受理"；履行一次性告知义务，已有客户资料或资质证件尚在有效期内，则无需客户再次提供；优化办电流程，串行改并行，缩短办电时间；优化现场勘查模式，实行合并作业和联合勘查；优化方案编制环节，实行会签和会议审批制度，取消供电方案分级审批，缩短方案答复周期；加快配套工程建设；优化工程建设及验收送电环节，取消普通客户设计审查和中间检查；取消客户内部非涉网设备施工质量、运行规章制度、安全措施等竣工检验内容，优化客户报验资料；完善业扩项目停（送）电计划制订、告知、执行机制；实行客户档案信息化。

二、服务技术先进及方法创新

注重贴近现场和成果应用，解决实际问题，强化"三全"（全业务、全过程、全员）质量管控，提升现场服务质量，提高市场响应速度，进一步推进营销管理信息化、自动化，现场作业线上化、标准化，客户服务互动化、跨界化。

利用支付宝、微信等，在城市建设"十分钟交费圈"，在农村"村村设交费点"，提供方便快捷的收费方式。在供电抢修服务上，建设"半小时抢修服务圈""20min 抢修服务圈"、"10min 抢修服务圈"，提供快速响应和优质服务能力，提高优质服务的客户体验。基于云计算、大数据的用电服务也已经初具应用规模。2020年"网上国网"App累计注册用户数突破1亿，成功跻身"亿级"超体量平台。大数据的管理应用也是越来越广泛和深入。2017年，国家电网公司针对Ⅰ、Ⅱ、Ⅲ类用户电能表，利用大数据分析技术，定量、客观评价电能表状态，实现了对现场安装电能表运行状态在线监测，由传统"定周期检验"转变为"在线状态监测"，故障发现更加及时，电能表现场检验的针对性和有效性大大增强。

三、服务业务多方位发展

除了传统营销业务外，新型业务不断涌现。综合能源服务业务开始在电网企业推广。国家电网和南方电网都将节能公司更名为综合能源服务公司，节能服务开始向综合能源服务业务转型。2015年，国网电动汽车服务有限公司成立，2016年国网车联网平台正式上线运行，并大力实施"互联网+充电生态"、电动汽车与智能电网融合发展、全国高速快充网络全覆盖工程。为了促进节能减排，改善空气质量，电网企业开展在很多行业中的电能替代工作。在国家政策的大力支持下，中国已迅速发展成为全球最大的太阳能光伏市场，集中光伏电站和户用分布式光伏用户不断增多，推动了可再生能源的开发利用，增加能源供应，改善能源结构，保障能源安全，保护环境，实现经济社会的可持续发展。

四、服务理念延伸创新

随着能源革命深入推进，在能源供给侧推进清洁化、在能源消费侧推动电气化已成为提升我国能源安全水平的战略方向。同时我国经济发展进入新常态，客户降本增效需求日趋强烈。客户希望综合利用分布式能源、储能等新元素，以及"大云物移智链"等数字化技术，提升用能体验，达到经济、环保、舒适等多元化用能目标。因此国家电网公司积极实施"供电服务"向"供电+能效服务"延伸拓展，聚焦客户用能优化，以提升客户能效为切入点，统筹开展电能替代、综合能源服务和需求响应，推动公司经营效益提升，促进清洁能源开发利用，实现全社会能效水平提高。

能效服务包括公共服务和市场化服务。其中，能效公共服务主要依托省级智慧能源服务平台开展，包括电能监测、能效诊断、交易撮合等服务，通过挖掘客户深层次用能需求，引导客户按需选择市场化服务。能效市场化服务包括电能替代服务、综合能源服务、需求响应服务三类业务，主要以市场化方式，为客户提供规划设计、工程实施、系统集成、运营维护等服务。

国家电网公司作为国有特大型能源央企，发挥电网平台优势，聚焦能源消费环节，帮助客户优化用能结构，提升用能效率，促进新能源消纳，降低能源消耗总量，是保障国家能源安全、绿色转型的具体举措。当前，国家电网公司大力推进"建设具有中国特色国际领先的能源互联网企业"战略落地，为以能效服务为抓手，在更大范围更深层次发展相关业务提供了前所未有的机遇。

第四节 电力营销基本业务

电力营销管理的基本业务主要有业扩报装、变更用电、电费抄核收管理、安全用电检查、电能计量、电能替代、节能服务等工作。

一、业扩报装

业扩报装是供电企业发展用户的重要业务。它的工作内容一般包括：接受用户（单位）用电申请，了解并审核用户报送的用电资料及其工程建设的依据、进展和发展规划；调查用户用电现场情况、用电规模（容量）、用电性质及电网供电的可能性、可靠性，通过调查论证与协调，并据此拟定供电方案；组织因业务扩充而引起的新建、扩建供电设施的供电工程的设计和施工；对用户的内部受电工程进行审核和检验；签订供用电合同；确定计量方式和安装计量装置；组织接电；建立用电单位的用电档案。

二、变更用电

变更用电业务是用户正式用电后，因为某些原因需要改变双方签订的《供用电合同》中约定的有关用电事宜的行为。

三、电费抄、核、收

电费抄、核、收业务是电力企业产供销过程中的最后一个环节，也是一个非常重要的环节，因为电费是电力企业的主要销售收入，它不仅直接关系到电力企业经营的效益，而且还直接影响到国民经济的发展。电费管理要求抄核收人员按照法定电价，准确、及时的从客户处回收电费并对其进行管理。

四、电能计量

电能计量业务是电网企业经营管理不可缺少的一项重要基础工作。它包括：发电量、上网电量的计量，供电量、售电量的计量，以及网损、线损、变损的检测和生产、经营中技术经济指标核算的计量等。从某种意义上说电能计量工作是代表电力企业效益和质量水平的重要标志，是电力企业参与市场竞争的首要条件。没有准确的电能计量，就没有科学、合理且合法的电量数据，电力生产经营指标的监控，发、供、用电量的结算就缺乏牢固的基础。

五、用电信息采集系统

用户用电信息采集系统是通过对配电变压器和终端用户的用电数据的采集和分析，实现用电监控、推行阶梯定价、负荷管理、线损分析等功能的一套智能系统，是智能电网的重要组成部分。全面建设用电信息采集系统，实现电力用户和关口的全采集全覆盖，不仅可以对计量装置进行在线监测，而且可以对用户负荷、电量、电压等重要信息的实时、完整、准确地采集，为企业经营管理各环节的分析、决策提供支撑，为实现智能双向互动服务提供信息基础。

六、客户安全用电检查服务

在电力营销中，客户安全用电服务业务是窗口服务工作的一部分，不是检查用电，而是服务用电。通过开展安全用电检查服务工作，可以保证和维护供电企业和电力客户的合法权利；保证电网和电力客户的用电安全；通过用电检查人员对客户的上门服务，树立供电企业的形象，增强在市场中的竞争实力，开拓电力市场。

七、综合能源服务

综合能源服务是一种新型的为满足终端客户多元化能源生产与消费的能源服务方式，涵盖能源规划设计、工程投资建设、多能源运营服务以及投融资服务等方面。随着互联网信息技术、可再生能源技术以及电力改革进程加快，开展综合能源服务已成为提升能源效率、降低用能成本、促进竞争与合作的重要发展方向。

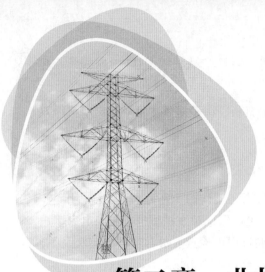

第二章　业扩报装及变更用电

业扩报装也称业务扩充,简称业扩。它是我国电力工业企业在电力营销管理工作中的习惯用语,是电力企业进行电力供应与销售的第一受理环节,也是电力营销管理工作的重要组成部分。它是电力销售的龙头,也是电力企业面向社会的"窗口"。不仅如此,所有电费业务、电能计量、用电检查、用电信息采集等班组的基础资料都来源于业扩。业扩工作的重要指标是服务质量和服务时限,而服务效率和管理水平是实现加快报装接电的重要手段。业扩的工作好坏决定对外是否能及时满足客户的用电需求,对内是开发用电市场,增加售电量,提高企业经济效益的关键。总之,业扩报装是培育新的用电需求热点的重要环节。

它的主要含义是:受理客户用电申请,根据电网实际情况,办理供电与用电不断扩充的有关业务工作,以满足客户用电的需求。它的主要任务是:① 接受客户的用电申请,办理有关报装的各项业务,以满足新建、扩建单位的用电需求;② 不断新建扩建供电设施,扩大供电范围,提高供电能力,以适应经济不断发展的需要。

第一节　业　扩　报　装

业扩报装工作,全面践行"四个服务"宗旨及"你用电、我用心"服务理念,强化市场意识、竞争意识,认真贯彻国家法律法规、标准规程和供电服务监管要求,严格执行公司供电服务"三个十条"规定,遵循"主动服务、一口对外、便捷高效、三不指定、办事公开"原则进行。

"主动服务"原则,指强化市场竞争意识,前移办电服务窗口,由等待客户到营业厅办电,转变为客户经理上门服务,搭建服务平台,统筹调度资源,创新营销策略,制订个性化、多样化的套餐服务,争抢优质客户资源,巩固市场竞争优势。

"一口对外"原则,指健全高效的跨专业协同运作机制,营销部门统一受理客户用电申请,对接业扩报装具体业务,并对外答复客户;发展、财务、运检、调控等部门按照职责分工和流程要求，完成相应工作内容；深化营销系统与相关专业系统集成应用和流程贯通，支撑客户需求、电网资源、配套电网工程建设、停（送）电计划、业务办理进程等跨专业信息实时共享和协同高效运作。

"便捷高效"原则，指精简手续流程，推行"一证受理"和容量直接开放，实施流程"串改并"，取消普通客户设计文件审查和中间检查；畅通"绿色通道"，与客户工程同步建设配套电网工程；拓展服务渠道，加快办电速度，逐步实现客户最多"只进一次门，只上一次网"，即可办理全部用电手续；深化业扩全流程信息公开与实时管控平台应用，实行全环节量化、全过程管控、全业务考核。

"三不指定"原则，指严格执行国家规范电力客户工程市场的相关规定，按照统一标准规范提供办电服务，严禁以任何形式直接和间接指定设计、施工和设备材料供应单位，切实保障客户的知情权和自主选择权。

"办事公开"原则，指坚持信息公开透明，通过营业厅、"网上国网"手机 App、95598 网站等渠道，公开业扩报装服务流程，工作规范，收费项目、标准及依据等内容；提供便捷的查询方式，方便客户查询设计、施工单位，业务办理进程，以及注意事项等信息，主动接受客户及社会监督。

业扩报装工作主要是办理客户的新装、增容和增设电源等三项具体工作项目。

其内容一般包括：接受用户（单位）用电申请，了解并审核用户报送的用电资料及其工程建设的依据、进展和发展规划，调查用户用电现场情况、用电规模（容量）、用电性质及电网供电的可能性、可靠性，通过调查论证与协商，并据此拟定供电方案，组织因业务扩充而引起的新建、扩建供电设施的电网供电工程的设计和施工，对用户的内部受电工程进行审核和检验，签订供用电合同，确定计量方式和安装计量装置，组织装表接电；建立用电单位的用电档案及有关用电凭证，传送有关部门的全过程。完成全过程的工作叫做业扩报装。

由于用户申请用电，需要由用户投资建设的全部或部分受电工程叫做业扩工程。

根据业扩报装工作内容，在办理手续时，业扩报装有如下一些主要环节：

（1）受理客户的新装、增容及增设电源的用电申请；

（2）经过现场勘查，根据客户和电网情况，拟定供电方案；

（3）审批及答复供电方案；

（4）收取相关的营业性费用；

（5）对客户内部受电工程进行设计文件审核、中间检查和竣工检验；

（6）签订供用电合同；

（7）装设电能计量装置，办理接电事宜；

（8）建立客户用电资料档案。

下面，就上述业扩报装的具体环节阐述如下：

一、业务受理

客户用电需要申请，这在国家的法律法规和部门的规章中都有相应的规定，具体如下：

《电力法》第 26 条规定："申请新装用电、临时用电、增加用电容量、变更用电和终止用电，应当依照规定的程序办理手续。供电企业应当在其营业场所公告用电的程序、制度和标准，并提供用户须知资料。"

《电力供应与使用条例》第二十三条规定："申请新装用电、临时用电、增加用电容量、变更用电和终止用电，均应到当地供电企业办理手续，并按照国家有关规定交付费用；供电企业没有不予供电的合理理由的，应当供电。供电企业应当在其营业场所公告用电的程序、制度和收费标准。"

《供电营业规则》第十六条规定："任何单位或个人需新装用电或增加用电容量、变更用电都必须按本规则，事先到供电企业用电营业场所提出申请，办理手续。供电企业应在用电营业场所公告办理各项用电业务的程序、制度和收费标准。"

《供电营业规则》第十七条又规定："供电企业的用电营业机构统一归口办理用户的用电申请和报装接电工作，包括用电申请书的发放及审核、供电条件勘查、供电方案确定及批复、有关费用收取、受电工程设计的审核、施工中间检查、竣工检验、供用电合同（协议）签约、装表接电等项业务。"

因此，作为客户，新装用电或增加用电容量、变更用电，都必须事先向供电企业用电营业场所或"网上国网"手机 App 提出申请，办理用电手续。供电企业的用电营业机构统一归口办理客户的用电申请和报装接电工作。这既是电力商品的特殊性所决定的，同时也是根据法律法规和规章所必需的。所以任何一个需要用电的单位或个人，不管用电量大至几万、十几万千瓦，还是小至几盏电灯，都要向电力企业的营业机构办理用电申请，不允许私拉乱接，否则属于违章（约）用电。

（一）业务受理方式

随着通信和信息技术的发展，供电企业接受客户用电申请的方式从线下扩展到线上，包括营业窗口、"网上国网"手机 App、95598 网站等渠道开展同城受理，并实行"首问负责制""一证受理""一次性告知""一站式服务"。对于有特殊需求的客户群体，提供办电预约上门服务。

1. 营业窗口受理

供电企业工作人员在各市供电公司、县供电公司、供电所等营业窗口提供用户的各类用电申请线下受理服务。

2. "网上国网"手机 App、95598 网站等渠道线上受理

通过线上渠道业务办理指南，引导客户提交申请资料、填报办电信息。电子座席人员在一个工作日内完成资料审核，并将受理工单直接传递至属地营业厅，严禁层层派单。对于申请资料暂不齐全的客户，按照"一证受理"要求办理，由电子座席人员告知客户在现场勘查时补收相关资料。

3. 同城受理

供电企业工作人员在各市供电公司、县供电公司客户服务中心管辖范围内的各营业窗口，受理该客户服务中心管辖范围内非本窗口营业区域客户的各类用电申请。同城异地营业厅将收集的客户报装资料传递至属地营业厅，实现"内转外不转"。

（二）客户应提供的资料

《供电营业规则》第十八条规定：客户申请新装或增加容量时，应向供电企业提供

用电工程项目批准的文件及有关的用电资料，包括用电地址、电力用途、用电性质、用电设备清单、用电负荷、保安电力、用电规划等，并依照供电企业规定格式如实填写用电登记表及办理有关手续。

根据国家电网公司出台的《进一步精简业扩手续、提高办电效率的工作意见》（国家电网营销〔2015〕70号）、《国家电网有限公司业扩报装管理规则》（国家电网企管〔2019〕431号），供电企业应精简用电申请手续，实行营业厅"一证受理"。

（三）业务受理的工作内容

营业窗口、电子渠道统一受理客户新装、增容用电申请，接收客户资料。受理客户用电申请时，应注意下列事项：

受理时应询问客户申请意图，向客户提供业务办理告知书（见图2-1～图2-3），告知客户需提交的资料清单、业务办理流程、收费项目及标准、监督电话等信息。

受理客户用电申请时，应主动向客户提供用电咨询服务，接收并查验客户申请资料，及时将相关信息录入营销业务应用系统，由系统自动生成业务办理表单（表单中办理时间和相应二维码信息由系统自动生成）。推行线上办电、移动作业和客户档案电子化，坚决杜绝流程体外流转。

对于申请资料暂不齐全的客户，实行营业厅"一证受理"。在收到其用电主体资格证明并签署"承诺书"（见图2-4、图2-5）后，正式受理用电申请并启动后续流程，现场勘查时补收缺少的资料。已有客户资料或资质证件尚在有效期内，则无需客户再次提供。

打通与各级政务信息平台数据接口，根据客户主体资格证明，直接获取房屋（土地）产权证明、项目核准（备案）文件等客户证照信息。

对办理增容申请的客户应审核客户历史用电情况、欠费情况、信用情况。如客户存在欠费情况，则须结清欠费后方可办理。

1. 单户居民生活用电

单户居民生活用电，即居民一户一表用电，主要适用于居民一户一表用户申请低压居民新装。

单户居民用电申请，应提供以下资料：房屋产权证明、与产权人一致的用电人身份证明。业务受理员应审核资料的完整性和有效性，并根据客户档案管理的要求，对客户证件资料进行扫描，录入档案管理系统。单户居民用电申请，推行"免填单"服务，业务办理人员了解客户申请信息并录入营销业务应用系统，生成《低压居民生活用电登记表》（见表2-1），打印后交由客户签字确认。提供"网上国网"手机App、95598网站等线上办理服务。通过线上渠道业务办理指南，引导客户提交申请资料、填报办电信息。

单户居民用电申请，对于具备供电条件的，在业务受理时即可签订供用电合同。业务受理员在《居民生活供用电合同》上加盖供电企业公章，并请客户在《居民生活供用电合同》上签名，业务受理员将受理信息录入营销信息系统，确认无误后，发送下一岗位。签名人必须是客户本人或客户授权的经办人，《居民生活供用电合同》一式两份，一份客户保管，另一份供电企业存档。通过线上渠道办电的，可通过手机App、移动作业终端告知确认、电子签名等方式签订电子合同。

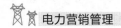

2. 多户居民生活用电

多户居民生活用电，即批量的居民一户一表用电，主要用于房地产开发商申请低压批量新装。

业务受理员应审核资料的完整性和有效性，并根据客户档案管理的要求，对客户证件资料进行扫描，录入档案管理系统。

多户居民生活用电申请，应填写《低压批量用电登记表》（见表 2-2）及附表《低压批量用电清单》（见表 2-3）。与单户居民生活用电申请一样，推行"免填单"服务，具体不再赘述。

多户居民生活用电申请，对于具备供电条件的，在业务受理时即可签订供用电合同。与单户居民生活用电申请不同的是，《居民生活供用电合同》按多户数量签订，每户一式两份，一份房地产开发商保管，另一份供电企业存档。

多户新装业务完成后电表将暂不通电。单户开通需向供电企业申请，提供身份证明、产权证明等相关资料，并与单户重新签订供用电合同。通电后核对户表供电关系是否正确。

尊敬的电力客户：

欢迎您到国网××供电公司办理用电业务！我公司为您提供营业厅、"网上国网"手机 App、95598 网站等业务办理渠道。为了方便您办理业务，请您仔细阅读以下内容。

一、业务办理流程

二、业务办理说明

① 用电申请
在受理您用电申请后，请您与我们签订供用电合同，并按照当地物价管理部门价格标准交清相关费用。您需提供的申请材料应包括：房屋产权证明以及与产权人一致的用电人身份证明。 若您暂时无法提供房屋产权证明，我们将提供"一证受理"服务。在您签署《客户承诺书》后，我们将先行受理，启动后续工作。
② 装表接电
受理您用电申请后，我们将在 2 个工作日内，或者按照与您约定的时间开展上门服务并答复供电方案，请您配合做好相关工作。如果您的用电涉及工程施工，在工程竣工后，请及时报验，我们将在 3 个工作日内完成竣工检验。您办结相关手续，并经验收合格后，我们将在 2 个工作日内装表接电。 您应当按照国家有关规定，自行购置、安装合格的漏电保护装置，确保用电安全。

请您对我们的服务进行监督，如有建议或意见，请及时拨打 95598 服务热线或登录"网上国网"手机 App，我们将竭诚为您服务！

（网上国网二维码）

图 2-1　用电业务办理告知书（居民生活）

尊敬的电力客户：

欢迎您到国网##供电公司办理用电业务！我公司为您提供营业厅、"网上国网"手机 App、95598 网站等业务办理渠道。为了方便您办理业务，请您仔细阅读以下内容。

一、业务办理流程

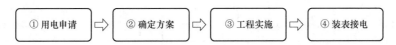

二、业务办理说明

1. 用电申请
您在办理用电申请时，请提供以下申请材料： 　➤ 用电主体资格证明材料（自然人客户提供身份证、军人证、护照、户口簿或公安机关户籍证明等；法人或其他组织提供法人代表有效身份证明（同自然人）、营业执照（或组织机构代码证）等； 　➤ 房屋产权证明或土地权属证明文件； 　　若您暂时无法提供房屋产权证明或土地权属证明文件，我们将提供"一证受理"服务。在您签署《客户承诺书》后，我们将先行受理，启动后续工作。
2. 确定方案
受理您用电申请后，我们将 5 个工作日内，或者按照与您约定的时间开展上门服务并答复您供电方案，请您配合做好相关工作。
3. 工程实施
➤ 如果您的用电涉及工程施工，根据国家规定，产权分界点以下部分由您负责施工，产权分界点以上工程由供电企业负责。 　➤ 请您自主选择您产权范围内工程的施工单位（具备相应资质），工程竣工后，请及时报验，我们将在 3 个工作日内完成竣工检验。
4. 装表接电
➤ 在竣工检验合格，签订《供用电合同》及相关协议，并按照政府物价部门批准的收费标准结清业务费用后，我们将在 3 个工作日内为您装表接电。

请您对我们的服务进行监督，如有建议或意见，请及时拨打 95598 服务热线或登录"网上国网"手机 App，我们将竭诚为您服务！

（网上国网二维码）

图 2-2　用电业务办理告知书（低压非居民）

尊敬的电力客户：

欢迎您到国网##供电公司办理用电业务！我公司为您提供营业厅、"网上国网"手机 App、95598 网站等业务办理渠道。为了方便您办理业务，请您仔细阅读以下内容。

一、业务办理流程

```
①用电申请  ➡  ②确定方案  ➡  ③工程设计  ➡  ④工程施工  ➡  ⑤装表接电
```

二、业务办理说明

1. 用电申请
➤ 请您按照材料提供要求准备申请资料，详见本告知书背面。 ➤ 若您暂时无法提供全部资料，我们将提供一证受理服务。在您签署《承诺书》后，我们将先行受理，启动后续工作。
2. 确定方案
➤ 在受理您用电申请后，我们将安排客户经理按照与您约定的时间到现场查看供电条件，并在 15 个工作日（双电源客户 30 个工作日）内答复供电方案。根据国家《供电营业规则》规定，产权分界点以下部分由您负责施工，产权分界点以上工程由供电企业负责。
3. 工程设计
➤ 请您自主选择有相应资质的设计单位开展受电工程设计。 ➤ 对于重要或特殊负荷客户，设计完成后，请及时提交设计文件，我们将在 10 个工作日内完成审查；其他客户取消设计审查环节。
4. 工程施工
➤ 请您自主选择有相应资质的施工单位开展受电工程施工。 ➤ 对于重要或特殊负荷客户，在电缆管沟、接地网等隐蔽工程覆盖前，请及时通知我们进行中间检查，我们将于 3 个工作日内完成中间检查。 ➤ 工程竣工后，请及时报验，我们将于 5 个工作日内完成竣工检验。
5. 装表接电
➤ 在竣工检验合格，签订《供用电合同》及相关协议，并按照政府物价部门批准的收费标准结清业务费用后，我们将在 5 个工作日内为您装表接电。

请您对我们的服务进行监督，如有建议或意见，请及时拨打 95598 服务热线或登录"网上国网"手机 App，我们将竭诚为您服务！

（网上国网二维码）

图 2-3　用电业务办理告知书（高压）

居民客户承诺书

（说明：如果客户申请时提供了与用电人身份一致的有效产权证明原件及复印件的，可不要求签署该承诺书。）

国网##供电公司：

本人申请居民用电的地址为　　　。本人承诺提供的身份证明资料《证件名称：　　　　，证件号码：　　　　》真实、合法、有效，并与该用电地址的产权人一致。本人已清楚了解用电地址房屋产权以及用电人身份的真实性、合法性、有效性、一致性是完成用电报装、合法用电的必备条件。若因本人提供资料的真实性、合法性、有效性、一致性问题造成的流程暂停或终止、无法按时送电，或送电后发生各种法律纠纷，或被政府有关部门责令中止供电等情况，供电公司有权按照政府部门或实际产权人要求拆表中止供电，所造成的法律责任和各种损失后果由本人全部承担。

用电人（承诺人）：

年　月　日

图 2-4　居民客户承诺书

非居民客户承诺书

国网##供电公司：

本人（单位）因　　　需要办理用电申请手续，此次申请用电的地址为　　　，申请用电的容量　　　千伏安（或千瓦）。因　　　原因，目前暂时只能提供本单位的主体资格证明资料《　　　》，其他相应的用电申请资料在以下时间点提供：

在　　　　　（时间或环节）前提交资料1：《　　　　　》。

在　　　　　（时间或环节）前提交资料2：《　　　　　》。

……

为保证本单位能够及时用电，在提请供电公司先启动相关服务流程，我本人（单位）承诺：

1. 我方已清楚了解上述各项资料是完成用电报装的必备条件，不能在规定的时间提交将影响后续业务办理，甚至造成无法送电的结果。若因我方无法按照承诺时间提交相应资料，由此引起的流程暂停或终止、延迟送电等相应后果由我方自行承担。

2. 我方已清楚了解所提供各类资料的真实性、合法性、有效性、准确性是合法用电的必备条件。若因我方提供资料的真实性、合法性、有效性、准确性问题造成无法按时送电，或送电后在生产经营过程中发生事故，或被政府有关部门责令中止供电、关停、取缔等情况，所造成的法律责任和各种损失后果由我方全部承担。

用电人（承诺人）：

年　月　日

图 2-5　非居民客户承诺书

表 2-1   低压居民生活用电登记表

客户基本信息			
客户名称			（档案标识二维码，系统自动生成）
（证件名称）	（证件号码）		
用电地址			
通信地址		邮编	
电子邮箱			
固定电话		移动电话	

经办人信息			
经办人		身份证号	
固定电话		移动电话	

服务确认			
业务类型	新装□ 增容□		
户　　号		户　　名	
供电方式		供电容量	
电　　价		增值服务	
收费名称		收费金额	
其他说明			

特别说明：
本人已对本表信息进行确认并核对无误，同时承诺提供的各项资料真实、合法、有效，并愿意签订供用电合同，遵守所签合同中的各项条款。

经办人签名：_____
年　月　日

供电企业填写	受理人员：	申请编号：
	受理日期：　　　年　月　日	

表 2-2 低压批量用电登记表

客户基本信息				
户　　名			户　号	
用电地址	县（市/区）　　　街道（镇/乡）　　　社区（居委会/村）			
	道路　　　　小区　　　　组团（片区）			
用电类别		申请户数		
单户容量	千瓦	总容量		千瓦
经办单位信息				
经办单位				
单位地址				
通信地址			邮编	
电子邮箱			传真	
经办人		身份证号		
固定电话		移动电话		
告知事项				
多户新装业务完成后电表将暂不通电。单户开通需向供电企业申请，提供身份证明、产权证明等相关资料，并签订供用电合同。通电后请核对户表供电关系是否正确。				
特别说明： 　本人（单位）已对本表及附件中的信息进行确认并核对无误，同时承诺提供的各项资料真实、合法、有效。				

经办人签名（单位盖章）：＿＿＿＿＿
　　　　　　　　　　　　　　年　月　日

供电企业 填写	受理人员：	申请编号：
	受理日期：　年　月　日	供电企业（盖章）：

表 2-3 低 压 批 量 用 电 清 单

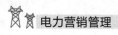

经办单位			申请编号	

用电地址　　_____幢_____单元（不同单元分页填写）共____页，第____页

序号	室号	户名	用电容量（千瓦）	身份证号码（或其他证件号码）	移动电话
1					
2					
3					
4					
5					
6					
7					
8					
9					
10					
11					
12					
13					
14					
15					
16					
17					

经办人签名（单位盖章）：　　　　　　　　　　年　　月　　日

3. 非居民生活

除居民生活用电外的各类用电新开户（含临时用电），均属于非居民生活用电。非居民生活用电，又分为低压非居民用电和高压非居民（即高压）用电。

低压、高压非居民申请用电应提供的资料详见表2-4。

低压非居民用电申请，应填写《低压非居民用电登记表》（见表2-5）。与低压居民用电申请类似，低压非居民用电申请推出免填单服务，提供"网上国网"手机App、95598网站等线上办理服务。通过线上渠道业务办理指南，引导客户提交申请资料、填报办电信息。在此不再赘述。

高压用电申请，由业务受理员指导客户填写《高压客户用电登记表》（见表2-6）、联系人资料表（见表2-7）。动力客户还应填写《客户主要用电设备清单》（见表2-8）。法人代表委托经办人办理的，还应填写"经办人信息"栏。客户应根据实际办理业务勾选"业务类型"中的相应选项。特种无表户还须在《客户主要用电设备清单》备注栏中填写用电地址。《客户主要用电设备清单》须与《高压客户用电登记表》联用，该套表一式二份，一份由客户留存，另一份由供电企业存入客户永久书面档案。

客户法人代表或客户经办人在《高压客户用电登记表》及附表《客户主要用电设备清单》的签名栏处签字并加盖公章。

业务受理员审核客户递交的《高压客户用电登记表》及附表《客户主要用电设备清单》，确认无误后，在《高压客户用电登记表》的"供电企业填写"栏中填上受理日期和申请编号，签字并加盖公章。提供"网上国网"手机App、95598网站等线上办理服务。通过线上渠道业务办理指南，引导客户提交申请资料、填报办电信息。

业务受理员将受理信息录入营销系统，确认无误后，发送下一岗位。

二、现场勘查

现场勘查工作，这既涉及国家的方针政策，同时也涉及电力企业的成本、供电能力、安全、资源等方方面面因素。由于申请用电是客户的权力，国家通过立法已经予以明确和保护，但是否必要、合理和可能，只有经过供电企业现场调查及勘查，通过分析之后才能确定（即用电认可）。也就是说，只有在确认客户用电申请不仅必要、合理，而且电网可能之后，方能确定供电方案，否则应向客户作出解释并注销申请。为此，通过客户提供的资料及现场调查，在查明供电网络的输、变、配电等情况以及电源供应情况的基础上，进行供电必要性、可能性、合理性审查。

（一）现场勘查的工作准备

现场勘查人员接受工作任务后，首先应核查客户资料的完整性，预先审核、了解用电地点的现场供电条件、配网结构等。客户资料一般应包括：

（1）申请报告，主要内容包括：报装单位名称、申请报装项目名称、用电地点、项目性质、申请容量、要求供电的时间、联系人和电话等；

（2）产权证明及其复印件；

（3）有效的营业执照复印件或非企业法人的组织机构代码证；

表 2-4 申 请 资 料 清 单

序号	资料名称	备注
一	居民客户	
1	用电主体资格证明材料，即与房屋产权人一致的用电人身份证明（如居民身份证、临时身份证、户口本、军官或士兵证、台胞证、港澳通行证、外国护照、外国永久居留证（绿卡）等）原件及复印件	申请时必备
2	客户承诺书（如果客户申请时提供了与用电人身份一致的有效产权证明原件及复印件的，可不要求签署该承诺书。）	如果暂不能提供与用电人身份一致的有效产权证明原件及复印件的，签署承诺书后可在后续环节补充
3	产权证明（复印件）或其他证明文书	
二	非居民客户	
1	用电主体资格证明材料（如身份证、营业执照、组织机构代码证等）	申请时必备。已提供加载统一社会信用代码的营业执照的，不再要求提供组织机构代码和税务登记证明
2	客户承诺书（如果客户申请时提供了所有齐全资料的，可不要求签署该承诺书。）	如果暂不能提供与用电人身份一致的有效产权证明原件及复印件的，签署承诺书后可在后续环节补充
3	产权证明（复印件）或其他证明文书	
4	企业、工商、事业单位、社会团体的申请用电委托代理人办理时，应提供： （1）授权委托书或单位介绍信（原件）； （2）经办人有效身份证明复印件（包括身份证、军人证、护照、户口簿或公安机关户籍证明等）	非企业负责人（法人代表）办理时必备
5	政府职能部门有关本项目立项的批复、核准、备案文件	高危及重要客户、高耗能客户必备
6	高危及重要客户： （1）保安负荷具体设备和明细； （2）非电性质安全措施相关资料； （3）应急电源（包括自备发电机组）相关资料	高危及重要客户必备
7	煤矿客户需增加以下资料： （1）采矿许可证； （2）安全生产许可证	煤矿客户必备
8	非煤矿山客户需增加以下资料： （1）采矿许可证； （2）安全生产许可证； （3）政府主管部门批准文件	非煤矿山客户必备
9	税务登记证复印件	根据客户用电主体类别提供。已提供加载统一社会信用代码的营业执照的，不再要求提供税务登记证明

表 2-5　　　　　　　　　　　低压非居民用电登记表

国家电网 STATE GRID
你用电·我用心
Your Power Our Care

客户基本信息				
户　名		户号		（档案标识二维码、系统自动生成）
（证件名称）		（证件号码）		
用电地址				
通信地址		邮编		
电子邮箱				
法人代表		身份证号		
固定电话		移动电话		

经办人信息			
经办人		身份证号	
固定电话		移动电话	

申请事项			
业务类型	新装□　　增容□　　临时用电□		
申请容量		供电方式	
需要增值税发票	是□　否□		
增值税发票资料	增值税户名	纳税地址	联系电话
	纳税证号	开户银行	银行账号

告知事项
贵户根据供电可靠性需求，可申请备用电源、自备发电设备或自行采取非电保安措施。

服务确认
特别说明： 　　本人（单位）已对本表信息进行确认并核对无误，同时承诺提供的各项资料真实、合法、有效。 　　　　　　　　　　　　　　经办人签名（单位盖章）：＿＿＿＿＿ 　　　　　　　　　　　　　　　　　　　　　　年　月　日

供电企业填写	受理人：	申请编号：
	受理日期：	年　月　日

表 2-6　　　　　　　　　　　高压客户用电登记表

国家电网
STATE GRID
你用电·我用心
Your Power Our Care

24小时供电服务热线
95598

客户基本信息					
户　　名			户　　号		
（证件名称）			（证件号码）		
行　　业			重要客户	是 □　　否 □	
用电地址	县（市/区）　　　街道（镇/乡）　　　社区（居委会/村）				
	道路　　　　　小区　　　　　组团（片区）				
通信地址			邮编		
电子邮箱					
法人代表		身份证号			
固定电话		移动电话			
客户经办人资料					
经办人		身份证号			
固定电话		移动电话			
用电需求信息					
业务类型	新装 □　　　　增容 □　　　　临时用电 □				
用电类别	工业 □　　非工业 □　　商业 □　　农业 □　　其他 □				
第一路电源容量	kW	原有容量：　　　kVA	申请容量：　　　kVA		
第二路电源容量	kW	原有容量：　　　kVA	申请容量：　　　kVA		
自备电源	有 □　　无 □	容　量：　　　kW			
需要增值税发票	是 □　　否 □	非线性负荷	有 □　　无 □		

特别说明：
　　本人（单位）已对本表及附件中的信息进行确认并核对无误，同时承诺提供的各项资料真实、合法、有效。
　　　　　　　　　　　　　　　　　　　　经办人签名（单位盖章）：_____
　　　　　　　　　　　　　　　　　　　　　　　　　　　　　年　月　日

供电企业填写	受理人：	申请编号：
	受理日期：	供电企业（盖章）：

表 2-7　　　　　　　　　　　　联 系 人 资 料 表

户　号			申请编号	
户　名				
法人联系人	姓　名		固定电话	移动电话										
	邮　编		通信地址	
	传　真		电子邮箱	
电气联系人	姓　名		固定电话	移动电话										
	邮　编		通信地址	
	传　真		电子邮箱	
账务联系人	姓　名		固定电话	移动电话										
	邮　编		通信地址	
	传　真		电子邮箱	
	姓　名		固定电话	移动电话										
	邮　编		通信地址	
	传　真		电子邮箱	
经办人签名（单位盖章）：　　　　　　　　　　　　　　　　　　　　　　　　　年　月　日				
其他说明	办理高压和低压非居民新装、临时用电业务时应填写本表。办理其他业务，根据实际需要填写。			

表 2-8　　　　　　　　　　　　客户主要用电设备清单

国家电网
STATE GRID
你用电·我用心
Your Power Our Care

户　号		申请编号	
户　名			

序号	设备名称	型号	数量	总容量 （kW/kVA）	负荷等级

用电设备容量合计： 　　台　　　kW（kVA）	根据用电设备容量及用电情况统计 我户需求负荷为　　　　kW

经办人签名（单位盖章）：　　　　　　　　　年　月　日
　　　　　　　　　　　　　　　　　　　（系统自动生成）

（4）经办人的身份证及复印件，法定代表人出具的授权委托书；

（5）政府职能部门有关本项目立项的批复文件；

（6）建筑总平面图、用电设备明细表、变配电设施设计资料、近期及远期用电容量；

（7）需开具增值税发票的客户还应提供一般纳税人资格证书复印件。

现场作业人员应根据对客户资料初步审查的结果，根据相关规定，采用内部联系的方式，通知会同现场勘查的部门及人员，并告知其需要配合工作内容及事项。现场作业人员与客户沟通确认现场勘查时间，并根据事先的安排，协调、组织相关人员在约定的勘查时间至客户现场开展勘查工作；同时预先了解待勘查地点的现场供电条件，准备好安全帽、测距仪、照明工具、卷尺等工器具。

（二）现场勘查

1. 客户基本情况调查

通过调查、核对，了解客户名称、用电地址、法定代表人、电气负责人、联系电话等是否与客户提供的申请资料对应；

通过调查、核对，对照相关法律、法规，确认客户申请用电项目的合法性，内容包括：核对用电地址的国有资源使用、法人资格有效性及项目的审批及用电设备使用是否符合国家相关法律、法规的规定；

通过询问，了解该项目的投资情况，资金来源、发展前景及计划完工时间；

通过询问并结合客户提供的《客户主要用电设备清单》，调查、核对客户有无冲击负荷、非对称负荷及谐波源设备；了解客户用电设备对电能质量及供电可靠性的要求；了解客户是否有多种性质的负荷存在；

通过询问，了解客户生产工艺、用电负荷特性、特殊设备对供电的要求；

通过询问，了解客户有无热泵、蓄能锅炉、冰蓄冷技术等设备的应用计划；

通过询问，了解客户资金运作及信用情况；

对高危及重要客户，应调查、了解高危及重要客户的重要负荷组成情况。

2. 客户受电点情况调查

现场了解、核查客户用电地址待建（已建）建（构）筑物对系统网架及电网规划等是否造成影响；

现场核查、确认客户的用电负荷中心，通过查看建筑总平面图、变配电设施设计资料等方式，初步确定变（配）电站的位置；

通过询问及查看建筑设计资料，了解变配电所或主设备附近有无影响设备运行或安全生产的设施（物品）；

确认初步确定的变（配）电站与周边建筑的距离是否符合规定要求。

3. 客户受电容量和供电电压及供电电源点数量的确定

通过调查、核对，了解客户近期及远期的实际用电设备装机容量、设备使用的同时率、单机设备最大容量及启动方式、自然功率因数等用电设备状况；

通过调查、核对，了解客户用电设备的实际分布及综合使用情况；

根据客户的综合用电状况，了解主设备（主要指配电变压器、高压电机）的数量、分布状况，初步确定客户的总受电容量；

对照相关标准，根据客户用电地址、初定的总受电容量、用电设备对电能质量的要求、用电设备对电网的影响、周边电网布局，结合电网的近远期规划，初定客户的供电电压；

根据客户的负荷特性，对供电的要求，结合相关规定，拟订客户供电电源点的数量及电源点之间的关联关系。

4. 电源接入方案的确定

根据初定的客户受电容量、供电电压及供电电源点数量要求，结合周边的电网布局、电网的供电能力，供电点的周边负荷发展趋势及局部电网规划，拟订供电电源接入方案；

根据拟订的电源接入方案，结合被接入电源设备状况，初步确定电源接入点的位置（接电间隔、接户杆）及接电方案；

初步确定电源引入方案（包括进线方式及线路走向），并初步确定实施的可能性。

5. 计费、计量方案的确定

根据客户用电设备实际使用情况，客户的用电负荷性质、客户的行业分类，对照国家的电价政策，初步确定客户受电点的计费方案；

根据初定的供电方式、核定的供电容量以及初定的计费方案，拟订合理的计量方案；

根据拟定的计量方案，初步完成计量装置的配置和计量装置安装形式的确定工作。

完成《现场勘查单》（见表 2-9 高压现场勘查单、表 2-10 低压现场勘查单）相关内容的填写工作，为客户供电方案的拟订做好必要的准备工作。

（三）现场勘查的方法

（1）根据客户的要求勘查电源的可能性。

1）查核新装居民客户附近的供电线路、公用配变容量可否满足要求；

2）根据新装非居民客户对电源数量的要求，调查该客户附近的供电变电所（开闭所）及其出线情况、或现场附近的供电线路、配变容量可否满足要求；

3）客户申请备用电源、保安电源时，应调查客户负荷等级及用电的重要性，同时调查准备提供的备用电源、保安电源与主供电源的联结情况，要论证当客户失去主供电源时，应不影响保安电源的供电。

（2）客户的受电装置位置应根据最靠近负荷中心，同时方便供电线路的接入及内部配电线路出线的原则确定，并与客户商定。

（3）调查客户的非线性阻抗用电设备（高次谐波、冲击性负荷、波动负荷、非对称负荷等）。

（4）客户贸易结算用的电能计量装置的位置，应根据产权分界点、二次线尽可能短、便于管理等因素综合考虑。

（5）"网上国网"手机 App 和 95598 网站受理的客户打印开户登记表，在现场勘查时请客户签字，低压供用电合同可采用电子合同或上门经客户审核后签字并盖章。

表 2-9　　　　　　　高 压 现 场 勘 查 单

客户基本信息			
户　　号		申请编号	（档案标识二维码，系统自动生成）
户　　名			
联系人		联系电话	
客户地址			
申请备注			
意向接电时间	年　月　日		

现场勘查人员核定		
申请用电类别		核定情况：是 □ 否 □＿＿＿＿＿
申请行业分类		核定情况：是 □ 否 □＿＿＿＿＿
申请用电容量		核定用电容量
供电电压		
接入点信息	包括电源点信息、线路敷设方式及路径、电气设备相关情况	
受电点信息	包括变压器容量、建设类型、变压器建议类型（杆上/室内/箱变油变/干变）	
计量点信息	包括计量装置安装位置	
备注		

供电简图：

勘查人（签名）		勘查日期	年 月 日

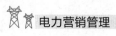

表 2-10 　　　　　　　　　低 压 现 场 勘 查 单

客户基本信息				
户　　号		申请编号		（档案标识二维码，系统自动生成）
户　　名				
联系人		联系电话		
客户地址				
申请备注				

现场勘查人员核定	
申请用电类别	核定情况：是 □　否 □_____
申请行业分类	核定情况：是 □　否 □_____
申请供电电压	核定供电电压：220V □　　　　380V □
申请用电容量	核定用电容量：
接入点信息	包括电源点信息、线路敷设方式及路径、电气设备相关情况
受电点信息	包括受电设施建设类型、主要用电设备特性
计量点信息	包括计量装置安装位置
其他	

主要用电设备				
设备名称	型号	数量	总容量（kW）	备注

供电简图：

勘查人（签名）		勘查日期	年　月　日

（6）根据客户的实际情况确定供电方案。

（四）现场勘查的安全措施及注意事项

（1）现场勘查工作至少两人共同进行，实行现场监护。

（2）进入客户设备运行区域，必须穿棉质工作服、戴安全帽，携带必要的照明器材。

（3）需攀登杆塔或梯子（临时楼梯）时，要落实防坠落措施，并在有效的监护下进行。

（4）工作人员应在客户电气工作人员的带领下进入工作现场，并在规定的工作范围内工作。

（5）不得在高空落物区通行或逗留。

（6）注意观察现场孔（洞）及锐物，工作人员相互提醒，防止踏空、扎伤。

（7）要求客户方进行现场安全交底，做到对现场危险点、安全措施等情况清楚了解。要求客户方或施工方在危险区域按规定设置警示围栏或警示标志。

（8）对有临时用电的客户，勘查人员应掌握带电设备的位置，与带电设备保持足够安全距离，注意不要误碰、误动、误登运行设备。严格监督带电设备与周围设备及工作人员的安全距离是否足够，不得操作客户设备。对客户设备状态不明时，均视为运行设备。

三、确定供电方案

供电方案是指由供电企业提出，经供用电双方协商后确定，满足客户用电需求的电力供应具体实施计划。供电方案是客户受电工程设计的依据，也是签订供用电合同的重要依据。制定供电方案是业扩报装工作中的一个重要环节。供电方案要解决的问题可以概括为两个：第一为供多少；第二如何供。"供多少"是指选择变压器的容量多少比较适宜，"如何供"的主要内容是确定供电电压等级，选择供电电源，明确供电方式与计量方式等。

供电方案由客户接入系统方案和客户受电系统方案及相关说明组成。客户接入系统方案包括：供电电压等级、供电容量、供电电源位置、供电电源数量（单电源或多电源）、供电回路数、路径、出线方式、供电线路敷设等。客户受电系统方案包括：进线方式、受电装置容量、主接线、运行方式、继电保护方式、调度通信、保安措施、电能计量装置及接线方式、安装位置、产权维护及责任分界点、主要电气设备技术参数等。

在业扩报装工作中确定供电方案，实质上是找出一个对客户供电的合理途径。供电方案正确与否将直接影响电网结构与运行是否安全、合理、灵活，用户必需的供电可靠性是否能得到满足，电能质量能否保证，用户变电所的一次投资与年运行费用是否经济等，因此制定供电方案是保证安全、经济、合理地供用电的重要环节。

（一）确定供电方案的基本原则

（1）应能满足供用电安全、可靠、经济、运行灵活、管理方便的要求，并留有发展余度。

（2）符合电网建设、改造和发展规划要求；满足客户近期、远期对电力的需求，具有最佳的综合经济效益。

（3）具有满足客户需求的供电可靠性及合格的电能质量。

（4）符合相关国家标准、电力行业技术标准和规程，以及技术装备先进要求，并应对多种供电方案进行技术经济比较，确定最佳方案。

（二）确定供电方案的基本要求

（1）根据电网条件以及客户的用电容量、用电性质、用电时间、用电负荷重要程度等因素，确定供电方式和受电方式。

（2）根据重要电力用户的分级和客户负荷等级确定供电电源及数量、自备应急电源及非电性质的保安措施配置要求。

（3）根据确定的供电方式及国家电价政策确定电能计量方式、用电信息采集终端安装方案。

（4）根据客户的用电性质和国家电价政策确定计费方案。

（5）客户自备应急电源及非电性质保安措施的配置、谐波负序治理的措施应与受电工程同步设计、同步建设、同步验收、同步投运。

（6）对有受电工程的，应按照产权分界划分的原则，确定双方工程建设出资界面。

（三）供电方案的基本内容

1. 高压供电客户

（1）客户基本用电信息：户名、用电地址、行业、用电性质、负荷分级，核定的用电容量，拟定的客户分级。

（2）供电电源及每路进线的供电容量。

（3）供电电压等级，供电线路及敷设方式要求。

（4）客户电气主接线及运行方式，主要受电装置的容量及电气参数配置要求。

（5）计量点的设置，计量方式，计费方案，用电信息采集终端安装方案。

（6）无功补偿标准、应急电源及保安措施配置，谐波治理、继电保护、调度通信要求。

（7）受电工程建设投资界面。

（8）供电方案的有效期。

（9）其他需说明的事宜。

2. 低压供电客户

（1）客户基本用电信息：户名、用电地址、行业、用电性质、负荷分级，核定的用电容量。

（2）供电电压、公用配变名称、供电线路、供电容量、出线方式。

（3）进线方式，受电装置位置，计量点的设置，计量方式，计费方案，用电信息采集终端安装方案。

（4）无功补偿标准、应急电源及保安措施配置、继电保护要求。

（5）受电工程建设投资界面。

（6）供电方案的有效期。

（7）其他需说明的事宜。

3. 居民客户

（1）客户基本用电信息：户名、用电地址、行业、用电性质，核定的用电容量。

（2）供电电压、供电线路、公用配变名称、供电容量、出线方式。

（3）进线方式、受电装置位置、计量点的设置，计量方式，计费方案，用电信息采集终端安装方案。

（4）供电方案的有效期。

（四）供电方案主要内容的确定

1. 变电站位置的选择

根据下列要求经技术、经济比较决定：

（1）接近负荷中心；

（2）进出线方便；

（3）接近电源侧；

（4）设备运输方便；

（5）不应设在有剧烈震动或高温的场所；

（6）不宜设在多尘或有腐蚀性气体的场所，当无法远离时，不应设在污染源盛行风向的下风侧；

（7）不应设在厕所、浴室、或其他经常积水场所的正下方，且不宜与上述场所相贴邻；

（8）不应设在有爆炸危险环境的正上方或正下方，且不宜设在有火灾危险环境的正上方或正下方，当与有爆炸或火灾危险环境的建筑物毗连时，应符合现行国家标准 GB 50058—2014《爆炸危险环境电力装置设计规范》的规定；

（9）不应设在地势低洼和可能积水的场所。

2. 用电容量的确定

综合考虑客户申请容量、用电设备总容量，并结合生产特性兼顾主要用电设备同时率、需用系数等因素后确定。

为了计算一个客户的总用电容量，正确合理地选择客户变、配电站的电气设备和导线、电缆，首先必须确定客户总的计算负荷。

（1）计算负荷的概念。计算负荷是按发热条件选择电气设备的一个假定负荷，计算负荷产生的热效应须和实际负荷（在不断变动的情况下）产生的最大热效应相等。所以根据计算负荷选择导体及电器时，在实际运行中，导体及电器的最高温升就不会超过允许值。计算负荷的物理意义可理解为：设有一电阻为 R 的导体，其负荷在某一时间内是变动的，最高温升达到值，如果此导体在相同时间内，其负荷为另一不变负荷，其最高温升也达到值，则此不变负荷即称为该变动负荷的计算负荷，也就是说计算负荷和实际负荷造成的最高温升是等值的。

计算负荷是选择变压器、电气设备、导线截面和仪表量程的依据，是整定继电保护的重要依据。计算负荷确定的是否合理，直接关系到配电网中各组成元件的选择是否合理。若计算负荷确定过大，将造成投资和有色金属的浪费；而确定过小，又将使供电设备和导线在运行中发生过热问题，引起绝缘老化，甚至发生烧毁事故。因此，计算负荷的确定是一项重要的工作。

（2）确定计算负荷的方法。负荷计算的步骤应从计算用电设备开始，然后进行车间变电所（变压器）、高压供电线路及总降压变电所（或配电所）等的负荷计算。确定用电设备组计算负荷的常用方法有需用系数法、二项式系数法、单耗法、负荷密度法等。

1）按需用系数法确定计算负荷。

在进行电力负荷预测、计算时，常用的系数有负荷系数、同时系数及需用系数等，下面对这几个系数的概念作一介绍。

① 负荷系数 k_L。

负荷系数是反映负荷从电网中获取功率多少的一个参数。它是指用电设备实际从电网中取用的功率与该设备额定容量的比值，即为该设备的负荷系数，即

$$k_L = \frac{P}{P_N} \qquad (2-1)$$

式中 P——用电设备实际从电网中取用的功率。

② 同时系数 k_{sim}。

用户在用电时，各种用电设备如照明灯、电动机等不可能同时工作，一些用电设备的功率达到最大值时，另一些用电设备的负荷功率不一定达到最大值，换言之，各种用电设备从电网中获得的功率不可能同时达到最大值。这种用电设备及负荷参差不齐、相互错开的情况，可用同时系数表示，其公式为

$$k_{sim} = \frac{P_{t\max}}{\Sigma P_{\max}} \qquad (2-2)$$

式中 $P_{t\max}$——用电单位综合最大负荷；

$\Sigma P_{\max}$——各类用电设备最大负荷之和。

③ 需用系数 k_d。

工作性质相同的一组用电设备有很多台，其中有的设备满载运行，有的设备轻载或空载运行，还有的设备处于备用或检修状态，该组用电设备的计算负荷 P_{ca} 总是比该组设备额定容量的总和 ΣP_N 要小得多，因此在确定计算负荷时，需要将该组设备总容量（或称总功率）进行换算，计算公式为

$$P_{ca} = \frac{k_{sim}k_L}{\eta_N \eta_X} \times \Sigma P_N \qquad (2-3)$$

式中 η_N——用电设备效率；

η_X——线路效率；

ΣP_N——该用电设备组的所有设备额定容量之和。

式（2-3）考虑了影响计算负荷的主要因素，但并不是全部因素。有些因素如工人操作的熟练程度、材料的供应情况、工具质量等均未考虑在内，事实上也无法考虑。所以通常是通过实测，将所有影响计算负荷的许多因素归并成一个系数，也就是我们所说的需用系数。

同类用户的计算负荷与其设备额定容量之和的比值，称为需用系数。用式表示为

$$k_d = \frac{P_{ca}}{\Sigma P_N} \tag{2-4}$$

式中　P_{ca}——用电设备组的有功计算负荷；

　　　ΣP_N——该用电设备组的所有设备额定容量之和。

一般由经验资料确定需用系数，在获得需用系数和所有装置的设备容量后，按式（2-4）即可求得计算负荷。

用需用系数法确定计算负荷比较简单，对于工厂而言，是目前确定客户车间变电站和全厂变电站负荷的主要方法。

按需用系数法确定的计算负荷中，四个物理量之间的关系为

$$Q_{ca} = P_{ca} \tan\varphi \tag{2-5}$$

$$S_{ca} = \sqrt{P_{ca}^2 + Q_{ca}^2} \tag{2-6}$$

或

$$S_{ca} = \frac{P_{ca}}{\cos\varphi} \tag{2-7}$$

$$I_{ca} = \frac{S_{ca}}{\sqrt{3}U_N} \tag{2-8}$$

或

$$I_{ca} = \frac{P_{ca}}{\sqrt{3}U_N \cos\varphi} \tag{2-9}$$

式中　$\cos\varphi$——功率因数；

　　　P_{ca}——有功计算负荷，kW；

　　　Q_{ca}——无功计算负荷，kvar；

　　　S_{ca}——视在计算负荷，kVA；

　　　I_{ca}——计算电流，A；

　　　U_N——三相用电设备的额定电压，kV。

通过对各类用户的负荷曲线进行观察发现，同一类型的用电设备组、车间或企业，其负荷曲线是大致相同的。也就是说同一用电设备组，其需用系数 k_d 的值很接近，可以用一个典型的值来代表。我国的设计部门经过长期的实践和调查研究，并参考一些国外的资料，已经统计出一些用电设备组的典型的需用系数 k_d 值，供用户电力负荷计算时参考。一般而言，当用电设备组内的设备数量较多时，需用系数应取较小值；反之，则应取较大值。设备使用率较高时，需用系数应取较大值；反之，则应取较小值。

表 2-11～表 2-14 所示为几种常见用电设备组的需用系数 k_d 和功率因数。

表 2-11　　　　　　　　各用电设备组需用系数 k_d 及功率因数

用电设备组名称	k_d	$\cos\varphi$	$\tan\varphi$
单独传动的金属加工机床			
1. 冷加工车间	0.14～0.16	0.50	1.73
2. 热加工车间	0.20～0.25	0.55～0.60	1.52～1.33

续表

用电设备组名称	k_d	$\cos\varphi$	$\tan\varphi$
压床、锻锤、剪床及其他锻工机械	0.25	0.60	1.33
连续运输机械 1. 连锁的 2. 非连锁的	 0.65 0.60	 0.75 0.75	 0.88 0.88
轧钢车间反复短时工作制的机械	0.30～0.40	0.50～0.60	1.73～1.33
通风机 1. 生产用 2. 卫生用	 0.75～0.85 0.65～0.70	 0.80～0.850 0.80	 0.75～0.62 0.75
泵、活塞式压缩机、鼓风机、电动发电机组、排风机等	0.75～0.85	0.80	0.75
透平压缩机和透平鼓风机	0.85	0.85	0.62
破碎机、筛选机、碾砂机等	0.75～0.80	0.80	0.75
磨碎机	0.80～0.85	0.80～0.85	0.75～0.62
铸铁车间造型机	0.70	0.75	0.88
搅拌器、凝结器、分级器等	0.75	0.75	0.88
水银整流机组（在变压器一次侧） 1. 电解车间用 2. 起重负荷用 3. 电气牵引用	 0.90～0.95 0.30～0.50 0.40～0.50	 0.82～0.90 0.87～0.90 0.92～0.94	 0.70～0.48 0.57～0.48 0.43～0.36
感应电炉（不带无功补偿装置） 1. 高频 2. 低频	 0.80 0.80	 0.10 0.35	 10.05 2.67
电阻炉 1. 自动装料 2. 非自动装料	 0.70～0.80 0.60～0.70	 0.98 0.98	 0.20 0.20
小容量实验设备和试验台 1. 带电动发电机组 2. 带试验变压器	 0.15～0.40 0.10～0.25	 0.70 0.20	 1.02 4.91
起重机 1. 锅炉房、修理、金工、装配车间 2. 铸铁车间、平炉车间 3. 轧钢车间、脱锭工部等	 0.05～0.15 0.15～0.30 0.25～0.35	 0.50 0.50 0.50	 1.73 1.73 1.73
电焊机 1. 点焊与缝焊用 2. 对焊用	 0.35 0.35	 0.60 0.70	 1.33 1.02
电焊变压器 1. 自动焊接用 2. 单头手动焊接用 3. 多头手动焊接用	 0.50 0.35 0.40	 0.40 0.35 0.35	 2.29 2.68 2.68

续表

用电设备组名称	k_d	$\cos\varphi$	$\tan\varphi$
焊接用电动发电机 1. 单头焊接用 2. 多头焊接用	0.35 0.70	0.60 0.75	1.33 0.80
电弧炼钢炉变压器	0.90	0.87	0.57
煤气电气滤清机组	0.80	0.78	0.80

表 2−12　3～6～10kV 高压用电设备需用系数及功率因数表

高压用电设备组名称	k_d	$\cos\varphi$	$\tan\varphi$
电弧炉变压器	0.92	0.87	0.57
锅炉	0.90	0.87	0.57
转炉鼓风机	0.70	0.80	0.75
水压机	0.50	0.75	0.88
煤气站、排风机	0.70	0.80	0.75
空压站压缩机	0.70	0.80	0.75
氧气压缩机	0.80	0.80	0.75
轧钢设备	0.80	0.80	0.75
试验电动机组	0.50	0.75	0.88
高压给水泵（感应电动机）	0.50	0.80	0.75
高压输水泵（同步电动机）	0.80	0.92	0.43
引风机、送风机	0.80～0.90	0.85	0.62
有色金属轧机	0.15～0.20	0.70	1.02

表 2−13　各种车间的低压负荷需用系数及功率因数

车间名称	k_d	$\cos\varphi$	$\tan\varphi$
铸钢车间（不包括电炉）	0.30～0.40	0.65	1.17
铸铁车间	0.35～0.40	0.7	1.02
锻压车间（不包括高压水泵）	0.20～0.30	0.55～0.65	1.52～1.17
热处理车间	0.40～0.60	0.65～0.70	1.17～1.02
焊接车间	0.25～0.30	0.45～0.50	1.98～1.73
金工车间	0.20～0.30	0.55～0.65	1.52～1.17
木工车间	0.28～0.35	0.60	1.33
工具车间	0.30	0.65	1.17
修理车间	0.20～0.25	0.65	1.17
落锤车间	0.20	0.60	1.33
废钢铁处理车间	0.45	0.68	1.08

续表

车间名称	k_d	$\cos\varphi$	$\tan\varphi$
电镀车间	0.40～0.62	0.85	0.62
中央实验室	0.40～0.60	0.60～0.80	1.33～0.75
充电站	0.60～0.70	0.80	0.75
煤气站	0.50～0.70	0.65	1.17
氧气站	0.75～0.85	0.80	0.75
冷冻站	0.70	0.75	0.88
水泵站	0.50～0.65	0.80	0.75
锅炉房	0.65～0.75	0.80	0.75
压缩空气站	0.70～0.85	0.75	0.88
乙炔站	0.70	0.90	0.48
试验站	0.40～0.50	0.80	0.75
发电机车间	0.29	0.65	1.32
变压器车间	0.35	0.65	1.17
电容器车间（机械化运输）	0.41	0.98	0.19
高压开关车间	0.30	0.70	1.02
绝缘材料车间	0.41～0.50	0.80	0.75
漆包线车间	0.80	0.91	0.48
电磁线车间	0.68	0.80	0.75
线圈车间	0.55	0.87	0.51
扁线车间	0.47	0.75～0.73	0.88～0.80
圆线车间	0.43	0.65～0.70	1.17～1.02
压延车间	0.45	0.78	0.80
辅助性车间	0.30～0.35	0.65～0.70	1.17～1.02
电线厂主厂房	0.44	0.75	0.88
电瓷厂主厂房（机械化运输）	0.47	0.75	0.88
电表厂主厂房	0.40～0.50	0.80	0.75
电刷厂主厂房	0.50	0.80	0.75

表 2-14　　　各种工厂的全厂负荷需用系数及功率因数

工厂类型	需用系数 k_d		最大负荷时功率因数 $\cos\varphi$	
	变动范围	建议采用	变动范围	建议采用
汽轮机制造厂	0.38～0.49	0.38	—	0.88
锅炉制造厂	0.26～0.33	0.27	0.73～0.75	0.73
柴油机制造厂	0.32～0.34	0.32	0.74～0.84	0.74
重型机械制造厂	0.25～0.47	0.35	—	0.79

续表

工厂类型	需用系数 k_d		最大负荷时功率因数 $\cos\varphi$	
	变动范围	建议采用	变动范围	建议采用
机床制造厂	0.13～0.30	0.20	—	—
重型机床制造厂	0.32	0.32	—	0.71
工具制造厂	0.34～0.35	0.34	—	—
仪器仪表制造厂	0.31～0.42	0.37	0.80～0.82	0.81
滚珠轴承制造厂	0.24～0.34	0.28	—	—
量具刃具制造厂	0.26～0.35	0.26	—	—
电机制造厂	0.25～0.38	0.33	—	—
石油机械制造厂	0.45～0.5	0.45	—	0.78
电线电缆制造厂	0.35～0.36	0.35	0.65～0.8	0.73
电气开关制造厂	0.30～0.60	0.35	—	0.75
阀门制造厂	0.38	0.38	—	—
铸管厂	—	0.50	—	0.78
橡胶厂	0.50	0.50	0.72	0.72
通用机器厂	0.34～0.43	0.40	—	—
小型造船厂	0.32～0.50	0.33	0.60～0.80	0.70
中型造船厂	0.35～0.45	有电炉时取高值	0.70～0.80	有电炉时取高值
大型造船厂	0.35～0.40	有电炉时取高值	0.70～0.80	有电炉时取高值
有色冶金企业	0.60～0.70	0.65	—	—
化学工厂	0.17～0.38	0.28	—	—
纺织工厂	0.32～0.60	0.50	—	—
水泥工厂	0.50～0.84	0.71	—	—
锯木工厂	0.14～0.30	0.19	—	—
各种金属加工工厂	0.19～0.27	0.21	—	—
钢结构桥梁厂	0.35～0.40	—	—	0.60
混凝土桥梁厂	0.30～0.45	—	—	0.55
混凝土轧枕厂	0.35～0.45	—	—	—

若客户设备台数不多且单台容量差别很大时，通常用二项式系数法确定。

2）电量单耗法。

电量单耗法简称单耗法，此法是指生产某一单位产品或单位效益量所耗用的电量，即用电单耗。

方法是：当知道了某一产品耗电定额（用电单耗）之后，乘以全年的产品总量或效益总量，即可得出全年总用电量，然后除以最大负荷利用小时数，即得出用户用电最大负荷

年用电量计算公式为

$$A = CD$$

式中 A——全年用电量，kWh；

C——产品或效益总量（吨、亩、万元或其他计算单位）。

D——单位产品或效益耗电定额，kWh/t、kWh/亩、kWh/万元。

最大负荷计算公式为

$$P_{max}=A/T_{max}$$

式中 P_{max}——最大负荷，kW；

T_{max}——年最大负荷利用小时数，h。

3）设备定额法。

方法是：用已知每千瓦用电设备的年产品或效益量，或单位产品、单位效益所需用电设备容量，先求出该项用电的用电设备装机容量，然后使用需用系数法计算其用电负荷和年用电量。

注：此法多用于计算平原地区扬程变化小的电力排灌用电，农副加工或农业生产的某些小项用电，公共照明用电，工业小用户群用电等的近期用电负荷计算。

其表达式为

$$N=C/D_p$$
$$P_{max}=K_x \cdot N$$

式中 N——某项用电的用电设备装机容量，kW；

C——产品产量或效益总量［亩、万人、万元，村（组）］数等；

D_p——平均定额［亩/kW，万人/kW，万元/kW，村（组）］，kW。

实际工作中也常常采用用电负荷密度的方法，负荷密度是指每平方米面积需要的容量，再根据各单位的面积确定变压器容量。负荷密度是负荷计算和负荷预测的一种简单可行的方法。

在确定变压器的容量后，还应考虑在满足近期生产任务的前提下，保留合理的备用容量，既能使变压器的效率最高，又有利于生产的发展；在保证变压器不超载和安全运行的前提下，同时考虑减少电网的无功损耗，一般客户的负荷在变压器容量的 70%～75%是比较经济的；对于有重要负荷、用电季节性较强的客户，可以采用选择多台变压器的方法，以达到保证供电可靠性、降低运行费用，提高效率的目的。

在选择变压器型号时，应尽可能选择节能型的变压器。

根据 GB/T 36040—2018《居民住宅小区电力配置规范》，居民客户的受电容量一般按建筑面积计算，在 60m² 及以下者，每户以不小于 6kW 核定；大于 60 小于等于 90m² 者，每户以不小于 8kW 核定；大于 90 小于等于 140m² 者，每户以不小于 10kW 核定。

3. 供电电源的配置

供电电源应依据客户分级、用电性质、用电容量、生产特性以及当地供电条件等因素，经过技术经济比较、与客户协商后确定。

（1）电力客户分级。

电力客户根据客户行业性质分为重要电力用户和普通电力用户。

1）重要电力用户。

重要电力用户是指在国家或者一个地区（城市）的社会、政治、经济生活中占有重要地位，对其中断供电将可能造成人身伤亡、较大环境污染、较大政治影响、较大经济损失、社会公共秩序严重混乱的用电单位或对供电可靠性有特殊要求的用电场所。

重要电力用户认定一般由各级供电企业或电力客户提出，经当地政府有关部门批准。

根据对供电可靠性的要求以及中断供电危害程度，重要电力用户可以分为特级、一级、二级重要电力用户和临时性重要电力用户。

特级重要电力用户，是指在管理国家事务中具有特别重要作用，中断供电将可能危害国家安全的电力用户。

一级重要电力用户，是指中断供电将可能产生下列后果之一的电力用户：直接引发人身伤亡的；造成严重环境污染的；发生中毒、爆炸或火灾的；造成重大政治影响的；造成重大经济损失的；造成较大范围社会公共秩序严重混乱的。

二级重要电力用户，是指中断供电将可能产生下列后果之一的电力用户：造成较大环境污染的；造成较大政治影响的；造成较大经济损失的；造成一定范围社会公共秩序严重混乱的。

临时性重要电力用户，是指需要临时特殊供电保障的电力用户。

2）普通电力用户。

除重要电力用户以外的其他用户，统称为普通电力用户。

（2）负荷分级。

电力负荷根据对供电可靠性的要求及中断供电在对人身安全、经济损失上所造成的影响程度进行分级，并应符合下列规定：

1）符合下列情况之一时，应视为一级负荷。

① 中断供电将造成人身伤害时。

② 中断供电将在经济上造成重大损失时。

③ 中断供电将影响重要用电单位的正常工作。

2）在一级负荷中，当中断供电将造成人员伤亡或重大设备损坏或发生中毒、爆炸和火灾等情况的负荷，以及特别重要场所的不允许中断供电的负荷，应视为一级负荷中特别重要的负荷。

3）符合下列情况之一时，应视为二级负荷。

① 中断供电将在经济上造成较大损失时。

② 中断供电将影响较重要用电单位的正常工作。

4）不属于一级和二级负荷者应视为三级负荷。

（3）供电电源的配置原则（按重要电力用户等级配置）。

1）特级重要电力用户应具备三路及以上电源供电条件，其中的两路电源应来自两个不同的变电站，当任何两路电源发生故障时，第三路电源能保证独立正常供电。

2）一级重要电力用户应采用双电源供电，二级重要电力用户应采用双电源或双回路供电。

3）临时性重要电力用户按照用电负荷重要性，在条件允许情况下，可以通过临时架线等方式满足双电源或多电源供电要求。

4）对普通电力用户可采用单电源供电。

5）双电源、多电源供电时宜采用同一电压等级电源供电，供电电源的切换时间和切换方式要满足重要负荷允许中断供电时间的要求。

6）根据用户分级和城乡发展规划，选择采用架空线路、电缆线路或架空－电缆线路供电。

（4）供电电源的配置原则（按用户负荷等级配置）。

1）一级负荷应由双重电源供电，当一电源发生故障时，另一电源不应同时受到损坏。

2）一级负荷中特别重要的负荷供电，应符合下列要求：

① 除应由双重电源供电外，尚应增设应急电源，并严禁将其他负荷接入应急供电系统。

② 设备的供电电源的切换时间，应满足设备允许中断供电的要求。

（5）供电电源点确定的一般原则。

1）电源点应具备足够的供电能力，能提供合格的电能质量，满足客户的用电需求，保证接电后电网安全运行和客户用电安全。

2）对多个可选的电源点，应进行技术经济比较后确定。

3）根据用户分级、负荷等级和用电需求，确定电源点的回路数和种类。

4）根据城市地形、地貌和城市道路规划要求，就近选择电源点。路径应短捷顺直，减少与道路交叉，避免近电远供、迂回供电。

（6）自备应急电源配置的一般原则。

1）重要电力用户应配置自备应急电源及非电性质的保安措施，满足保安负荷应急供电需要。对临时性重要电力用户可以租用应急发电车（机）满足保安负荷供电要求。

2）自备应急电源配置容量应至少满足全部保安负荷正常供电的需要。有条件的可设置专用应急母线。

3）自备应急电源的切换时间、切换方式、允许停电持续时间和电能质量应满足用户安全要求。

4）自备应急电源与电网电源之间应装设可靠的电气或机械闭锁装置，防止倒送电。

5）对于环保、防火、防爆等有特殊要求的用电场所，应选用满足相应要求的自备应急电源。

自备应急电源的类型主要有以下几种：

① 独立于正常电源的发电机组：包括应急燃气轮机发电机组、应急柴油发电机组。快速自启动发电机组适用于允许中断供电时间为15s以上的较大负荷，这是考虑快速启动的发电机组一般启动时间在10s以内。

② 供电网络中独立于正常电源的专用馈电线路：带有自投装置的专用馈电线路适用于允许中断时间为1.5s或0.6s以上的负荷。

③ UPS不间断电源、EPS应急电源等其他新型电源：UPS不间断电源适用于允许中断供电时间为毫秒级的负荷；EPS应急电源是一种将蓄电池的直流电能逆变为交流电源的应急电源，适用于允许中断供电时间为0.25s以上的负荷。

④ 蓄电池：适用于有可能采用直流电源者且容量不大的特别重要负荷供电。

（7）非电性质保安措施配置的一般原则。

非电性质保安措施应符合用户的生产特点、负荷特性，满足无电情况下保证用户安全的需要。

4. 供电电压的确定

（1）供电电压的标准。

《供电营业规则》第六条规定：低压供电：单相为220V，三相为380V；高压供电：为10、35（63）、110、220kV。

（2）供电电压的分类。

我国电网的供电电压大体上可分为低压、中压、高压、超高压和特高压五个等级。1kV以下称作低压，1~10kV称作中压，高于10kV低于330kV称作高压，330~1000kV称作超高压，1000kV及以上称作特高压。

从我国目前的供电情况看，220kV及以上电压，主要用于电力系统输送电能，也有少数大型企业从220kV直接受电的；35~110kV电压既可以输电也可以配电，直接向大中型电力客户供电；10kV及以下电压只适用于配电。

（3）供电电压的确定。

对照相关标准，根据客户用电地址、初定的总受电容量、用电设备对电能质量的要求、用电设备对电网的影响、周边电网布局，结合电网的近远期规划，初定客户的供电电压。根据《国家电网公司业扩供电方案编制导则》（国家电网营销〔2010〕1247号），供电电压等级一般可按下列规定确定。

1）低压供电。

客户单相用电设备总容量在10kW及以下时可采用低压220V供电，在经济发达地区用电设备容量可扩大到16kW。

客户用电设备总容量在100kW及以下或受电变压器容量在50kVA及以下者，可采用低压380V供电。在用电负荷密度较高的地区，经过技术经济比较，采用低压供电的技术经济性明显优于高压供电时，低压供电的容量可适当提高。

根据《国家电网有限公司关于印发打造国际领先电力营商环境三年工作方案的通知》（国家电网办〔2020〕842号）对小微企业客户，合理确定低压接入容量标准，2022年底前，160千瓦及以下小微企业实现低压接入城乡全覆盖；在京津冀、长三角、成渝等区域的重点城市及公司经营区内的国家级新区，探索进一步提高低压接入容量标准。

2）高压供电。

客户受电变压器总容量在50kVA~10MVA时（含10MVA），宜采用10kV供电。无35kV电压等级的地区，10kV电压等级的供电容量可扩大到15MVA。

客户受电变压器总容量在5~40MVA时，宜采用35kV供电。

客户受电变压器总容量在20~100MVA时，宜采用110kV及以上电压等级供电。

客户受电变压器总容量在100MVA及以上，宜采用220kV及以上电压等级供电。

10kV及以上电压等级供电的客户，当单回路电源线路容量不满足负荷需求且附近无上一级电压等级供电时，可合理增加供电回路数，采用多回路供电。

供电半径超过本级电压规定时，可按高一级电压供电。

3）临时供电。

基建施工、市政建设、抗旱打井、防汛排涝、抢险救灾、集会演出等非永久性用电，可实施临时供电。具体供电电压等级取决于用电容量和当地的供电条件。

5. 供电线路的确定

一般根据用户的性质、负荷大小、用电地点和线路走向等选择供电线路及其架设方式。根据目前的情况，农村以架空线为主。对于城市电网主要考虑电缆方式，这样即能美化城市环境，又能减少道路占用。

供电线路的导线截面选择可按允许电压降选择或按经济电流密度选择。

在供电线路走向方面，应选择在正常运行方式下，具有最短的电气供电距离，以防止发生近电远供或迂回供电的问题。

6. 电能计量方案的确定

计量方案，主要是指明确规定采用什么电能计量装置、计量装置安装的位置，以及如何安装等。其要求必须是准确、可靠、安全、公正。

（1）电能计量点确定原则。

根据《供电营业规则》第 74 条规定，用电计量装置原则上应装在供电设施的产权分界处。如产权分界处不适宜装表的，对专线供电的高压用户，可在供电变压器出口装表计量；对公用线路供电的高压用户，可在用户受电装置的低压侧计量。当用电计量装置不安装在产权分界处时，线路与变压器损耗的有功与无功电量均须由产权所有者负担。在计算用户基本电费（按最大需量计收时）、电度电费及功率因数调整电费时，应将上述损耗电量计算在内。

一般情况下，低压用户的计量点，选择在低压电源进户点附近。高压供电用户的计量点，原则上应选在产权分界点处。专线供电用户，其计量点选在专线的始端，即供电企业变电所用户专线出线间隔，但是当有其他技术上的原因，其计量点不能选在专线的始端时，可征得用户的同意后，安装在专线末端，即用户变电所的进线间隔，但在计算用户的有、无功电量及最大需量时应加上专线的线损电量及需量。多电源高压供电用户，在每一电源的产权分界点上设置计量点。

（2）电能计量装置的分类及准确度等级的确定。

电能计量装置是用于测量和记录各种电量的电能计量器具及辅助设备的总称。包括计费电能表、计量用电压互感器和电流互感器、二次回路及电能计量柜（箱）。

1）电能表分类。

根据 DL/T 448—2016《电能计量装置技术管理规程》，运行中的电能计量装置按计量对象重要程度和管理需要分为五类（Ⅰ、Ⅱ、Ⅲ、Ⅳ、Ⅴ）。分类细则及要求如下：

① Ⅰ类电能计量装置。

220kV 及以上贸易结算用电能计量装置，500kV 及以上考核用电能计量装置，计量单机容量 300MW 及以上发电机发电量的电能计量装置。

② Ⅱ类电能计量装置。

110（66）～220kV 贸易结算用电能计量装置，220～560kV 考核用电能计量装置。计量单机容量 100～300MW 发电机发电量的电能计量装置。

③ Ⅲ类电能计量装置。

10～110（66）kV 贸易结算用电能计量装置，10～220kV 考核用电能计量装置。计量 100MW 以下发电机发电量、发电企业厂（站）用电量的电能计量装置。

④ Ⅳ类电能计量装置。

380V～10kV 电能计量装置。

⑤ Ⅴ类电能计量装置。

220V 单相电能计量装置。

2）电能表与互感器准确度。

根据 DL/T 448—2016《电能计量装置技术管理规程》6.2 条的规定，各类电能计量装置配置准确度要求如下：

① 各类电能计量装置应配置的电能表、互感器的准确度等级不应低于表 2-15 所示值。

表 2-15 准 确 度 等 级

电能计量装置类别	准确度等级			
	有功电能表	无功电能表	电压互感器	电流互感器
Ⅰ	0.2S	2.0	0.2	0.2S
Ⅱ	0.5S	2.0	0.2	0.2S
Ⅲ	0.5S	2.0	0.5	0.5S
Ⅳ	1.0	2.0	0.5	0.5S
Ⅴ	2.0	—	—	0.5S
发电机出口可选用非 S 级电流互感器				

② 电能计量装置中电压互感器二次回路电压降应不大于其额定二次电压的 0.2%。

（3）电能计量方式的确定。

1）高供高计。

电能计量装置设置点的电压与供电电压一致且在 10（6）kV 及以上的计量方式称为高供高计。高压供电的客户，宜在高压侧计量。

2）高供低计。

采用高压供电的用户，但其电能计量装置设置点的电压低于用户供电电压的计量方式称为高供低计。对 10kV 供电且容量在 315kVA 及以下、35kV 供电且容量在 500kVA 及以下的，高压侧计量确有困难时，可在低压侧计量，即采用高供低计方式。但高供低计不适用于有以下情况之一的高压供电用户：

① 有二台及以上台数变压器变电的用户；

② 主变为三线圈变压器变电的用户；

③ 供电电压为 110kV 及以上的用户。

3）低供低计。

用户的供电电压和电能计量装置设置点均为 3×380/220V 或单相 220V 的低压计量方式。低压供电的客户，负荷电流为 60A 及以下时，电能计量装置接线宜采用直接接入式；负荷电流为 60A 以上时，宜采用经电流互感器接入式。

（4）电能计量装置的接线方式。

接入中性点绝缘系统的电能计量装置，宜采用三相三线接线方式；接入中性点非绝缘系统的电能计量装置，应采用三相四线接线方式。

（5）电能计量装置的安装原则。

《供电营业规则》规定：供电企业应在客户每一个受电点内按不同电价类别，分别安装用电计量装置，每个受电点作为客户的一个计费单位。在客户受电点内难以按电价类别分别安装用电计量装置时，可装设总表，按不同电价类别进行定量定比分算。

城乡居民用电实行一户一表。

临时用户，一般应装设电能计量装置用电。对于用电时间较短而且又不具备装表条件的，也可以不装表，按其用电容量、使用时间、规定的电价计收电费。

特殊无表用户，可以在其多个用电点中选取其中某一用电点装置参照表，以该表的用电量乘以用电点数计算该户的用电量。

受电容量在 50kVA 及以上的应装设专用配变终端。

电能计量装置装设后，客户应妥为保护，不应在表前堆放影响抄表或计量准确的物品。

7. 用户电气主接线的确定

（1）确定电气主接线的一般原则。

1）根据进出线回路数、设备特点及负荷性质等条件确定。

2）满足供电可靠、运行灵活、操作检修方便、节约投资和便于扩建等要求。

3）在满足可靠性要求的条件下，宜减少电压等级和简化接线等。

（2）电气主接线的主要型式。

桥形接线、单母线、单母线分段、双母线、线路变压器组。

（3）客户电气主接线选择。

根据《国家电网公司业扩供电方案编制导则》（国家电网营销〔2010〕1247 号），客户的电气主接线一般按照如下要求选择：

1）具有两回线路供电的一级负荷客户，其电气主接线的确定应符合下列要求：

35kV 及以上电压等级应采用单母线分段接线或双母线接线。装设两台及以上主变压器。6～10kV 侧应采用单母线分段接线。

10kV 电压等级应采用单母线分段接线。装设两台及以上变压器。0.4kV 侧应采用单母线分段接线。

2）具有两回线路供电的二级负荷客户，其电气主接线的确定应符合下列要求：

35kV 及以上电压等级宜采用桥形、单母线分段、线路变压器组接线。装设两台及以上主变压器。中压侧应采用单母线分段接线。

10kV 电压等级宜采用单母线分段、线路变压器组接线。装设两台及以上变压器。0.4kV 侧应采用单母线分段接线。

3）单回线路供电的三级负荷客户，其电气主接线，采用单母线或线路变压器组接线。

（4）重要电力用户运行方式。

1）特级重要电力用户可采用两路运行、一路热备用运行方式。

2）一级重要电力用户可采用以下运行方式：两回及以上进线同时运行互为备用；一回进线主供、另一回路热备用。

3）二级重要电力用户可采用以下运行方式：两回及以上进线同时运行；一回进线主供、另一回路冷备用。

4）不允许出现高压侧合环运行的方式。

8. 计费方案的确定

根据客户用电设备实际使用情况，客户的用电负荷性质、客户的行业分类，对照国家的电价政策，初步确定客户受电点的计费方案。

9. 电能质量及无功补偿的技术要求

（1）电能质量。

电能质量即电网向客户提供的电能优劣程度。

用户的非线性负荷设备接入电网会导致电能质量不同程度的劣化。非线性负荷的主要种类：换流和整流装置，包括电气化铁路、电车整流装置、动力蓄电池用的充电设备等；冶金部门的轧钢机、感应炉和电弧炉；电解槽和电解化工设备；大容量电弧焊机；大容量、高密度变频装置；其他大容量冲击设备的非线性负荷。

若用户有非线性负荷设备接入电网时，客户应委托有资质的专业机构出具非线性负荷设备接入电网的电能质量评估报告。按照"谁污染、谁治理""同步设计、同步施工、同步投运、同步达标"的原则，在供电方案中，明确客户治理电能质量污染的责任及技术方案要求。

客户负荷注入公共电网连接点的谐波电压限值及谐波电流允许值应符合《电能质量公用电网谐波》（GB/T 14549—1993）国家标准的限值。客户的冲击性负荷产生的电压波动和闪变的允许值，应符合《电能质量电压波动和闪变》（GB/T 12326—2008）国家标准的限值。

（2）无功补偿装置。

1）无功补偿装置的配置原则。

无功电力应分层分区、就地平衡。客户应在提高自然功率因数的基础上，按有关标准设计并安装无功补偿设备。为提高客户电容器的投运率，并防止无功倒送，宜采用自动投切方式。

2）功率因数要求。

100kVA 及以上高压供电的电力客户，在高峰负荷时的功率因数不宜低于 0.95；其他电力客户和大、中型电力排灌站、趸购转售电企业，功率因数不宜低于 0.90；农业用电功率因数不宜低于 0.85。

3）无功补偿容量的计算。

电容器的安装容量，应根据客户的自然功率因数计算后确定。

$$Q_C = P(\tan\varphi_1 - \tan\varphi_2)$$

$$Q_c = P\left(\sqrt{\frac{1}{\cos^2\varphi_1} - 1} - \sqrt{\frac{1}{\cos^2\varphi_2} - 1}\right)$$

其中 φ_1 和 φ_2 分别是补偿前后的功率因数角。

当不具备设计计算条件时，电容器安装容量的确定应符合下列规定：35kV 及以上变电所可按变压器容量的 10%～30%确定；10kV 变电所可按变压器容量的 20%～30%确定。

10. 继电保护及调度通信自动化技术要求

（1）继电保护设置的基本原则。

客户变电所中的电力设备和线路，应装设反应短路故障和异常运行的继电保护和安全自动装置，满足可靠性、选择性、灵敏性和速动性的要求。客户变电所中的电力设备和线路的继电保护应有主保护、后备保护和异常运行保护，必要时可增设辅助保护。10kV 及以上变电所宜采用数字式继电保护装置。

（2）备用电源自动投入装置要求。

备用电源自动投入装置，应具有保护动作闭锁的功能。

（3）需要实行电力调度管理的客户范围。

下列用户应接受电力调度部门的管理：

1）受电电压在 10kV 及以上的专线供电客户。

2）有多电源供电、受电装置的容量较大且内部接线复杂的客户。

3）有两回路及以上线路供电，并有并路倒闸操作的客户。

4）有自备电厂并网的客户。

5）重要电力用户或对供电质量有特殊要求的客户等。

（4）通信和自动化要求。

35kV 及以下供电、用电容量不足 8000kVA 且有调度关系的客户，可利用用电信息采集系统采集客户端的电流、电压及负荷等相关信息，配置专用通信市话与调度部门进行联络。

35kV 供电、用电容量在 8000kVA 及以上或 110kV 及以上的客户宜采用专用光纤通道或其他通信方式，通过远动设备上传客户端的遥测、遥信信息，同时应配置专用通讯市话或系统调度电话与调度部门进行联络。其他客户应配置专用通讯市话与当地供电公司进行联络。

11. 供电方案制定案例

蓝天机械加工厂有机床、水泵和照明等三组负荷，如表 2-16 所示，三类用电设备之间的同时使用系数取 0.9。已知机床组有 40kW 电动机 40 台；长时间工作制的水泵有

50kW 电动机 30 台；照明负荷 50kW，该厂无重要负荷，希望能尽快投产。

表 2-16　　　　　　　　　　用电设备组需用系数及功率因数

用电设备组名称	需用系数 K_r	功率因数 $\cos\varphi$	$\tan\varphi$
机床组	0.5	0.60	1.33
长时间工作制的水泵	0.7	0.8	0.75
照明设备	0.6	0.75	0.88

勘查信息：

（1）用户西北 100m，有 10kV A 开闭所，备用间隔 B 可开放容量 2000kVA；备用间隔 C 可开放容量 3000kVA。

（2）用户东北 200m，有 10kV E 开闭所，备用间隔 D 可开放容量 8000kVA。

请根据以上信息填写下列《高压供电方案答复单》。（如果变压器台数超过一台，要求每台变压器容量相同）

具体制定过程如下。

（1）先分别求各组计算负荷。

① 机床组。查表 2-16 可得，需用系数 $K_{r1}=0.5$，$\cos\varphi_1=0.6$，$\tan\varphi_1=1.33$，则

$$P_{N1}=40\times40=1600\text{kW} \quad P_{C1}=K_{r1}\cdot P_{N1}=0.5\times1600=800（\text{kW}）$$

$$Q_{C1}=P_{C1}\cdot\tan\varphi_1=800\times1.33=1064（\text{kvar}）$$

② 水泵。查表 2-16 可得，需用系数 $K_{r2}=0.7$，$\cos\varphi_2=0.8$，$\tan\varphi_2=0.75$，则

$$P_{N2}=50\times30=1500（\text{kW}）$$

$$P_{C2}=K_{r2}\cdot P_{N2}=0.7\times1500=1050（\text{kW}）$$

$$Q_{C2}=P_{C2}\cdot\tan\varphi_2=1050\times0.75=787.5（\text{kvar}）$$

③ 照明设备。查表 2-16 可得，需用系数 $K_{r3}=0.6$，$\cos\varphi_3=0.75$，$\tan\varphi_3=0.88$，则

$$P_{N3}=50（\text{kW}）$$

$$P_{C3}=K_{r3}\cdot P_{N3}=0.6\times50=30（\text{kW}）$$

$$Q_{C3}=P_{C3}\cdot\tan\varphi_3=30\times0.88=26.4（\text{kvar}）$$

（2）确定该机械厂的计算负荷。

① 有功计算负荷为

$$P_C=(800+1050+30)\times0.9=1692（\text{kW}）$$

② 无功计算负荷为

$$Q_C=(1064+787.5+26.4)\times0.9=1690.11（\text{kvar}）$$

③ 视在计算负荷为

$$S_C=\sqrt{P_C^2+Q_C^2}=\sqrt{1692^2+1690.11^2}=2391.51（\text{kVA}）$$

（3）根据《国家电网公司业扩供电方案编制导则》7.1.1.2 规定，一般客户的计算负

荷宜等于变压器额定容量的70%～75%。

$$2391.51 \div 0.7 = 3416 \text{kVA}, \quad 2391.51 \div 0.75 = 3189 \text{kVA}$$

10kV变压器单台容量不超过2500kVA，本题要求变压器容量相同，所以选两台，每台2000kVA，变压器容量为4000kVA。

供电方案答复单以浙江省为例，见表2-17。

表2-17　　　　　　　　　　　　高压供电方案答复单

客户基本信息				
户号	**********	流程编号	************	
户名	蓝天机械加工厂			
用电地址	******************			
用电类别	大工业	行业分类	机械制造	
拟定客户分级	普通用户	供电容量	4000kVA	
联系人	李三	联系电话	***********	
业务类型		高压新装		
营业费用				
费用名称	单价	数量（容量）	应收金额（元）	收费依据
/	/	/	/	/
告知事项				

依据国家有关政策和规定、电网的规划、用电需求以及当地供电条件等因素，贵户2018年1月20日递交的用电申请经技术经济比较，并经供用双方协商一致后，答复如下：

√受电工程具备供电条件，供电方案详见正文。

□受电工程不具备供电条件，主要原因是

待具备供电条件时另行答复。

本供电方案有效期自客户签收之日起__1__年内有效。如遇有特殊情况，需延长供电方案有效期的，客户应在有效期到期前十天向供电企业提出申请，供电企业视情况予以办理延长手续。

贵户接到本通知后，即可委托有资质的电气设计、承装单位进行设计和施工。

客户签名（单位盖章）：　　　　　　　　　　　　　　　　　　供电企业（盖章）：

2018年2月1日　　　　　　　　　　　　　　　　　　　　　　　2018年2月1日

一、客户接入系统方案

1. 供电电源情况

供电企业向客户提供 __单电源__ 三相交流 50 赫兹电源

（1）第一路电源

电源性质：__主供电源__　　　　　　　电源类型：__公线__

供电电压：__交流 10kV__　　　　　　　供电容量：__4000kVA__

供电电源接电点：__10kV E 开闭所备用间隔 D 出线柜__

产权分界点：__10kV E 开闭所备用间隔 D 出线柜开关下桩头电缆搭接处，分界点至电源侧的设备产权属供电企业，分界点至负荷侧的设备产权属客户，产权分界点的设备产权属于供电企业。__

进出线路敷设方式路径及技术要求：详见接入系统方案。

具体路径和敷设方式以设计勘察结果以及政府规划部门最终批复为准。

（2）第二路电源

电源性质：_____/_____　电源类型：_____/___

供电电压：_____/_____　供电容量：___/_____千伏安

供电电源接电点：_____/_____

产权分界点：_____/_____，分界点电源侧产权属供电企业，分界点负荷侧产权属客户。

进出线路敷设方式路径及技术要求：详见接入系统方案。

具体路径和敷设方式以设计勘察结果以及政府规划部门最终批复为准。

2. 供电系统情况

第一路电源接入点系统短路容量为***********；系统采用的接地方式为 __不接地__。

第二路电源接入点系统短路容量为***********；系统采用的接地方式为 __不接地__。

3. 投资界面

根据国家规定，产权分界点是双方运行维护管理及安全责任范围的分界点。产权分界点以下部分由用户负责建设，产权分界点及以上工程由供电公司负责建设。

二、客户受电系统方案

1. 受电点建设类型：采用 __配电房__ 方式。配电房选址及设计应符合相关设计规范。

2. 受电容量：合计 __4000kVA__。

3. 电气主接线：采用 __10kV 单母线接线　0.4kV 单母线分段接线方式__。

4. 运行方式：电源采用 __单路运行__ 方式，电源联锁采用 __/__ 方式。

5. 无功补偿：按无功电力就地平衡的原则，按照国家标准、电力行业标准等规定设计并合理装设无功补偿设备。补偿设备宜采用自动投切方式，防止无功倒送，在高峰负荷时的功率因数不宜低于 __0.95__。

6. 继电保护：宜采用数字式继电保护装置，__电源进线采用定时限速断和过流保护；10kV 主变采用速断和过流保护、瓦斯、温度保护__。

7. 调度、通信及的自动化：与 __国网*******供电有限公司调控中心__ 建立调度关系；配置相应的通信自动化装置进行联络，通信方案建议采用无上传数据，配专用通信市话（录音传真电话）。

8. 自备应急电源及非电保安措施：客户对重要保安负荷配备足额容量的自备应急电源及非电性质保安措施。

9. 电能质量要求：

（1）客户负荷特性线性。

存在非线性负荷设备___/___接入电网，应委托有资质的机构出具电能质量评估报告，并提交初步治理技术方案。

（2）用电负荷注入公用电网连接点的谐波电压限值及谐波电流允许值应符合《电能质量公用电网谐波》（GB/T 14549）国家标准的限值。

（3）冲击性负荷产生的电压波动允许值，应符合《电能质量电压波动和闪变》（GB/T 12326）国家标准的限值。

（4）用户对电能质量的要求高于国家相关标准的，应自行采取必要技术措施。

10. 配电设备要求：

（1）进线设备情况：__采用电缆进线，进线柜采用断路器柜__；

（2）配变情况：__两台容量各为 2000kVA 变压器__；

（3）自备应急电源：设置__无__。

（4）对主要设备及材料的选型应进行计算，含电能质量，安全载流量（含热稳定、动稳定校验），机械强度（应力）应符合相关规程规范、导则的要求，安装的要求和参数的给定。设备材料选型应采用先进、使用、经济、合理产品。

（5）高压电气设备应取得国家认定机构出具的型式试验报告，低压电气设备应获得国家强制性产品认证证书（即 3C 证书）提倡使用节能电气产品，严禁使用国家明令淘汰的电气产品。

三、计量方案

1. 计量点设置及计量方式：

计量点 1：计量装置装设在__10kV 备用间隔 D 线路用户变电站高压进线侧计量柜处__，计量方式为__高供高计__，接线方式为__三相三线__，量电电压交流__10kV__。

电压互感器变比为__10 000/100__、准确度等级为__0.2__；

电流互感器变比为__250/5__、准确度等级为__0.2S__。

计量点 2：计量装置装设在_____/_____处，计量方式为___/___，接线方式为___/___，量电电压___/___。

电压互感器变比为___/___、准确度等级为___/___；

电流互感器变比为___/___、准确度等级为___/___。

2. 用电信息采集终端安装方案：配装用电信息采集终端__1__台，终端装设于__10kV 备用间隔 D 线路用户变电站高压进线侧计量柜__处，用于远程监控及电量数据采集。

四、计费方案

1. 电价为：__（配售电）大工业；1-10kV；三费率：按容量__。

2. 功率因数考核标准：根据国家《功率因数调整电费办法》的规定，功率因数调整电费的考核标准为__0.9__。

3. 当用电计量装置不安装在产权分界处时，___/___损耗的有功与无功电量均须由产权所有者负担。在计算用户基本电费（按最大需量计收时）、电度电费及功率因数调整电费时，应将上述损耗电量计算在内。

根据政府主管部门批准的电价（包括国家规定的随电价征收的有关费用）执行，如发生电价和其他收费项目费率调整，按政府有关电价调整文件执行。

五、其他事项

（1）受电工程应根据供电方案答复单进行设计，客户委托的设计单位应取得建设部门颁发的相应级别的设计资质和其他必备的资质条件。跨省勘察设计单位应在浙江省建设厅登记备案，跨地区设计单位应在地（市）级建设局登记备案。设计完成后，普通客户自行或委托有相关资质的单位进行设计文件审核，审查合格后方可进行后续施工。如因设计文件不符合相关规定而引起的一切后果由客户自行承担。

（2）普通客户受电工程在电缆沟管、接地网等隐蔽工程覆盖前，应自行组织进行中间检查，检查标准应依据国家相关规范，如因中间检查不到位引起的一切后果由用户自行承担。

（3）客户可自主选择施工单位和设备材料供应单位，所委托的施工单位应取得电力监管机构颁发的相应级别的《承装（修、试）电力设施许可证》。外省承装（修、试）电力设施企业在浙江省承接工程的，应当自工程开始之日起十日内，向国家能源局浙江监管办公室报告，依法接受其监督检查；

（4）客户受电工程竣工并自验收合格后，请携带竣工报验等相关资料及时到供电营业窗口办理竣工报验申请。

变压器采用油浸式变压器，型号以经信局能评批复为准。10kV 进线要求采用微机型继电保护装置，其操作电源和保护电源要求由独立的直流电源供电，采用三段式电流保护，保护用 CT 精度为 10P20 级。

六、主接线简图（图 2-6）

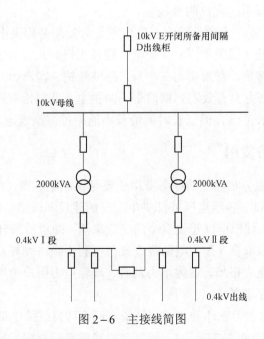

图 2-6　主接线简图

四、供电方案的审批及答复

供电方案的审批是在汇总所有参与勘查的人员意见的基础上，对由客户经理拟定的供电方案进行审批。

（一）供电方案审批的内容

（1）供电方案的合理性：方案应符合电网规划要求；能满足客户的需求、在客户采取了无功补偿及消除高次谐波、防冲击措施后，能保证本客户及相同供电点的其他客户的电能质量，供用电经济合理。

（2）供电方案的安全性：根据方案所定的电压等级，该客户的冲击负荷应不影响电力系统的安全；客户自备电源应杜绝倒送电网的可能性；主、备电源的连锁装置的方案要合理、安全，确保供用电安全。

（3）供电方案的可靠性：根据客户的重要程度，审核客户要求电网提供的备用电源、保安电源容量应足够，可靠。

（4）确认客户自备应急电源、非电性质保安措施是否合理、安全、可靠。

（二）供电方案的答复

（1）在供电方案确定后，由申请客户管辖地的营业窗口负责在规定时间内通知客户。根据国网电网有限公司的"十项承诺"，供电方案答复期限：高压客户单电源供电10个工作日，双电源供电20个工作日。

（2）供电方案有效期

为了防止客户无限期占用电网供电能力而不能发挥其应有的经济效益的现象发生，供电企业在确定对客户的供电方案并以文字正式批复、通知客户时，须注明并告知方案有效期的起止日期，以引起客户的重视。

《供电营业规则》第二十一条规定：供电方案有效期是指供电方案正式通知书发出之日起至交纳供电贴费（相关费用）并受电工程开工日为止。高压供电的客户，有效期为一年；低压供电的客户，有效期为三个月，逾期注销。客户如遇特殊情况，需延长供电方案有效期的，应在方案有效期到期前十天向供电企业提出书面申请，供电企业视其情况予以办理适当延长手续，但延长时间最长不能超过前款规定。

五、营业性业务费用

客户在办理报装业务时需交的业务费用主要是供配电贴费，也叫业务扩充资金。该费主要用于110kV及以下各级电压外部供电工程的建设和改造。在计划经济体制时期，供（配）电贴费资金是城市电网建设资金的主要来源。随着改革开放和社会主义市场经济体制的逐步建立，收取供（配）电贴费政策已不利于经济发展，客观上限制了用户用电的积极性。为开拓电力市场，促进电力消费，减轻电力用户负担，国家对供配电贴费收取从标准到范围作了调整。

2000年6月13日，国家计委和国家经贸委联合印发《关于调整供电贴费标准等问题的通知》（计价格〔2000〕744号）。该文主要对贴费标准提出降低一半的要求。

2002 年 1 月 28 日，国家计委、国家经贸委联合印发《关于停止收取供（配）电工程贴费有关问题的通知》（计价格〔2002〕98 号），决定停止收取供（配）电工程贴费。

2003 年 12 月，国家发展改革委印发《关于停止收取供配电贴费有关问题的补充通知》（发改价格〔2003〕2279 号），针对各地在执行停止征收贴费政策中反映的问题作出补充条款。为了节约电力建设投入，合理配置电力资源，对申请新装及增加用电容量的两路及以上多回路供电（含备用电源、保安电源）用电户，在国家没有统一出台高可靠性电价政策前，除供电容量最大的供电回路外，对其余供电回路可适当收取高可靠性供电费用。临时用电的电力用户应与供电企业以合同方式约定临时用电期限，并预交相应容量的临时接电费用，临时用电期限一般不超过 3 年。在合同约定期限内结束临时用电的，预交的临时接电费用全部退还用户。确需超过合同约定期限的，由双方另行约定。停止收取供（配）电贴费前申请临时用电的电力用户已预交贴费的退还问题，仍按计投资〔1993〕116 号文件第 104 款规定执行。高可靠性供电费用和临时接电费用收费标准，由各省（自治区、直辖市）价格主管部门会同电力行政主管部门，在国家计委、国家经贸委《关于调整供电贴费标准等问题的通知》（计价格〔2000〕744 号）规定的收费标准范围内，根据本地区实际情况确定。

2017 年 11 月 21 日，国家发展改革委办公厅印发《关于取消临时接电费和明确自备电厂有关收费政策的通知》（发改价格〔2017〕185 号）。文件决定自 2017 年 12 月 1 日起临时用电的电力用户不再缴纳临时接电费。

2018 年 7 月 4 日，国家发展改革委办公厅印发《关于清理规范电网和转供电环节收费有关事项的通知》（发改办价格〔2018〕787 号），宣布取消可以纳入供电基本服务的电卡补办工本费、复电费、更名过户费等收费项目，以及与之服务内容相似的其他垄断性收费项目，电网企业已为电力用户提供计量装置校验、复电服务超过三次且不属于电网企业责任的，由用户承担相关费用。

2020 年 12 月 23 日，《国务院办公厅转发国家发展改革委等部门关于清理规范城镇供水供电供气供暖行业收费促进行业高质量发展意见的通知》（国办函〔2020〕129 号）规定，取消供电企业及其所属或委托的安装工程公司在用电报装工程验收接入环节向用户收取的移表费、计量装置赔偿费、环境监测费、高压电缆介损试验费、高压电缆震荡波试验费、低压电缆试验费、低压计量检测费、互感器试验费、网络自动化费、配电室试验费、开闭站集资费、调试费等类似名目费用。

六、客户受电工程的图纸设计审核及施工

受电工程不仅是用户工程中的重要组成部分，同时也是电力系统的重要组成部分。用户受电工程处于电力系统的最末端，是整个电力系统最终服务的对象。电能生产、供应、使用是在瞬间完成的，并需保持平衡，所以受电工程质量的好坏不仅对用户工程而且对整个电力系统有着重要作用。审图质量的高低直接影响受电工程质量、造价以及受电设备及电网安全运行。

客户受电工程电气图纸，只有在经过供电企业审核后，客户方可以依据进行施工，

否则供电企业不予以检验和接电。

（一）客户提供的资料

根据《供电营业规则》第三十九条，低压供电的客户，报送的资料包括负荷组成和用电设备清单；高压供电的客户受电工程设计审查报送的完整的设计文件一般应包括：

（1）客户受电工程设计及说明书；

（2）用电负荷分布图；

（3）负荷组成、性质及保安负荷；

（4）影响电能质量的用电设备清单；

（5）主要电气设备一览表；

（6）节能篇及主要生产设备；

（7）生产工艺耗电以及允许中断供电时间；

（8）高压受电装置一、二次接线图与平面布置图；

（9）用电功率因数计算及无功补偿方式；

（10）继电保护、过电压保护及电能计量装置的方式；

（11）隐蔽工程设计资料；

（12）配电网络布置图；

（13）自备电源及接线方式；

（14）设计单位资质审查材料；

（15）供电企业认为必须提供的其他资料。

上述资料应一式两份，并填写客户受电工程设计文件送审单（见表 2-18）提交供电企业。供电企业审查人员对不完整的设计文件可以不予接收，对部分缺少而需要进一步补充的设计文件，应列举好清单，一次性书面告知用户。用户应根据告知书提供完整。

根据国家发展改革委、国家能源局印发的《关于全面提升"获得电力"服务水平持续优化用电营商环境的意见》（发改能源规〔2020〕1479 号），各供电企业要压减用电报装环节和申请资料。高压用户在设计审查环节需提供的资料只需提供设计单位资质证明材料、用电工程设计及说明书。

（二）审查内容包括

1. 资料审核

（1）审核设计文件及相关资料的完整性；

（2）审核设计单位资质应符合规定；

（3）核查设计依据、设计说明应与供电方案、相关的设计规程相符。

2. 电气一次主接线

（1）电气主接线型式、运行方式、进线方式应符合供电方案要求；

（2）电气主接线进线方式应符合供电方案要求；

（3）断路器、刀闸、避雷器、互感器等设备选型应符合客户用电需求和设计规范要求；

（4）进出线电缆、母线的截面积应满足电网安全及客户用电的要求；

（5）电气成套装置应具有完善的"五防"联锁功能，并配置带电或故障指示器；

（6）多电源之间应正确装设切换装置和可靠的联锁装置，不允许出现高压侧合环运行的方式；

（7）自备电源与电网电源之间应装设可靠的电气或机械闭锁装置，且闭锁逻辑关系正确（先断后通），防止倒送电，自备应急电源配置容量应至少满足全部保安负荷正常供电的需要；

（8）对于重要电力用户，自备应急电源及非电性质保安措施还应满足有关规程、规定的要求；

（9）变压器的型号、容量、接线组别应符合供电方案要求，多台变压器的参数配置应符合并列运行需要。

表 2-18　　　　　　　客户受电工程设计文件送审单

客户基本信息				
户号		申请编号		（档案标识二维码，系统自动生成）
户名				
联系人		联系电话		
设计单位信息				
设计单位			设计资质	
联系人			联系电话	
送审信息				
有关说明：				
意向接电时间		年 月 日		
我户受电工程设计文件已完成，请予审核。　　　　　　经办人签名：_____				
供电企业填写	受理人：			
	受理日期：　年 月 日		（系统自动生成）	

3. 继电保护及二次回路

（1）继电保护类型、配置应符合供电可靠性、选择性、灵敏性、速动性的要求；

（2）二次保护回路应正确；

（3）继电保护的电源配置应符合设计规范；

（4）电气闭锁回路应符合要求，操作电源的设计应满足要求。

4. 电能计量装置

（1）计量点的设置、计量方式、接线方式、互感器的准确度及变比应符合供电方案要求；

（2）计量装置二次回路应正确；

（3）计量柜、计量屏应能满足电能表安装的要求。

5. 电能质量及无功补偿

（1）无功补偿装置的类型、补偿方式、补偿容量应满足要求：

1）并联电容器装置，其容量和分组应根据就地补偿、便于调整电压及不发生谐振的原则进行配置；

2）无功补偿装置宜采用成套装置，并应装设在变压器低压侧。

（2）治理措施应满足电能质量评估报告所列要求：

1）对于注入电网谐波超标的客户，应审核谐波负序治理装置及预留空间；

2）对于带有冲击负荷、波动负荷、非对称负荷超标的客户，应核查相应的治理设计。

6. 电气平面布置图

（1）变配电室及电气设备的平面布置应便于进、出线；

（2）电气安全距离、维护通道距离、检修间隔距离、安全通道及管线布置应符合设计规范和实际需要；

1）低压配电室内成排布置的配电屏，其屏前、屏后的通道最小宽度（mm）应符合表 2-19 的规定：

表 2-19

形式	布置方式	屏前通道（mm）	屏后通道（mm）
固定式	单排布置	1500	1000
	双排面对面布置	2000	1000
	双排背对背布置	1500	1500
抽屉式	单排布置	1800	1000
	双排面对面布置	2300	1000
	双排背对背布置	1800	1000

注 当建筑物墙面遇有柱类局部凸出时，凸出部位的通道宽度可减少 200mm。

2）配电装置的长度大于 6m 时，其柜（屏）后通道应设两个出口，低压配电装置两个出口的距离超过 15m 时，尚应增加出口；

3）高压配电室内各种通道最小宽度（mm）应符合表 2-20 的规定：

表 2-20

开关柜布置方式	柜后维护通道（mm）	柜前操作通道（mm）	
		固定式	手车式
单排布置	800	1500	单车长度+1200
双排布置对面布置	800	2000	双车长度+900
双排背对背布置	1000	1500	单车长度+1200

注　固定式开关柜为靠墙布置时，柜后与墙净距应大于 50mm，侧面与墙净距应大于 200mm；通道宽度在建筑物的墙面遇有柱类局部凸出时，凸出部位的通道宽度可减少 200mm。

（3）变压器、配电柜等电气设备基础应符合设计规范要求，并与电气设备尺寸配套；

（4）变（配）电室的防火、防水、防雨雪冻害、防小动物、采暖通风、采光、照明、排水设施等应符合设计规范和实际要求；

（5）电缆沟（井）的宽度、深度、电缆支架应符合设计规范要求，电缆管道截面与电缆截面相匹配；

（6）配电室、变压器室等的接地设计，接地极和接地扁铁截面积、接地网的布置应符合国家标准和电力行业标准、设计规范的要求；

（7）变电站的过电压保护，建筑防雷接地网的设置应符合国家标准和电力行业标准。

（三）审图的要求

（1）设计文件审核应依据国家及电力行业相关规范、规定的标准进行，相关标准可参见不同电压等级审图的依据。

（2）设计文件审核工作应依据有效的供电方案，并在规定时间内完成；根据《供电监管办法》的要求："对用户受电工程设计文件和有关资料审核的期限，自受理之日起，低压供电用户不超过 8 个工作日，高压供电用户不超过 20 个工作日"。

（3）根据国家电网公司印发的《进一步精简业扩手续、提高办电效率的工作意见》（国家电网营销〔2015〕70 号），取消普通客户的设计文件审核。

（4）根据《关于全面提升"获得电力"服务水平持续优化用电营商环境的意见》（发改能源规〔2020〕1479 号）规定，低压非居用户取消设计文件审核环节，高压用户设计图纸审查期限：自受理之日起，高压客户不超过 3 个工作日。

（5）供电企业应将审核意见一次性书面答复客户。填写客户受电工程设计文件审查意见单（见表 2-21），并在审核通过的设计文件上加盖图纸审核专用章，告知客户下一环节需要注意的事项。

表 2-21　　　　　　　　　客户受电工程设计文件审查意见单

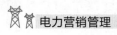

户号		申请编号		
户名				（档案标识二维码，系统自动生成）
用电地址				
联系人		联系电话		

审查意见（可附页）：

　　　　　　　　　　　　　　　　　　　　　　　　　　　供电企业（盖章）：

客户经理		审图日期	年　月　日
主管		批准日期	年　月　日

客户签收：			年　月　日
其他说明	特别提醒：用户一旦发生变更，必须重新送审，否则供电企业将不予检验和接电。		

（6）表格中客户信息部分填写完整、正确，不能漏项，审图意见应逐条填写，注意条理和次序，尽量根据图纸的前后顺序，并写清存在问题的图纸编号；尽量在逐条意见中标清楚条款的出处。

（7）审图意见审图人、主管、客户应分别签名并填写日期。

（8）对于缺少的资质、图纸应写清楚，并注明其他图纸的审图意见待图纸齐全后出具。

（四）客户施工

在供电企业对客户的设计文件审核完毕后，客户可以委托有资质的施工单位开展受电工程施工。

根据国家发展和改革委员会令第 36 号《承装（修、试）电力设施许可证管理办法》，在中华人民共和国境内从事承装、承修、承试电力设施活动的，应当按照本办法的规定取得许可证。除国家能源局另有规定外，任何单位或者个人未取得许可证，不得从事承装、承修、承试电力设施活动。许可证分为一级、二级、三级、四级和五级。

取得一级许可证的，可以从事所有电压等级电力设施的安装、维修或者试验活动。

取得二级许可证的，可以从事 330kV 以下电压等级电力设施的安装、维修或者试验活动。

取得三级许可证的，可以从事 110kV 以下电压等级电力设施的安装、维修或者试验活动。

取得四级许可证的，可以从事 35kV 以下电压等级电力设施的安装、维修或者试验活动。

取得五级许可证的，可以从事 10kV 以下电压等级电力设施的安装、维修或者试验活动。

在施工过程中，供电企业相关工作人员应根据国家规定审核设计单位和施工单位的资质，及时掌握客户受电工程的实施情况、受电工程电力配套业扩接入工程的建设进程情况，以便客户可以按时供电。

当客户受电工程与预定计划不符时，应及时以书面方式告知相关部门，协调、调整业扩接入工程的进度计划。

七、签订供用电合同

供用电合同是我国各类合同中的一种，是供电人根据客户需要和电网的可供能力，在遵守国家相关法律、法规以及供用电政策基础上，与客户签订的旨在明确供用电双方在供用电方面权利和义务的法律文书，是供用电双方共同遵守的法律依据。

供用电合同除应具有一般合同必备的条款之外，还应根据电力供应与使用的特殊性约定其特殊的条款。《中华人民共和国民法典》第六百四十九条规定："供用电合同的内容一般包括供电的方式、质量、时间、用电容量、地址、性质、计量方式、电价、电费的结算方式，供用电设施的维护责任等条款"。

《电力供应与使用条例》第三十三条规定了供用电合同应当具备的条款：

供电方式、供电质量和供电时间；

用电容量和用电地址、用电性质；

计量方式和电价、电费结算方式；

供用电设施维护责任的划分；

合同的有效期限；

违约责任；

双方共同认为应当约定的其他条款。

《供电营业规则》第九十三条规定：供用电合同应采用书面形式。经双方协商同意的有关修改合同的文书、电报、电传和图表也是合同的组成部分。

（一）供用电合同的分类及适用范围

目前常用的供用电合同有下列六种：

高压供用电合同：适用于供电电压为 10kV 及以上的高压电力客户。

低压供用电合同：适用于供电电压为 220/380V 伏的低压非居用户。

临时供用电合同：适用于《供电营业规则》第十二条规定的临时、非永久性用电客户。

趸购电合同：适用于以向供电企业趸购电力，再转售给用户购电的供电企业。

转供电合同：适用于公用供电设施未到达地区，供电方委托有供电能力的用户（转供电方）向第三方（被转供电方）供电的情况。这是在供电方分别与转供电方和被转供电方签订供用电合同的基础上，三方共同就转供电有关事宜签订的协议。

居民供用电合同：适用于城乡单一居民生活用电性质的用电人。

高压供用电合同、低压供用电合同、临时供用电合同、趸购电合同、转供电合同采用国家电网公司示范文本。

居民供用电合同采用全省统一并经工商行政局核准备案的格式条款合同。

（二）供用电合同的主要内容

1. 合同首部

合同首部包括合同的名称、编号、合同双方当事人名称和地址、合同序言。

2. 合同正文

合同正文包含了《电力供应与使用条例》第三十三条所规定的条款，当然由于各种供用电合同针对的客户不同，因此不同类型的供用电合同的正文条款也有差别。

合同正文内容主要有：用电地址、用电性质、供电方式和用电容量、产权分界、供电质量、用电计量、无功补偿及功率因数、电价及电费结算方式、调度管理及通信、供电设施维护管理责任、约定事项、违约责任、争议的解决方式、供电时间、合同的变更和解除等。

3. 合同尾部

合同尾部包括本合同效力、合同份数、合同附件及合同生效终止期限、当事人签署盖章、签署时间、地点等。

（三）供用电合同的签订

供电企业与申请用电的电力客户应在送电前，本着平等自愿、协商一致的原则，根据客户的用电需求和供电企业的供电能力，依法签订供用电合同。凡拒绝签订合同的，视为客户不认可与供电企业之间的供用电关系，供电企业不承担供电责任和义务。

供用电合同应以书面形式签订，供用电合同分为正本（一般为一式两份）、副本（一式若干份），均为有效合同。转供电合同正本应由供电方、转供电方、被转供电方各执一份。

供用电双方签订的电力调度协议、产权分界协议、自备电源并网协议、电费结算协议、不并网自备发电机使用安全协议、代购电协议等作为供用电合同的附件是供用电合同的重要组成部分，与供用电合同具有同等法律效力，不得与供用电合同内容相矛盾。

（四）供用电合同的履行、变更和解除

供用电合同生效后要依法履行合同，不得无故中止履行。

供用电合用的变更或解除应当依照有关法律、法规的规定，当情况发生变化时，供用电双方应及时协商，修改合同有关内容。

《供电营业规则》第九十四条规定：供用电合同的变更或者解除，必须依法进行。有下列情形之一的，允许变更或解除供用电合同：

当事人双方经过协商同意，并且不因此损害国家利益和扰乱供用电秩序；

由于供电能力的变化或国家电力供应与使用管理的政策调整，使订立供用电合同时的依据被修改或取消；

当事人一方依照法律程序确定确实无法履行合同；

由于不可抗力或一方当事人虽无过失，但无法防止的外因，致使合同无法履行。

八、客户受电工程中间检查和竣工检验

（一）中间检查

中间检查是按照批准的设计文件，对用户的受电工程涉及的接地部分、暗敷管线等与电气安装质量密切相关，且影响电网系统和用户安全用电，并需要覆盖、掩盖的隐蔽工程进行检查。这也是对整个变电所工程的施工质量进行的一次初步而又全面的检查，以确定变电所土建、安装工艺是否符合国家相关标准和有关规程。

中间检查的目的是及时发现不符合设计要求及不符合施工工艺等问题，并提出整改意见，要求在规定期限内整改完毕，以避免工程完工后再进行大量翻工。

根据国家电网公司出台的《进一步精简业扩手续、提高办电效率的工作意见》（国家电网营销〔2015〕70号），取消普通客户的中间检查，简化重要或有特殊负荷的客户的受电工程中间检查内容。

中间检查重点：

（1）资料审查。

1）施工试验单位资质证书：查验施工单位是否有承装（修、试）电力设施许可证，安全生产许可证、建筑业企业资质证书，资质等级是否与工程相符；

2）中间检查工程资料：隐蔽工程施工记录和其他施工记录是否齐全，试验结果是否合格；接地网接地电阻、独立避雷针接地电阻、接地引下线导通试验是否齐全，试验结果是否合格。

（2）对于有隐蔽工程的项目，应在隐蔽工程封闭或掩盖前进行检查，合格后方能封闭，再进行下道工序。

（3）根据《关于全面提升"获得电力"服务水平持续优化用电营商环境的意见》（发改能源规〔2020〕1479号）规定，中间检查的期限，自受理之日起，高压客户不超过2个工作日。

（二）竣工检验

根据国家电网公司印发的《进一步精简业扩手续、提高办电效率的工作意见》（国家电网营销〔2015〕70号），取消客户内部非涉网设备施工质量、运行规章制度、安全措施等竣工检验内容，优化客户报验资料，实行设计、竣工报验资料一次性提交。

（1）竣工检验前准备。

1）接到客户提交的竣工报验单后（见表2-22），在现场检验前，应提前与客户预约时间，告知检验项目和应配合的工作。

2）检验工器具准备

① 个人防护用品：安全帽、工作服、绝缘手套、绝缘靴等。

② 常用工具材料：接地线、验电笔、警告牌、围栏、测量工具等。

（2）检查内容包括：

1）资料查验：在受理客户竣工报验申请时，应审核客户提交的材料是否齐全有效，主要包括：

① 高压客户竣工报验申请表；

② 设计、施工、试验单位资质证书复印件；

③ 工程竣工图及说明；

④ 电气试验及保护整定调试记录，主要设备的型式试验报告。

2）现场查验：应与客户预约检验时间，组织开展竣工检验。按照国家、行业标准、规程和客户竣工报验资料，对受电工程涉网部分进行全面检验。对于发现缺陷的，应以受电工程竣工检验意见单的形式，一次性告知客户，复验合格后方可接电。查验内容包括：

① 电源接入方式、受电容量、电气主接线、运行方式、无功补偿、自备电源、计量配置、保护配置等是否符合供电方案；

② 电气设备是否符合国家的政策法规，以及国家、行业等技术标准，是否存在使用国家明令禁止的电气产品；

③ 试验项目是否齐全、结论是否合格；

④ 计量装置配置和接线是否符合计量规程要求，用电信息采集装置是否配置齐全，是否符合技术规范要求；

⑤ 冲击负荷、非对称负荷及谐波源设备是否采取有效的治理措施；

⑥ 双（多）路电源闭锁装置是否可靠，自备电源管理是否完善、单独接地、投切装置是否符合要求；

⑦ 重要电力用户保安电源容量、切换时间是否满足保安负荷用电需求，非电保安

措施及应急预案是否完整有效；

⑧ 供电企业认为必要的其他资料或记录。

（3）竣工检验合格后，应填写客户受电工程竣工检验意见单（见表2-23），并根据现场情况最终核定计费方案和计量方案，记录资产的产权归属信息，告知客户检查结果，并及时办结受电装置接入系统运行的相关手续。

（4）根据《关于全面提升"获得电力"服务水平持续优化用电营商环境的意见》（发改能源规〔2020〕1479号）规定，竣工检验的期限，自受理之日起，高压客户不超过3个工作日。

表2-22　　　　　　　　　　　客户受电工程竣工报验单

客户基本信息				
户号		申请编号		（档案标识二维码，系统自动生成）
户名				
用电地址				
联系人		联系电话		
施工单位信息				
施工单位		施工资质		
联系人		联系电话		
报验信息				
有关说明：				
意向接电时间		年　月　日		
我户受电工程已竣工，请予检查。 经办人签名_____				
供电企业填写	受理人：			
	受理日期：　年　月　日		（系统自动生成）	

表 2-23 客户受电工程竣工检验意见单

户号		申请编号		（档案标识二维码，系统自动生成）
户名				
用电地址				
联系人		联系电话		

资料检验	检验结果（合格打"√"，不合格填写不合格具体内容）
设计、施工、试验单位资质	
工程竣工图及说明	
主要设备的型式试验报告	
电气试验及保护整定调试记录	
接地电阻测试报告	

现场检验意见（可附页）：

供电企业（盖章）：

检验人		检验日期	年 月 日（系统自动生成）

经办人签收： 年 月 日

九、计量装置和采集终端的安装

计量装置及采集终端安装的责任部门（班组）应及时在营销系统中配领相应的电能计量器具。之后根据装接单从表计仓库管理部门（班组）领取采集终端和电能计量器具，然后按照预约时间去现场装表。

（一）装表

1. 装表前准备

根据到达本岗位的流程数量及路线安排派工。装表接电人员接受任务后，应根据供电方案和客户受电工程设计文件确认安装条件，打印《低压电能计量装接单》（见表 2-24）或《高压电能计量装接单》（见表 2-25），持《低压电能计量装接单》或《高压电能计量装接单》向配表室领取智能电能表及互感器、采集终端等相关器材（含封印），并提前与客户预约装表时间。对需停电实施的工作，应与客户协商确定停电工作时间，并签发工作票。工作负责人到达现场，办理工作票许可手续，确认安全措施是否到位：检查作业环境；计量柜（箱）体验电（验电前需确认验电笔正常）；检查所有开关均已断开，悬挂标示牌；作业工具绝缘保护应符合《电力安全工作规程》的规定，工具、材料必须妥善放置并站在绝缘垫上进行工作。确认现场作业前，召开站班会，告知安全注意事项和危险点，明确作业人员具体分工。

2. 现场安装

（1）按施工图要求，连接互感器侧二次回路导线。导线应采用铜质绝缘导线，电流二次回路截面不应小于 4mm^2，电压二次回路截面不应小于 2.5mm^2；互感器至联合接线盒的二次导线不得有接头或中间连接端钮；连接前采用 500V 绝缘电阻表测量其绝缘应符合要求；用万用表欧姆挡，校对电压和电流的二次回路导线，并分别编码标识；多绕组的电流互感器应将剩余的组别可靠短路，多抽头的电流互感器严禁将剩余的端钮短路或接地；高压电流、电压互感器二次侧及外壳应可靠接地。

（2）根据接线图，用万用表欧姆挡核对计量柜接线。

（3）把电能表、终端可靠固定在计量柜内，导线与接线盒端钮连接应正确、可靠。

（4）将计量回路二次导线依次按编号对应相色接入联合接线盒。

（5）安装完毕，联合接线盒电流、电压连接片位置放置在运行位置。

（6）安装检查：由工作负责人指定专人对计量设备安装和接线进行核查；检查电能表安装和接线是否正确，线头应无外露，接线螺丝应拧紧；检查联合接线盒内连接片位置，确保正确；检查完毕，未发现问题和错误，扎束导线，装上电能表、终端和接线盒罩壳。

（7）安装完结：确认安装无误后，对计量设备加封封印；新装电能表起度拍照，用专业设备拍照记录相应信息，包括新装电能表起度、表号、计量设备封印信息等。

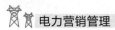

表 2-24 低压电能计量装接单

客户基本信息					
户号			申请编号		（档案标识二维码，系统自动生成）
户名					
用电地址					
联系人		联系电话		供电电压	
合同容量		电能表准确度		接线方式	

装拆计量装置信息									
装/拆	资产编号	计度器类型	表库.仓位码	位数	底度	自身倍率（变比）	电流	规格型号	计量点名称

现场信息					
接电点描述					
表箱条形码		表箱经纬度	表箱类型	表箱封印号	表计封印号
采集器条码			安装位置		
流程摘要			备注		表计和表箱已加封，电能表存度本人已经确认。 经办人签章： 年 月 日
装接人员			装接日期		年 月 日

表 2-25   高压电能计量装接单

客户基本信息							
户号				申请编号			（档案标识二维码，系统自动生成）
户名							
用电地址							
联系人		联系电话			供电电压		
合同容量		计量方式			接线方式		

装拆计量装置信息									
装/拆	资产编号	计度器类型	表库.仓位码	位数	底度	自身倍率（变比）	电流	规格型号	计量点名称

流程摘要		备注		表计、计量箱（柜）已加封，电能表存度本人已经确认。 经办人签章： 年 月 日
装接人员		装接日期		年 月 日

（8）用电客户装表工作单签字确认；现场作业结束，工作负责人填写工作票，办理工作票终结手续。

（9）采集终端的安装应遵循台区全覆盖、成片成块安装原则，对公网无线信号强度、表箱情况、箱内电表情况、作业现场的条件、环境及其他危险点应采取的安全措施等信息进行勘查。条件满足时，现场安装人员根据《电力用户用电信息采集系统管理规范：采集终端建设管理规范》的要求进行现场安装。安装位置应依据终端通信信号强、铺设线路短、现场维护方便原则进行选定。安装完毕，需上电检查终端状态指示灯、无线通信状态，确保设备运行正常。

（二）送电

1. 送电应具备条件

正式送电前，完成送电条件审核，并对全部电气设备做外观检查，确认已拆除所有临时电源，并对二次回路进行联动试验。增容客户还应拆除原有电能计量装置，抄录电能表编号、主要铭牌参数、止度数等信息，并请客户签字确认。

送电条件包括：启动送电方案已审定，新建的供电工程已检验合格，客户的受电工程已竣工检验合格，《供用电合同》及相关协议已签订，业务相关费用已结清，电能计量装置、用电信息采集终端已安装检验合格，客户电气人员具备上岗资质、客户安全措施已齐备等。

2. 送电实施

（1）组织开展现场设备送电前的检查。检查内容一般包括：核查电能计量装置的封印等是否齐全；检查一次设备是否正确连接，送电现场是否工完、料尽、场清；检查所有保护设备是否投入正常运行，直流系统运行是否正常；检查现场送电前的安全措施是否到位，所有接地线是否已拆除；所有无关人员是否已离开作业现场；检查客户自备应急电源与电网电源之间的切换装置和联锁装置是否可靠；

（2）指导客户电气人员，按照操作步骤实施现场的送电操作；

（3）送电后检查：全面检查设备的运行状况；核对相位、相序；检查电能计量装置、用电信息采集终端运行是否正常。

3. 注意事项

（1）不得替代客户操作电气设备；

（2）送电操作过程发现疑问时，应停止送电，查明原因后方可继续送电，严禁带疑问送电；

（3）无特殊原因，受电装置检验合格并办结相关手续后，应在规定时限内安排送电作业。

（4）根据《关于全面提升"获得电力"服务水平持续优化用电营商环境的意见》（发改能源规〔2020〕1479号）规定，装表接电的期限，对于高压客户，在竣工验收合格，签订供用电合同，并办结相关手续后，3个工作日内完成送电工作。

十、资料归档

根据"谁办理、谁收集"的原则，由相关责任人员及时收集、整理并核对归档信息和报装资料，建立客户信息档案和纸质档案。如果存在档案信息错误或信息不完整，则发起相关流程纠错。具体要求如下：

纸质资料应保留原件，确不能保留原件的，保留与原件核对无误的复印件。《供用电合同》及相关协议必须保留原件。同时将合同存放位置等归档信息输入营销系统。

纸质资料应重点核实有关签章是否真实、齐全，资料填写是否完整、清晰；营销信息档案应重点核实与纸质档案是否一致。

档案资料和电子档案相关信息不完整、不规范、不一致，应退还给相应业务环节补充完善。

第二节 变 更 用 电

所谓变更用电，它是指客户因自身原因，向供电企业提出要求予以办理的用电变更事宜。根据《供电营业规则》第二十二条：有下列情况之一者，为变更用电。用户需变更用电时，应事先提出申请，并携带有关证明文件，到供电企业用电营业场所办理手续，变更供用电合同：

（1）减少合同约定的用电容量（简称减容）；

（2）暂时停止全部或部分受电设备的用电（简称暂停）；

（3）临时更换大容量变压器（简称暂换）；

（4）迁移受电装置用电地址（简称迁址）；

（5）移动用电计量装置安装位置（简称移表）；

（6）暂时停止用电并拆表（简称暂拆）；

（7）改变用户的名称（简称更名或过户）；

（8）一户分列为两户及以上的用户（简称分户）；

（9）两户及以上用户合并为一户（简称并户）；

（10）合同到期终止用电（简称销户）；

（11）改变供电电压等级（简称改压）；

（12）改变用电类别（简称改类）。

客户需变更用电时，应事先提出申请，并携带有关证明文件，到供电企业营业窗口（如××客户服务中心、营业所等）或通过"网上国网"手机 App 等线上渠道办理手续，填写用电变更申请表，变更供用电合同。凡不办理手续而私自变更的，均属违约，应按违约用电处理。但要注意，供电企业不受理临时用户的变更用电事宜。从破产用电户分离出去的新户，必须在偿清原破产用户电费和其他债务后，方可办理变更用电手续。否则，供电企业可按违（章）约用电处理。

随着用电业务的发展，《供电营业规则》中所提到的 12 类变更用电类型在实际工作中发生了变化，业务规则也有所改变。目前主要开展的变更业务有以下几种：

一、减容

减容一般只适用于高压供电客户。

减容申请类型分为永久性减容和非永久性减容。

客户申请减容，应提前5个工作日办理相关手续。

供电企业按下列规定办理：

减容必须是整台或整组变压器的停止或更换小容量变压器用电。

供电企业根据用户提出的减容日期，将对申请减容的设备进行拆除（或调换）。从拆除（或调换）之日起，减容部分免收基本电费。其减容后的容量达不到实施两部制电价规定容量标准的，应改为相应用电类别单一制电价计费，并执行相应的分类电价标准。

用户提出减少用电容量的期限最短不得少于6个月，但同一历日年内暂停满六个月申请办理减容的用户减容期限不受时间限制。

用户同一自然人或同一法人主体的其他用电地址不应存在欠费，如有欠费则给予提示。

减容后执行最大需量计费方式的，合同最大需量按减容后总容量申报，申请减容周期应以抄表结算周期或日历月为基本单位，起止时间应与抄表结算起止时间一致或为整日历月。合同最大需量核定值在下一个抄表结算周期或日历月生效。

非永久性减容在减容期限内供电企业保留用户减少容量的使用权。减容两年内恢复的，按减容恢复办理；超过两年的按新装或增容手续办理。

二、减容恢复

客户申请减容恢复，应在五个工作日前提出申请。

客户提出恢复用电容量的时间是否超过二年，超过二年应按新装或增容办理。

客户同一自然人或同一法人主体的其他用电地址是否存在欠费，如有欠费则应给予提示。

三、暂停

暂停须在五个工作日向供电企业提出申请。

暂停必须是整台或整组变压器停止。

申请暂停用电，每次应不少于十五天，每一日历年内暂停时间累计不超过六个月，次数不受限制。暂停时间少于十五天的，则暂停期间基本电费照收。

当年内暂停累计期满六个月后，如需继续停用的，可申请减容，减容期限不限制。

自设备加封之日起，暂停部分免收基本电费。如暂停后容量达不到实施两部制电价规定容量标准的，应改为相应用电类别单一制电价计费，并执行相应的电价标准。

减容期满后的用户以及新装、增容用户，二年内申办暂停的，不再收取暂停部分容量百分之五十的基本电费。

选择最大需量计费方式的用户暂停后，合同最大需量核定值按照暂停后总容量申报。申请暂停周期应以抄表结算周期或日历月为基本单位，起止时间应与抄表结算起止时间或整日历月一致。合同最大需量核定值在下一个抄表结算周期或日历月生效。

暂停期满或每一日历年内累计暂停用电时间超过六个月的用户，不论是否申请恢复用电，供电企业须从期满之日起，恢复其原电价计费方式，并按合同约定的容量计收基本电费。

用户同一自然人或同一法人主体的其他用电地址的电费交费情况正常，如有欠费则应给予提示。

四、暂停恢复

客户在暂停恢复前五个工作日向供电企业申请办理暂停恢复手续。若不申请暂停恢复手续，从期满之日起，默认进行续停。

客户的实际暂停时间少于十五天者，暂停期间基本电费照收。

暂停恢复后容量再次达到实施两部制电价规定容量标准的，应将暂停时执行的单一制电价计费，恢复为原两部制电价计费。

如果暂停恢复的设备需要重新做电气试验的，应督促客户委托有试验资质的试验单位试验合格，才将暂停设备启封恢复送电。

用户同一自然人或同一法人主体的其他用电地址的电费交费情况正常，如有欠费则应给予提示。

五、暂换

客户暂换（因受电变压器故障而无相同容量变压器替代，需要临时更换大容量变压器），须在更换前五天向供电企业营业窗口提出书面申请。

供电企业应按下列规定办理：

必须在原受电地点内整台的暂换受电变压器。

暂换变压器的使用时间，10kV 及以下的不得超过二个月，35kV 及以上的不得超过三个月。逾期不办理手续的，供电企业可中止供电。

暂换的变压器经检验合格后才能投入运行。

对两部制电价客户，须从暂换之日起，按替换后的变压器容量计收基本电费。

六、改压

客户因自身原因需要在原用电地址改变供电电压等级，应向供电企业营业窗口提出书面申请。

供电企业应注意相关规定：

如果客户改为高一等级电压供电，超过原容量者，超过部分按增容手续办理。

如果多电源供电客户改为低一等级电压供电时，改压后的容量不大于原容量者，需要补收高可靠性费差价。如果超过原容量者，超过部分按增容手续办理。

改压引起的工程费用由客户承担。

由于供电企业的原因引起客户供电电压等级变化的,改压引起的客户外部工程费用由供电企业负担。

七、移表

客户移表申请一般只针对低压客户。

客户因修缮房屋或其他原因需要移动用电计量装置安装位置,应提前 5 个工作日提出申请;供电企业应按规定办理:在用电地址、用电容量、用电类别、供电点等不变情况下,仅电能计量装置安装位置变化的情况下,可办理移表手续。

移表所需的费用由客户负担。

不论何种原因,不得自行移动表位,否则可按违约用电处理。

八、暂拆及复装

客户因修缮房屋等原因需要暂时停止用电并拆表,须向供电企业提出申请。

供电企业应按下列规定办理:

客户办理暂拆手续后,供电企业应在五个工作日内执行暂拆;

暂拆时间最长不得超过六个月;暂拆期间保持该客户原容量的使用权。

暂拆原因消除,客户要求复装送电时,须向供电企业办理复装手续完成后,供电企业应在五个工作日内为该客户复装送电。

超过暂拆规定时间要求复装送电者,按新装手续办理。

暂拆和复装一般只适应低压供电客户。

用户同一自然人或同一法人主体的其他用电地址的电费交费情况正常,如有欠费则应给予提示。

九、改类

客户若在同一受电装置内,当电力用途发生变化而引起用电电价类别改变时允许办理。

客户需要改类(包括改变电价类别、电价调整以及客户行业信息变更、基本电价计费方式、调需量值、居民峰谷申请),应向供电企业提出申请。

改类–基本电价计费方式变更只适用执行两部制电价的用户;基本电价计费方式变更周期为按季度变更。用户可提前 15 个工作日向电网企业申请变更下一周期的基本电价计费方式。

改类–调需量值用户可提前 5 个工作日申请;申请最大需量核定值低于变压器容量和高压电动机容量总和的 40%时,按容量总和的 40%核定合同最大需量;对按最大需量计费的两路及以上进线用户,各路进线分别计算最大需量,累加计收基本电费。

改类–居民峰谷申请受理时应特别注意只适用于执行低压居民电价且为"一户一表"电价的用户。用户申请符合条件后,由营业厅受理人员或服务调度人员在营销系统内发起正式流程，若需要换表的，同步完成计量方案制定。

用户同一自然人或同一法人主体的其他用电地址的电费交费情况正常，如有欠费则应给予提示。

若客户擅自改变用电类别时，应按《供电营业规则》第一百条第 1 款处理（即在电价低的供电线路上，擅自接用电价高的用电设备或私自改变用电类别的，应按实际使用日期补交其差额电费，并承担二倍差额电费的违约使用电费。使用起讫日期难以确定的，实际使用时间按三个月计算）。

十、销户

客户需要销户，应向供电企业提出申请。

客户销户必须停止全部容量的使用，并需结清电费。

办理销户的客户停电日不在抄表日的，当月基本电费按实际用电天数计算。

查验用电计量装置完好性后，拆除接户线和用电计量装置。

核查用户同一自然人或同一法人主体的其他用电地址的电费交费情况，如有欠费则给予提示。

十一、更名

更名是指依法变更用电户名称。在日常电力营销管理中，更名是客户仅改变名称而其用电单位及事宜均未发生变化。

办理更名时，客户应向供电企业提出申请。在用电地址、用电容量、用电类别不变条件下，供电企业允许客户办理更名手续。

更名一般只针对同一法人及自然人的名称的变更。

十二、过户

客户需要过户，应向供电企业提出申请办理。

供电企业应按下列规定办理：

在用电地址、用电容量、用电类别不变条件下，允许办理过户。

原客户应与供电企业结清债务，才能解除原供用电关系。

居民用户如为预付费控用户，应与用户协商处理预付费余额。

涉及电价优惠的用户，过户后需重新认定。

原用户为增值税用户的，过户时必须办理增值税信息变更业务。

用户同一自然人或同一法人主体的其他用电地址的电费交费情况正常，如有欠费则应给予提示。

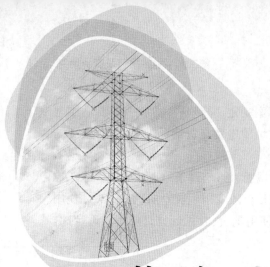

第三章　电能计量装置

第一节　概　述

随着社会主义市场经济体制的建立与发展，电力在推动社会经济进步，提高人民生活质量方面发挥着越来越多的重要作用。电能计量管理工作是电力企业生产经营管理及电网安全运行的重要环节，其技术和管理水平，不仅事关电力工业的发展和电力企业形象，而且会影响贸易结算的准确、公正，涉及广大电力客户的利益。

为更好地适应新形势，满足电力市场商业化运营和加强内部管理的需要，在计量管理工作中要坚持严格管理、规范运作；坚持集约化、精细化的管理思路；坚持以市场发展为导向；坚持服务与效益的统一。以提高电能质量管理水平为目标，加强关口电能质量管理，强化客户侧计量管理，确保电能计量的准确可靠、公平公正。作为电网企业，以确保电网安全稳定运行及电力系统内电能计量的统一、准确、可靠为前提，加强对电能计量装置的配置、验收、运行维护的全过程管理，不仅要加强电能表的管理，还要加强互感器和二次回路的管理，消除不规范用电隐患，保证计量的准确安全。

电能计量装置是指由电能表、电压互感器、电流互感器（或专用二次绕组）及其二次回路相连接组成的用于计量电能的装置，包括电能计量柜（箱、屏）等。本章主要介绍智能电能表的结构原理及功能、测量用互感器工作原理及二次回路；电能计量装置的标准接线、常见错误接线及电能计量装置运行维护。

第二节　智能电能表

一、智能电能表结构原理及误差

（一）智能电能表结构原理

智能电能表由测量单元、数据处理单元、通信单元等组成，可以实现电能量计量、

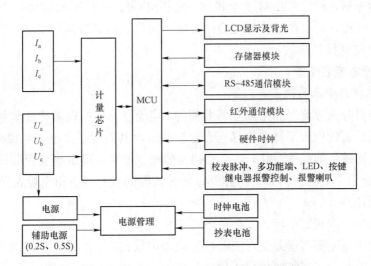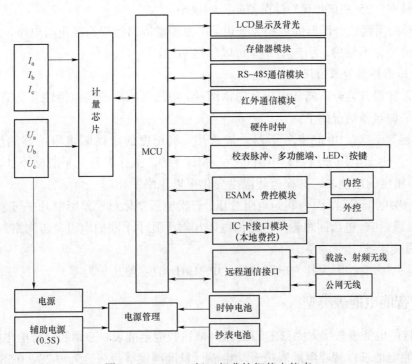

信息存储及处理、实时监测、自动控制、信息交互等功能。各类型的智能电能表原理相类似，下面以 0.2S、0.5S、1 级三相智能电能表，0.5S、1 级三相费控智能电能表原理为例进行介绍，如图 3-1、图 3-2 所示。

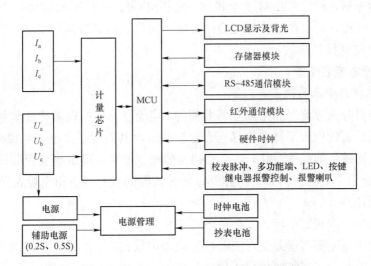

图 3-1　0.2S、0.5S、1 级三相智能电能表

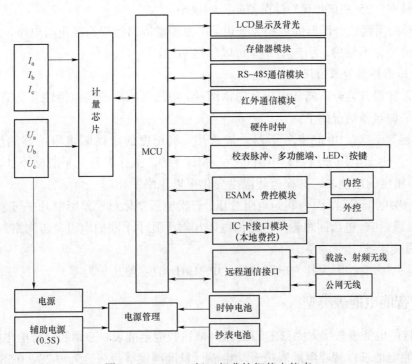

图 3-2　0.5S、1 级三相费控智能电能表

　　智能电能表主要由计量系统和单片机处理系统（MCU）组成。计量部分由电压采样回路完成电压信号取样，电流采样电路完成电流信号取样，电压、电流采样信号送入计量芯片后转换为数字信号，MCU 负责对数据进行分析处理。MCU 对采样到的脉冲信

号进行累加，同时根据设定的时区、时段、费率实现多费率计量，并通过 LCD 显示器显示，当累加的电量达到一定值或电能表掉电时将电量值转存到非易失型存储器中。MCU 可通过 SPI 总线读出计量芯片中的电压、电流、功率、零线电流等数据。MCU 接收到拉合闸命令后，经过 ESAM 安全模块（Embedded Secure Access Module，嵌入式安全控制模块）认证，对继电器执行拉合闸控制。电能表内部数据可用掌机或 PC 软件通过 RS-485 和红外接口读取。

（二）智能电能表误差

1. 电流采样器带来的误差

电流采样器分为分流器和电流互感器两种，电流互感器的误差特性参见第三节。当前多数单相电能表的电流采样器由锰铜合金板制成，其温度系数小（<12ppm/℃），电阻随温度变化而发生非线性变化，这会引起电能表误差对温度影响呈现非线性变化（温升 100℃，引起误差变化约为 0.1%，控制锰铜分流器的温升是单相电能表保持长期计量稳定的关键所在）。

误差主要与一次回路电流、二次负载和工作频率有关。

（1）一次回路电流与误差绝对值及相位误差成反比。

（2）二次负载与误差绝对值成正比，与相位误差成反比。

（3）频率（25~1000Hz）对误差的影响很小。

（4）对采用锰铜分流器的单相表来说，电流测量回路近视为纯电阻电路，其对电流频率和相位变化不敏感，引起的误差可以忽略不计。

2. 电压采样器带来的误差

电压采样器分为分压器和电压互感器两种。电压互感器的误差特性参见第三节。对于分压器来说误差情况如下。

（1）温度误差。电能表分压器一般选用 1% 精度的金属膜电阻，其温度系数在 100ppm/℃，由于电压分压回路电阻很大（MΩ 级），工作温升几乎忽略不计，故对于 0.5 级以下精度的电能表，其误差随温度变化可以忽略不计。

（2）一次电压误差。因为其为电阻分压，一次电压变化对误差影响几乎可忽略不计。

（3）负载影响。电压回路输入电路的电阻相对于几十千欧的电阻分压网络为无穷大，故而负载引起误差几乎为零。

（4）频率影响。因为其为电阻分压，0~1kHz 的误差几乎为零。

二、智能电能表类型

（1）智能电能表按接入系统的相线分为单相智能电能表、三相四线智能电能表、三相三线智能电能表；智能电能表按有功电能计量准确度等级可分为 0.2S、0.5S、1 和 2 四个等级。

（2）智能电能表根据安装环境的不同，推荐使用的适用类型见表 3-1。

表 3-1　　　　　　　　　　　　　　　　电 能 表 适 用 类 型

安装环境	电能表适用类型（推荐）
关口 100kVA 及以上专用变压器用户	0.2s 级三相智能电能表、0.5s 级三相智能电能表、1 级三相智能电能表
100kVA 以下专用变压器用户	0.5 级三相费控智能电能表（模块）、0.5s 级三相本地费控智能电能表（模块）、1 级三相费控智能电能表、1 级三相本地费控智能电能表、1 级三相费控智能电能表（模块）、1 级三相本地费控智能电能表（模块）
公用变压器下三相用户	1 级三相费控智能电能表、1 级三相费控智能电能表（模块）、1 级三相本地费控智能电能表、1 级三相本地费控智能电能表（模块）
公用变压器下单相用户	2 级单相本地费控智能电能表、2 级单相本地费控智能电能表（模块）、2 级单相费控智能电能表、2 级单相费控智能电能表（模块）

三、智能电能表外观图说明

以图 3-3Ⅱ型三相智能电能表的外观为例进行说明，内容见表 3-2。

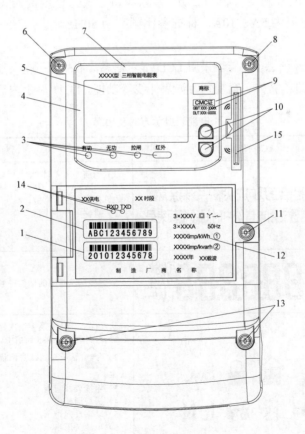

图 3-3　三相智能电能表外观

表 3-2 三相智能电能表外观图说明

序号	名称	序号	名称
1	出厂编号	9	CMC 许可证及制造标准
2	资产编号	10	上下翻按钮
3	指示灯及红外通信号	11	铭牌翻盖封印螺钉
4	铭牌	12	电流、电压等参数
5	液晶区域	13	端子盖封印螺钉
6、8	表盖封印螺钉	14	通信模块指示灯
7	电能表型号及名称	15	卡座

四、单相智能电能表

根据 DL/T 448—2016《电能计量装置技术管理规程》规定，对于低压单相供电，计算负荷电流为 60A 及以下时，宜采用直接接入电能表的接线方式，选用直接接入式的电能表其最大电流不宜超过 100A。

单相智能电能表准确度等级为 2 级，接入线路方式为直接接入式，标准参比电压为 220V，标准参比电流为 5A、10A，标准参比频率为 50Hz。

显示内容如下：

（1）显示方式及信息。电能表采用 LCD 显示信息，液晶屏可视尺寸为 60mm（长）× 30mm（宽），具有白色背光，宽视角，防紫外线等功能，LCD 显示内容及说明见表 3-3。

表 3-3 电能表显示方式及信息

序号	LCD 图形	说明
1	当前上 8月组合正反向总尖峰平谷剩余常数 阶梯透支用电量价户时间段金额表号	1）当前、上 1 月/次～上 12 月/次的用电量、累计、组合、正/反、总、尖、峰、平、谷电量。 2）剩余金额、常数。 3）阶梯电价、电量。 4）透支金额。 5）时间、时段、表号
2	-88888888 COSφ VA元 kWh	数据显示及对应的单位符号
3	☎ 🏠 🔒 ∿ ← ⊠ ☎ L N	从左向右、从上及下依次为： 1）红外、RS-485 通信中。 2）显示为测试密钥状态，不显示为正式密钥状态。 3）电能表挂起指示。 4）模块通信中。 5）功率反向指示。 6）电池欠压指示。 7）红外认证有效指示。 8）相线、零线

续表

序号	LCD 图形	说明
4	读卡中成功失败请购电拉闸透支囤积	1）IC卡"读卡中"提示符。 2）IC卡读卡"成功"提示符。 3）IC卡读卡"失败"提示符。 4）"请购电"剩余金额偏低时闪烁。 5）继电器拉闸状态指示。 6）透支状态指示。 7）IC卡金额超过最大储值金额时的状态指示（囤积）
5	①②尖峰平⚠	1）指示当前运行第"1、2、3、4"阶梯电价。 2）指示当前费率状态（尖峰平谷）。 3）"⚠ ⚠"指示当前套、备用套阶梯电价，⚠表示运行在当前套阶梯；⚠表示有待切换的阶梯，即备用阶梯率有效。 4）①、②代表第1、2套时段/当前套

（2）电能表指示灯说明。电能表使用高亮、长寿命 LED 作为指示灯。其中，脉冲指示灯为红色，平时灭，计量有功电能时闪烁；跳闸指示灯为黄色，负荷开关分断时亮，平时灭。

五、三相智能电能表

根据 DL/T 448—2016《电能计量装置技术管理规程》规定，对于低压三相供电，计算负荷电流为 60A 及以下时，宜采用直接接入电能表的接线方式；计算负荷电流为 60A 以上时，宜采用经电流互感器接入电能表的接线方式。选用直接接入式的电能表其最大电流不宜超过 100A。

（一）规格及分类

三相智能电能表准确度等级分为有功 0.2S 级、0.5S 级、1 级、无功 2 级，标准参比频率为 50Hz。三相智能电能表按照接入线路方式分为直接接入式、经互感器接入式两类，相应的参比电压见表 3-4，参比电流见表 3-5。

表 3-4　　　　　　标 准 参 比 电 压

电能表接入线路方式	参比电压
直接接入式	3×220/380V
经电压互感器接入式	3×57.7/100V，3×100V

表 3-5　　　　　　标 准 参 比 电 流

电能表接入线路方式	参比电流
直接接入式	5A，10A
经电流互感器接入式	0.3A，1.5A

（二）显示内容

（1）显示方式及信息。三相电能表采用 LCD 显示信息，液晶屏可视尺寸为 85mm（长）×

50mm（宽），具有白色背光、高对比度、宽视角、防紫外线等功能，LCD 显示内容及说明见表 3-6。

表 3-6 三相电能表显示方式及信息

序号	LCD 图形	说明
1		当前运行象限指示
2	当前上月组合反正向无有功ⅠⅡⅢⅣ总尖峰平谷 ABCNCOS阶梯剩余需电量费价失压流功率时间段	汉字字符，可指示： 1）当前、上 1 月~上 12 月的正反向有功电量，组合有功或无功电量，Ⅰ、Ⅱ、Ⅲ、Ⅳ象限无功电量，最大需量，最大需量发生时间。 2）时间、时段。 3）分相电压、电流、功率、功率因数。 4）失压、失流事件记录。 5）阶梯电价、电量。 6）剩余电量（费），尖、峰、平、谷、电价
3	万元 kWAh kvarh	数据显示及对应的单位符号
4		上排显示轮显/键显数据对应的数据标识，下排显示轮显/键显数据在对应数据标识的组成序号，详见 DL/T 645—2007
5		从左向右、从上及下依次为： 1）①②代表第 1、2 套时段/当前套、备用套/费率，默认为时段。 2）时钟电池欠压指示。 3）停电抄表电池欠压指示。 4）无线通信在线及信号强弱指示。 5）模块通信中。 6）红外通信，如果同时显示"1"表示第 1 路 485 通信，显示"2"表示第 2 路 485 通信。 7）红外认证有效指示。 8）电能表挂起指示。 9）显示时为测试密钥状态，不显示时为正式密钥状态。 10）报警指示
6	囤积 读卡中成功失败请购电透支拉闸	1）IC 卡"读卡中"提示符。 2）IC 卡读卡"成功"提示符。 3）IC 卡读卡"失败"提示符。 4）"请购电"剩余金额偏低时闪烁。 5）透支状态指示。 6）继电器拉闸状态指示。 7）IC 卡金额超过最大费控金额时的状态指示（囤积）

续表

序号	LCD 图形	说明
7	UaUbUc逆相序-Ia-Ib-Ic	从左到右依次为： 1）三相实时电压状态指示，Ua、Ub、Uc 分别对于 A、B、C 相电压，某相失压时，该相对应的字符闪烁；三相都处于分相失压状态、或全失压时，Ua、Ub、Uc 同时闪烁；三相三线表不显示 Ub。 2）电压电流逆相序指示。 3）三相实时电流状态指示，Ia、Ib、Ic 分别对于 A、B、C 相电流。某相失流时，该相对应的字符闪烁；某相断流时则不显示，当失流和断流同时存在时，优先显示失流状态。某相功率反向时，显示该相对应符号前的"－"。 4）某相断相时对应相的电压、电流字符均不显示。电能表满足掉电条件时，Ua、Ub、Uc、Ia、Ib、Ic 均不显示。 5）液晶上事件状态指示和电能表内事件记录状态保持一致，同时刷新
8	1 2 3 4	指示当前运行第"1、2、3、4"阶梯电价
9	⚠1 ⚠2 尖 峰 平 谷	1）指示当前费率状态（尖峰平谷）。 2）"⚠⚠"指示当前套、备用套阶梯电价，⚠表示运行在当前套阶梯，⚠表示有待切换的阶梯，即备用阶梯率有效

（2）电能表指示灯说明。电能表使用高亮、长寿命 LED 作为指示灯。各指示灯的布置位置参照电能表外观简图，并要求如下：有功电能脉冲指示灯为红色，平时灭，计量有功电能时闪烁；无功电能脉冲指示灯为红色，平时灭，计量无功电能时闪烁；跳闸指示灯为黄色，平时灭，负荷开关分断时亮。

六、智能电能表数据

智能电能表数据主要分为 3 类，负荷数据、电量数据及事件记录数据。

（一）负荷类数据

负荷类数据见表 3−7。

表 3−7 　　　　　　　　　　智能电能表负荷类数据

序号	类型	数据名称	三相电能表	单相电能表
1	测量	分相电压	●	●
2		分相电流	●	●
3		零线电流	●	●
4		总有功功率	●	●
5		分相有功功率	●	

（二）电量类数据

电量类数据见表 3-8。

表 3-8 智能电能表电量类数据

序号	类型	数据名称	三相电能表	单相电能表
1	计量以及结算日转存	组合有功总电能	●	●
2		正向有功总电能	●	●
3		反向有功总电能	●	●
4		组合有功各费率电能	●	●
5		正向各费率有功电能	●	●
6		反向各费率有功电能	●	●
7		正向分相有功电能	●	
8		反向分相有功电能	●	
9		四象限无功电能	●	
10		组合无功电能 1	●	
11		组合无功电能 2	●	
12		正向有功最大需量	●	
13		正向有功各费率最大需量	●	
14		反向有功最大需量	●	
15		反向有功各费率最大需量	●	
16	瞬时/约定/定时/日冻结	正向总有功电能	●	●
17		正向各费率有功电能	●	●
18		反向总有功电能	●	●
19		反向各费率有功电能	●	●
20		四象限无功电能	●	
21		组合无功电能	●	
22		正向有功最大需量	●	
23		总有功功率	●	
24		分相有功功率	●	
25		冻结时间	●	●
26	整点冻结	正向总有功电能		●
27		反向总有功电能		●
28		冻结时间		●
29	清零	需量清零	●	
30		电能表清零	●	●

续表

序号	类型	数据名称	三相电能表	单相电能表
31	时间	日历、计时和闰年切换	●	●
32		两套费率、时段切换	●	●
33		两套阶梯电价切换	●	●
34		广播对时	●	●

（三）事件记录数据

智能电能表事件记录数据见表 3-9。

表 3-9 智能电能表事件记录

序号	事件名称	13版三相电能表	13版单相电能表	09版三相电能表	09版单相电能表
1	过流	●	●		
2	开表盖	●	●	●	●
3	恒定磁场干扰	●			
4	电能表清零	●	●	●	●
5	掉电	●	●	●	●
6	电源异常	●	●		
7	开端钮盖	●		●	
8	失压	●		●	
9	欠压	●			
10	过压	●			
11	电压不平衡	●			
12	校时	●	●	●	●
13	失流	●		●	
14	断相	●		●	
15	全失压	●		●	
16	电压逆相序	●		●	
17	潮流反向	●		●	
18	有功功率反向	●			
19	负荷开关误动或拒动	●	●		
20	需量清零	●		●	
21	事件清零	●	●	●	●
22	编程	●	●	●	●
23	拉闸	●	●	●	●
24	合闸	●	●	●	●

第三节 测量用互感器及其二次回路

测量用互感器在电力线路中用于对交流电压或电流进行变换,以满足高电压或大电流的测量。常用的电压互感器有电磁式和电容式两种,电流互感器为电磁式。本节主要介绍计量用电磁式电压互感器、电磁式电流互感器及其二次回路。

一、电压互感器

(一)工作原理

电磁式电压互感器的工作原理如图 3-4 所示,在线路图中的符号如图 3-5 所示。

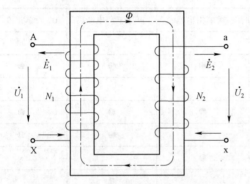
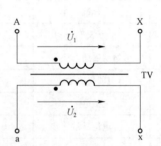

图 3-4 单相电压互感器工作原理图   图 3-5 单相电压互感器接线图

一次侧 A、X 接于高压电力线路,二次侧 a、x 接于测量设备,一次绕组匝数远多于二次绕组匝数。电网电压 $\dot{U}_1$ 加于一次绕组,使一次绕组中产生感应电动势 $\dot{E}_1$,从而在二次绕组产生感应电动势 $\dot{E}_2$。根据电压互感器等值电路,可得出

$$K = N_1 / N_2 = U_1 / U_2 \qquad (3-1)$$

式中:K 为电压互感器变比;U_2 为电压互感器二次侧电压;N_1、N_2 分别为一、二次绕组匝数。

(二)分类

电压互感器按照接地方式可分为接地电压互感器和不接地电压互感器。接地电压互感器为一次绕组的一端直接接地的单相电压互感器,或一次绕组的星形联结点为直接接地的三相电压互感器。不接地电压互感器为一种包括接线端子在内的一次绕组各个部分都是按其额定绝缘水平对地绝缘的电压互感器。

按照主绝缘介质可分为干式电压互感器、浇注式电压互感器、油浸式电压互感器。

(三)技术参数

(1)准确度等级。测量用电压互感器常用按准确度分为 0.2、0.5 级,电力系统各类电能计量装置应配置的电压互感器准确度参照 DL/T 448—2016《电能计量装置技术管理规程》规定。

(2)额定电压。电压互感器输入一次回路的额定电压即为额定一次电压,电力系统

常用互感器的额定一次电压为：6kV、$6/\sqrt{3}\,$kV、10kV、$10/\sqrt{3}\,$kV、35kV、$35/\sqrt{3}\,$kV、$110/\sqrt{3}\,$kV、$220/\sqrt{3}\,$kV、$500/\sqrt{3}\,$kV 等。接于三相系统与地之间或系统中性点与地之间的单相电压互感器，其额定一次电压标准值为额定系统电压的 $1/\sqrt{3}$。电压互感器二次回路输出的额定电压即为额定二次电压，电力系统常用互感器的额定二次电压为：100V、$100/\sqrt{3}\,$V。接于三相系统相与地之间的单相电压互感器，其额定一次电压标准值为某一数值除以 $\sqrt{3}$ 的，其额定电压应是 $100/\sqrt{3}\,$V，以保持额定电压比不变。

（3）额定二次容量。电压互感器额定二次负荷不宜超过 10VA。

（4）额定二次负荷功率因数。电压互感器额定二次负荷的功率因数应与实际二次负荷的功率因数接近。

（四）典型接线（图 3-6）

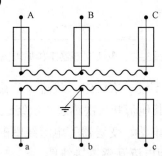

图 3-6　两台单相电压互感器典型 V/v 接线图

（五）电磁式电压互感器误差

电压互感器误差是反转 180° 的二次电压相量按额定电压比 K_{uN} 折算到一次后，与实际一次电压相量之差的比值，用百分数表示，即

$$\tilde{E} = \frac{-K_{uN}U_2 - U_1}{U_1} \times 100\% \tag{3-2}$$

电压互感器误差是互感器输出电压 $\dot{U}_2$ 与输入电压 $\dot{U}_1$ 两个相量的差别，因此分为比值差和相位差两个方面；比值差是额定电压比 K_{uN} 与实际电压比 K_u 之差对实际电压比的百分比，可用下式表示

$$f_u\% = \frac{K_{uN} - K_u}{K_u} \times 100\% = \frac{K_{uN}U_2 - U_1}{U_1} \times 100\% \tag{3-3}$$

相位差为一次电压相量 $\dot{U}_1$ 与二次电压反向后相量 $-\dot{U}_2$ 的夹角 δ，并且当 $-\dot{U}_2$ 相量超前 $\dot{U}_1$ 的相量时，角差为正，滞后时为负。通常相位差是以"分"或"弧度"表示。

二、电流互感器

（一）工作原理

普通电流互感器的结构较为简单，由相互绝缘的一次绕组、二次绕组、铁芯以及构架、壳体、接线端子等组成。其工作原理与变压器基本相同，一次绕组的匝数 N_1 较少，直接串联于电源线路中，一次负荷电流通过一次绕组时，产生的交变磁通感应产生按比例减小的二次电流；二次绕组的匝数 N_2 较多，与仪表、继电器、变送器等电流线圈的二次负荷 Z 串联形成闭合回路，如图 3-7 所示。

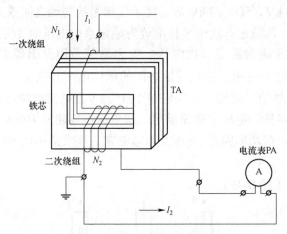

图 3-7　电流互感器工作原理图

穿心式电流互感器的结构不设一次绕组，载流（负荷电流）导线由 L1 至 L2 穿过由硅钢片擀卷制成的圆形（或其他形状）铁芯起一次绕组作用。二次绕组直接均匀地缠绕在圆形铁芯上，与仪表、继电器、变送器等电流线圈的二次负荷串联形成闭合回路，如图 3-8 所示。图 3-9 为单相电流互感器接线图。

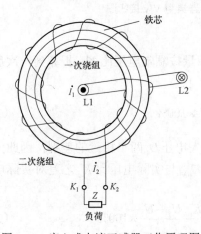

图 3-8　穿心式电流互感器工作原理图

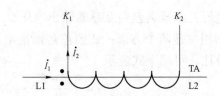

图 3-9　单相电流互感器接线图

$$I_1 N_1 = I_2 N_2 \tag{3-4}$$

得出

$$K = N_2 / N_1 = I_1 / I_2 \tag{3-5}$$

式中：I_1 为一次电流；I_2 为二次电流；N_1 为一次绕组匝数；N_2 为二次绕组匝数；K 为电流互感器变比。

（二）分类

电流互感器按电压等级可分为低压电流互感器和高压电流互感器。按绝缘介质分为干式电流互感器、浇注式电流互感器、油浸式电流互感器、气体绝缘式电流互感器。按安装方式可分为母线式电流互感器和穿芯式电流互感器。

（三）技术参数

（1）准确度等级。电流互感器按准确度分为 0.2S、0.5S 级，电力系统各类电能计量装置应配置的电流互感器准确度参照 DL/T 448—2016《电能计量装置技术管理规程》规定。

（2）额定电压。电流互感器的额定电压是指一次绕组长期对地能够承受的最大电压，应不低于所接线路的额定相电压；电流互感器的额定电压分为 0.5、3、6、10、20、35、110、220、330、500kV 等。

（3）额定电流。额定一次电流指电流互感器额定输入一次回路的电流，电力系统常用的额定一次电流为：10、15、20、25、30、40、50、60、75、80A 以及它们的十进制倍数等。额定二次电流指电流互感器额定输出的二次电流，电力系统常用的二次额定电流为：1、5A。

（4）额定二次容量。额定二次电流为 5A 的电流互感器额定二次负荷不超过 15VA，额定二次电流为 1A 的电流互感器额定二次负荷不超过 5VA。

（5）额定二次负荷功率因数。电流互感器额定二次负荷的功率因数应为 0.8～1.0。

（四）典型接线（图 3-10 和图 3-11）

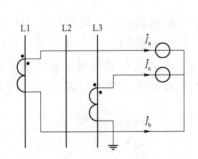

图 3-10　不完全星形接线图 V/v

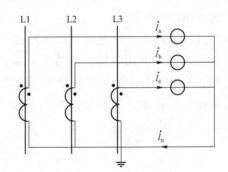

图 3-11　完全星形接线图 Y/y

（五）电流互感器误差

激磁电流是产生互感器测量误差的主要原因。$-\dot{I}_2$ 与 $\dot{I}_1$ 长度不一致是由激磁电流 $\dot{I}_m$ 引起的。电流互感器比值差用 f 表示；$-\dot{I}_2$ 与 $\dot{I}_1$ 的夹角就是电流互感器相位差，用 δ 表示。电流互感器误差是互感器输出电流 $\dot{I}_2$ 与输入电流 $\dot{I}_1$ 两个相量的相对差别，因此分为比值差和相位差两个方面。比值差即是额定变比与实际变比之差对实际变比的百分比。相位差即为一次电流的相量 $\dot{I}_1$ 与二次电流反向后相量 $-\dot{I}_2$ 的夹角 δ，并且，当 $-\dot{I}_2$ 相量超前 $\dot{I}_1$ 相量时，角差 δ 为正，滞后时为负。通常相位差是以"分"或"弧度"表示。

三、二次回路

电压二次回路是指电压互感器、电能表的电压线圈以及连接二者的导线所构成的回路。由于连接导线阻抗等因素的影响，电能表电压线圈上实际获得的电压值往往都小于额定值（220、380、100V），二次电压回路电降的大小直接影响电能计量的准确度。

电流二次回路是指电流互感器二次线圈、电能表的电流线圈以及连接二者的导线所构成的回路。电流互感器的二次负载包括二次连接导线阻抗、电能表电流线圈的阻抗、端钮之间的接触电阻等。它直接影响电流互感器的准确度等级。

互感器二次回路的连接导线应采用铜质单芯绝缘线，对电流二次回路，连接导线截面积应按电流互感器的额定二次负荷计算确定，至少应不小于 4mm²；对电压二次回路，连接导线截面积应按允许的电压降计算确定，至少应不小于 2.5mm²。

第四节　电能计量装置的接线

一、标准接线方式

（一）单相电能计量装置

由于各种电能计量装置的电压、电流量限不同，而被测电路又会有不同的电压等级和线路电流，单相计量装置接于被测电路时有两种方式，一种是经互感器接入式，另一种是直接接入式。而单相计量装置绝大部分都为直接接入式电能表，所以本节仅讨论直接接入式单相计量装置。

单相直接接入式是用电量直接由电能计量装置测量显示。有时低压三相四线制计量也可以采用三只单相电能计量装置单独计量，用电量值为三只电能计量装置读数的代数之和。单相电能计量装置直接接入式如图 3-12 所示。按此接线电能计量装置可以正确计量电能，计量装置的计量原理类似于三相四线制下的单个计量元件，测得的功率如式（3-6）所示。

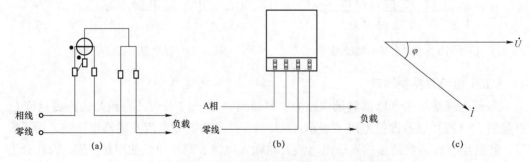

图 3-12　单相计量装置直接接入式示意图
（a）原理接线图；（b）安装接线图；（c）相量图

$$P = UI\cos\varphi \tag{3-6}$$

（二）三相四线制计量装置

（1）三相四线制低压计量方式，当计算负荷电流为 60A 及以下时，宜采用直接接入法，其标准接线如图 3-13 所示。测得的功率如式（3-7）、式（3-8）所示。

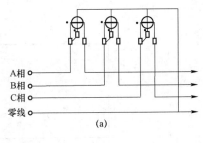

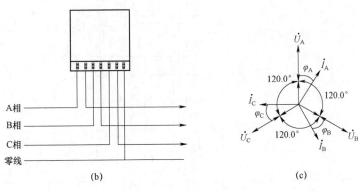

图 3－13　三相四线制低压计量装置直接接入式示意图

（a）原理接线图；（b）安装接线图；（c）相量图

$$\begin{cases} P_1 = U_1 I_1 \cos\varphi \\ P_2 = U_2 I_2 \cos\varphi \\ P_3 = U_3 I_3 \cos\varphi \end{cases} \tag{3-7}$$

$$P = P_1 + P_2 + P_3 = 3UI\cos\varphi \tag{3-8}$$

式中：P_1、P_2、P_3 分别为 A、B、C 相有功功率；P 为总有功功率；U_1、U_2、U_3 分别为 A、B、C 相电压，且 $U_1 = U_2 = U_3 = U$；I_1、I_2、I_3 分别为 A、B、C 相电流，且 $I_1 = I_2 = I_3 = I$。

（2）三相四线制低压计量方式，当计算负荷电流为 60A 以上时，采用经电流互感器接入电能计量装置的接线方式，其标准接线如图 3－14 所示。测得的功率如式（3－9）、式（3－10）所示。

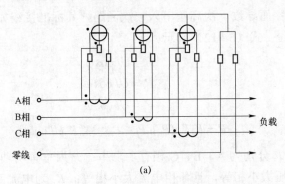

图 3－14　经互感器接入的三相四线制低压计量接线示意图（一）

（a）原理接线图

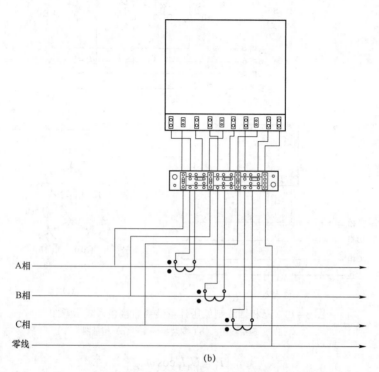

图 3-14 经互感器接入的三相四线制低压计量接线示意图（二）

（b）安装接线图

$$\begin{cases} P_1 = UI\cos\varphi \\ P_2 = UI\cos\varphi \\ P_3 = UI\cos\varphi \end{cases} \qquad (3-9)$$

$$P = K(P_1 + P_2 + P_3) = 3KUI\cos\varphi \qquad (3-10)$$

式中：P_1、P_2、P_3 分别为 A、B、C 相有功功率；P 为总有功功率；U 为相电压；I 为相电流；各相电压大小相等，且各相电流大小相等；K 为电流互感器变比。

（3）高供高计三相四线制计量方式中，高压回路中电流互感器必须接地，以防互感器原副边绝缘击穿而导致一次高压串入二次回路，其标准接线如图 3-15 所示。测得的功率如式（3-11）、式（3-12）所示。

$$\begin{cases} P_1 = UI\cos\varphi \\ P_2 = UI\cos\varphi \\ P_3 = UI\cos\varphi \end{cases} \qquad (3-11)$$

$$P = K_1K_2(P_1 + P_2 + P_3) = 3K_1K_2UI\cos\varphi \qquad (3-12)$$

式中：P_1、P_2、P_3 分别为 A、B、C 相有功功率；P 为总有功功率；U 为相电压；I 为相电流；各相电压大小相等，且各相电流大小相等；K_1 为电流互感器的变比；K_2 为电压互感器的变比。

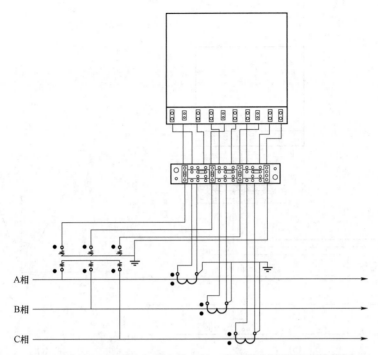

图 3-15 经互感器接入的高供高计三相四线制计量安装接线图

（三）三相三线制计量装置

接入中性点绝缘系统的三相三线制电能计量装置中，接线如图 3-16 所示，电流互感器二次绕组与电能表之间采用四线制连接，电压互感器普遍采用 V/v 形连接，二次回路 b 相需接地，如图 3-16（a）所示。电流互感器在二次回路都需要有一个接地点。

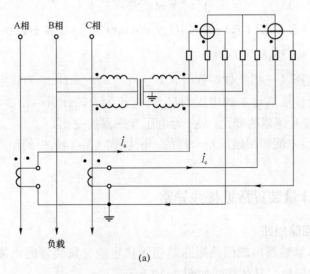

（a）

图 3-16 三相三线制计量接线示意图（一）

（a）电压互感器 V/v 接线，电流互感器四线制连接接线图

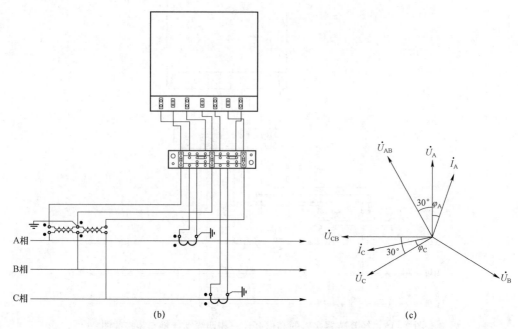

图 3–16　三相三线制计量接线示意图（二）
（b）电压互感器 V/v 接线，电流互感器四线制连接安装接线图；
（c）三相三线电能计量装置的相量图

系统正常运行时，测得的功率如式（3–13）、式（3–14）所示。

$$\begin{cases} P_1 = U_{ab}I_a\cos(\varphi+30°) \\ P_2 = U_{cb}I_c\cos(\varphi-30°) \end{cases} \tag{3–13}$$

$$\begin{aligned} P &= K_1K_2(P_1+P_2) = K_1K_2[U_{ab}I_a\cos(\varphi+30°)+U_{cb}I_c\cos(\varphi-30°)] \\ &= \sqrt{3}K_1K_2U_LI\cos\varphi \end{aligned} \tag{3–14}$$

式中：当三相电压及三相负载对称时，$U_{ab}=U_{ca}=U_{cb}=U_L$，为线电压；三相三线电子式电能计量装置计量单元 1 的电压为 $\dot{U}_{ab}$，电流为 $\dot{I}_a$，计量单元 2 的电压为 $\dot{U}_{cb}$，电流为 $\dot{I}_c$；K_1 为电流互感器的变比；K_2 为电压互感器的变比。

图 3–16 中线电流和相电流是一样的，所以式（3–14）中的电流用相电流符号表示即可。

二、单相计量装置常见接线异常

（一）电流回路短路

单相电能计量装置电流回路短路是指短接电能计量装置的电流端子，造成电流分流、计量不准的现象。具体接线如图 3–17 所示。

单相电能计量装置发生电流回路短路时，电流被短路线路分流，电能表计量的电能明显减少，甚至为零。

（二）电能表零线断线

单相电能计量装置的零线断线是指与相线相对的零线被切断，造成电压采集信号缺失的现象。具体接线如图 3-18 所示。

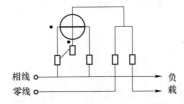

图 3-17　单相电流回路短路接线示意图　　　图 3-18　电能表零线断线接线示意图

单相电能计量装置发生零线断线时，电压回路未接入低压供电线路，因此，根据式（3-6），此时计量装置测得的功率为零。

（三）绕越电能计量装置

单相电能计量装置绕越是指电能表的电流回路被旁路绕越，计量装置被旁路绕越，导致计量装置虽然与低压供电线路相连，但实际上并未接入低压供电线路，造成计量出错。具体接线如图 3-19 所示。

单相回路发生绕越电能计量装置时，计量装置采集到的电流为零，此时计量装置测得的功率为零。

（四）相线和零线调换

单相电能计量装置相线和零线导致计量异常。具体接线如图 3-20 所示。测得的功率如式（3-15）所示。

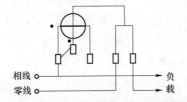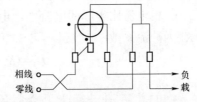

图 3-19　绕越电能计量装置接线示意图　　　图 3-20　相线和零线调换示意图

$$P' = (-U)(-I)\cos\varphi = UI\cos\varphi \qquad (3-15)$$

单相计量装置发生相线和零线调换时，在正常情况下仍能正确计量电能，但当负荷存在接地漏电时会少计电量，并存在用电安全隐患。

三、三相直接接入式电能计量装置常见接线异常

本节仅讨论三相四线制接线异常情况。本节中的电流回路和电压回路分别指的是电能计量装置的电流回路和电压回路。

（一）电流极性接反

电流极性接反是指接线时将一相或三相的电流进线端与出线端互换，使得采集的电流相位发生变化的现象，接反的电流相位角与正常时相差 180°。当 A 相电流极性接反

时，具体接线如图 3-21 所示。测得的有功功率如式（3-16）所示。

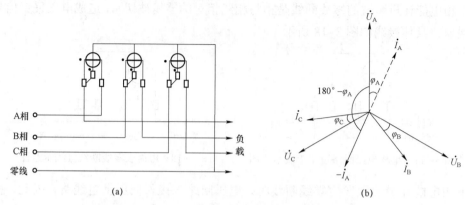

图 3-21　一相电流极性接反示意图

（a）接线图；（b）相量图

$$P' = UI\cos\varphi \qquad (3-16)$$

因此，发生一相电流回路极性接反异常时，电能计量装置计入的功率或电量是正常运行时的 $\frac{1}{3}$，更正系数 K 为 3。

（二）电流回路分流

电流回路分流是指通过并联导线、电阻或者其他方式对流入计量元件的电流进行分流，导致计量元件计入的电流变小的现象。

电能计量装置存在电流回路分流时，如图 3-22 所示，C 相电流回路存在分流，导致采集到的 C 相电流比实际的电流小。电能计量装置计入的有功功率如式（3-17）所示，其中 K_1 为分流系数。

$$P' = (K_1 + 2)UI\cos\varphi \qquad (3-17)$$

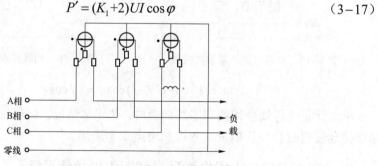

图 3-22　电流回路分流接线示意图

因此，发生单相电流回路分流异常时，如果分流系数为 K_1 那么电能计量装置计入的功率或电量与正常运行时的数据存在线性关系，更正系数 $K = 3 / (K_1 + 2)$。

（三）电压回路失压

三相四线制电能计量装置在接线过程中也存在着电流回路正确，电能表电压回路连接片脱开的情况，典型的有一相失压、二相失压和三相失压。当电能计量装置的某一相电压连接片脱开时，相当于一相失压，其计量功率为正常计量的 $\frac{2}{3}$，更正系数 K 为 $\frac{3}{2}$。

当电能计量装置的三相均失压时，电能表不计量。相关接线如图 3-23 和图 3-24 所示。

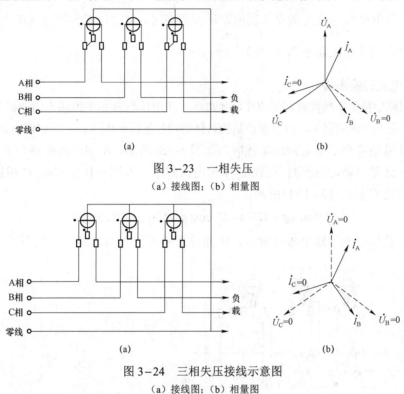

图 3-23　一相失压

（a）接线图；（b）相量图

图 3-24　三相失压接线示意图

（a）接线图；（b）相量图

四、高供低计计量装置常见接线异常

（一）电流互感器二次回路反接

电流互感器二次回路反接是指接线时将电流互感器接入电能表电流回路的进出线接反（即同名端反接），使得采集的电流相位发生变化。反接相的电流相位角与正常时相差 180°。当 C 相电流互感器二次回路反接时，具体接线如图 3-25 所示。

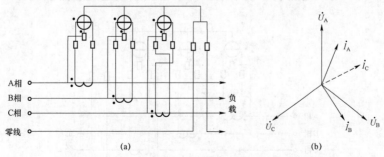

图 3-25　电流互感器二次回路反接接线示意图

（a）接线图；（b）相量图

电能计量装置存在电流互感器二次回路反接时，如图3-25所示，C相电流回路反接，电能计量装置计入的有功功率如式（3-18）所示。

$$P = UI\cos\varphi \tag{3-18}$$

因此，发生单相电流互感器二次回路反接异常时，电能计量装置计入的功率或电量是正常运行时的$\frac{1}{3}$，更正系数K为3。

（二）电流回路串接

电流回路串接是指接线时混淆相序，例如将A相电压与B相电流接入同一计量回路，导致电能表计量不准确的现象，对电能计量的具体影响与接错的电压、电流相位相关。

电能计量装置存在电流回路串接时，如图3-26所示，A相电流回路与B相电压回路接入同一计量回路，A相电压回路与B相电流回路接入同一计量回路，C相接线正常，测得的有功功率如式（3-19）所示。

$$P' = UI\cos(\varphi + 120°) + UI\cos(\varphi - 120°) + UI\cos(\varphi) = 0 \tag{3-19}$$

因此，发生电流回路串接异常时，电能计量装置计入的功率或电量为零。

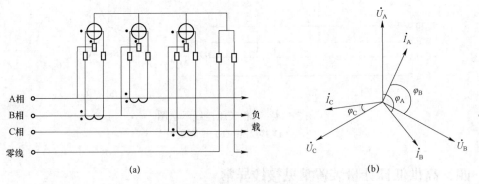

图3-26　电流回路串接示意图

（a）接线图；（b）相量图

（三）绕越互感器接线

绕越互感器接线是指电流互感器一次回路被短接，导致电流互感器虽然连在线路上却并未起作用，造成电能表计量不准。当C相发生绕越互感器接线时，具体接线如图3-27所示。

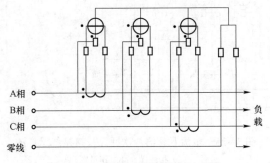

图3-27　绕越互感器接线示意图

电能计量装置存在绕越互感器接线时，采集到的 C 相电流约为 0。电能计量装置计入的有功功率如式（3-20）所示。

$$P = 2UI\cos\varphi \tag{3-20}$$

因此，发生单相绕越互感器接线时，电能计量装置计入的功率或电量是正常运行时的 $\dfrac{2}{3}$，更正系数 K 为 $\dfrac{3}{2}$。

五、经电压电流互感器接入常见接线异常

因三相三线错接线方式较多，本节仅列举几种典型的错接线方式进行说明。

（一）电压回路正确，电流回路错误

电流互感器绕组极性接反的情况。

（1）电流互感器不完全星形接线。

正确接线时，原理接线图和相量图如图 3-28 所示。

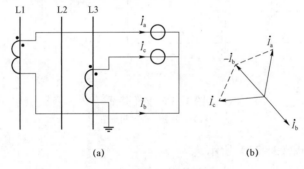

(a)　　　　　　　　　　(b)

图 3-28　V 形接线

（a）接线图；（b）相量图

根据基尔霍夫电流定律，在电路中的任何一个节点，其电流的代数和为零，如式（3-21）所示。

$$\dot{I}_a + \dot{I}_b + \dot{I}_c = 0，即：\dot{I}_b = -(\dot{I}_a + \dot{I}_c) \tag{3-21}$$

当三相电流对称时，$\dot{I}_a$、$\dot{I}_b$、$\dot{I}_c$ 三者的幅值相等且相位互差 120°

当 A 相电流互感器极性接反时，其原理接线图和相量图如图 3-29 所示。

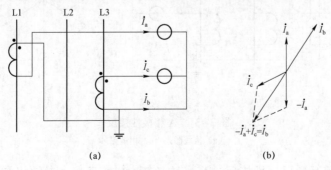

(a)　　　　　　　　　　(b)

图 3-29　A 相极性接反

（a）接线图；（b）相量图

此时，A 相电流为 $-\dot{I}_a$，即公共电流 $\dot{I}_b$ 是 $-\dot{I}_a$ 和 $\dot{I}_c$ 的相量和，如式（3-22）所示。

$$\dot{I}_b = -(\dot{I}_a + \dot{I}_c) \tag{3-22}$$

由相量图可见，在三相电流对称的情况下，I_b 值是正常相电流的 $\sqrt{3}$ 倍。同样，C 相电流互感器极性接反时，公共线电流 I_b 也是正常相电流的 $\sqrt{3}$ 倍。

因此，电流互感器不完全星形接线时，任一台互感器的极性接反，公共线上电流都增大至正常值的 $\sqrt{3}$ 倍。

（2）电流互感器星形接线。

正确接线时，原理接线图和相量如图 3-30 所示。

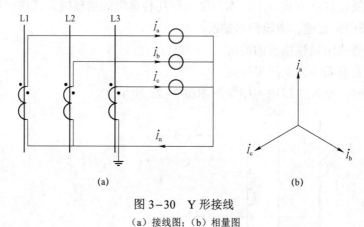

图 3-30　Y 形接线

（a）接线图；（b）相量图

由图可见，如式（3-23）所示。

$$\dot{I}_a + \dot{I}_b + \dot{I}_c = \dot{I}_n \tag{3-23}$$

当三相电流对称时，$\dot{I}_a + \dot{I}_b + \dot{I}_c = 0$，所以 $\dot{I}_n = 0$。

当 A 相电流互感器极性接反时，其原理接线图和相量图如图 3-31 所示。

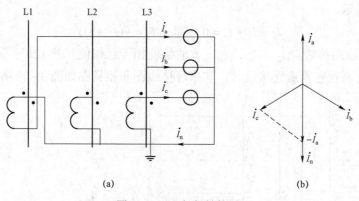

图 3-31　A 相极性接反

（a）接线图；（b）相量图

因 A 相电流互感器极性接反，A 相电流为 $-\dot{I}_a$，而 $\dot{I}_b$、$\dot{I}_c$ 的相量和也是 $-\dot{I}_a$，故 $\dot{I}_n = -\dot{I}_a + \dot{I}_b + \dot{I}_c = -2\dot{I}_a$。

同理 B 相电流互感器极性接反时，$\dot{I}_n = \dot{I}_a - \dot{I}_b + \dot{I}_c = -2\dot{I}_b$。

C 相电流互感器极性接反时，$\dot{I}_n = \dot{I}_a + \dot{I}_b - \dot{I}_c = -2\dot{I}_c$。

因此，电流互感器星形接线时，在三相电流对称的情况下，如接线正确，则 $\dot{I}_n = 0$；如一台互感器极性接反，$\dot{I}_n$ 为负的 2 倍相电流。

（二）电压回路错误，电流回路正确

电压互感器绕组极性接反的情况。

（1）电压互感器 V，v 接线。

正确接线时，电压互感器原理接线图和相量图如图 3-32 所示。

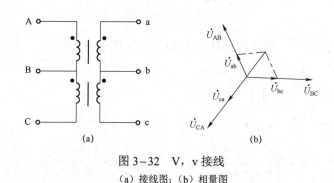

图 3-32　V，v 接线

（a）接线图；（b）相量图

当一台电压互感器极性接反（ac 相）时，原理接线图和相量图如图 3-33 所示。

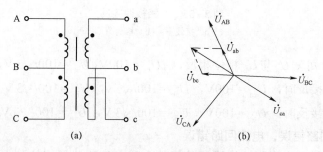

图 3-33　BC 相极性接

（a）反接线图；（b）相量图

因为互感器二次侧 b-c 相极性接反，所以 $\dot{U}_{ac}$ 与 $\dot{U}_{bc}$ 方向相反，如式（3-24）所示。

$$\dot{U}_{ca} = -(\dot{U}_{ab} + \dot{U}_{bc}) \tag{3-24}$$

从相量图上看，$U_{ac} = \sqrt{3}\, U_{ab} = \sqrt{3}\, U_{bc} = 173.2\text{V}$；

因此，bc 相电压互感器极性接反，其结果是 $U_{ac} = U_{bc} = 100\text{V}$，$U_{ca} = 173.2\text{V}$，AB 相极性接反时，结果与 BC 相接反时相似。

（2）电压互感器 Y，y 接线。

正确接线时，电压互感器原理接线图和相量图如图 3-34 所示。

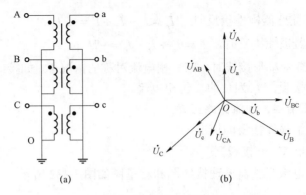

图 3-34 Y，y 接线

（a）接线图；（b）相量图

当 A 相极性接反时，其原理接线图和相量图如图 3-35 所示。

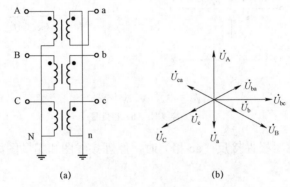

图 3-35 A 相极性接反

（a）接线图；（b）相量图

根据相量图，可知 $\dot{U}_a$ 与 $\dot{U}_b$ 相位相反，则 $U_{bc}=100V$，$U_{ab}=100/\sqrt{3}\,V$，$U_{ca}=100/\sqrt{3}\,V$。

当 B 相极性接反时，$U_{ca}=100V$，$U_{ab}=100/\sqrt{3}\,v$，$U_{bc}=100/\sqrt{3}\,V$。

当 C 相极性接反时，$U_{ab}=100V$，$U_{bc}=100/\sqrt{3}\,V$，$U_{ca}=100/\sqrt{3}\,V$。

（三）电压回路错误，电流回路错误

电能表电压和电流回路接线错误是指从电压电流互感器连接到电能表两个计量元件的接线同时发生错误，导致电流与电压的相位差错乱的现象。图 3-36 为电压回路接线错误和 A 相电流互感器二次回路反接的一种错接线现象。

电能计量装置计入的有功功率如式（3-25）～式（3-27）所示。

$$P_1'=U_{ba}I_a\cos(\varphi+30°) \tag{3-25}$$

$$P_2'=U_{ca}I_c\cos(\varphi+30°) \tag{3-26}$$

$$P'=P_1'+P_2'=U_LI(\sqrt{3}\cos\varphi-\sin\varphi) \tag{3-27}$$

因此，如图 3-36 中发生电压回路接线错误和电流互感器反接异常时，更正系数为

$\dfrac{2\cos\varphi}{\cos(\varphi-30°)}$。

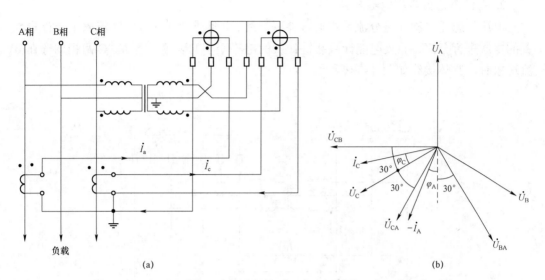

(a)   (b)

图 3-36　电压互感器二次回路极性反，电流互感器二次回路 A 相反接

（a）接线图；（b）相量图

（四）其他错接线类型

1. 电压互感器断线

电压互感器断线是指电压互感器一次回路或二次回路发生断线，导致电能表电压信号缺失的现象。当与 A 相相连的电压互感器断线时，具体接线如图 3-37 所示。

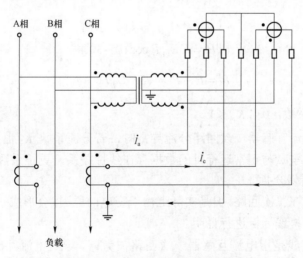

图 3-37　电压互感器断线接线示意图

电能计量装置存在电压互感器断线时，采集得到的 A、B 两相之间的电压 U_{ab} 为 0，第一个元件计入的有功功率为 0，电能计量装置计入的有功功率为：

$$P' = UI\cos(\varphi - 30°) \tag{3-28}$$

更正系数 K 为 $2\sqrt{3}/(\sqrt{3} + \tan\varphi)$。

2. 电流互感器二次回路分流

电流互感器二次回路分流是指通过并联导线、电阻或者其他方式对流入电能计量装置的电流进行分流，导致电能计量装置计入的电流变小的现象。当 A、C 两相均存在分流现象时，具体接线如图 3-38 所示。

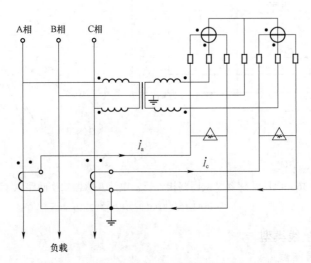

A相　　B相　　C相

i_a

i_c

负载

图 3-38　电流互感器二次回路分流接线示意图

电能计量装置存在电流互感器二次回路分流时，I_a、I_c 被分流。电能计量装置计入的有功功率为：

$$\begin{cases} P_1' = K_1 U_{ab} I_a \cos(\phi + 30°) \\ P_2' = K_1 U_{cb} I_c \cos(\phi - 30°) \end{cases} \tag{3-29}$$

$$P' = P_1' + P_2' = \sqrt{3} K_1 U_L I \cos\varphi \tag{3-30}$$

式中：K_1 为分流系数，$0 < K_1 < 1$。

因此，发生电流互感器二次回路分流异常时，若分流系数 K_1 恒定，那么电能计量装置计入的功率或电量与正常运行时的数据存在线性关系，更正系数 K 为 K_1。

3. 一次回路错误分析

以上错接线均在二次回路，但是实际上由于窃电的原因，会形成一次回路的错接线，此处以绕越互感器接线为例进行说明。

绕越互感器接线是指电流互感器一次回路被旁路，导致电流互感器虽然连在线路上却并未起作用，造成电能表计量不准。当 A 相发生绕越互感器接线时，具体接线如图 3-39 所示。

电能计量装置存在绕越互感器接线时，电流互感器二次回路电流很小或无电流，第一个元件计入的有功功率接近于 0 或为 0。电能计量装置计入的有功功率同式（3-28），更正系数 K 为 $2\sqrt{3} / (\sqrt{3} + \tan\varphi)$。

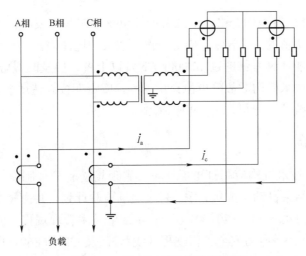

图 3-39　绕越互感器接线示意图

第五节　电能计量装置运行维护

一、运行维护及故障处理

（1）安装在发、供电企业生产运行场所的电能计量装置，运行人员应负责监护，保证其封印完好。安装在电力用户处的电能计量装置，由用户负责保护其封印完好，装置本身不受损坏或丢失。

（2）供电企业宜采用电能计量装置运行在线监测技术，采集电能计量装置的运行数据，分析、监控其运行状态。

（3）运行电能表的时钟误差累计不得超过 5min。否则，应进行校时或更换电能表。

（4）当发现电能计量装置故障时，应及时通知电能计量技术机构进行处理。贸易结算用电能计量装置故障，应由电网企业和/或供电企业电能计量技术机构依据《中华人民共和国电力法》及其配套法规的有关规定进行处理。对造成的电量差错，应认真调查以认定、分清责任，提出防范措施，并根据《供电营业规则》的有关规定进行差错电量计算。

（5）对窃电行为造成电能计量装置故障或电量差错的，用电检查及管理人员应注意对窃电现场的保护和对窃电事实的依法取证。宜当场对窃电事实做出书面认定材料，由窃电方责任人签字认可。

（6）主副电能表运行应符合下列规定：

1）主副电能表应有明确标识，运行中主副电能表不得随意调换，其所记录的电量应同时抄录。主副电能表现场检验和更换的技术要求应相同。

2）主表不超差，应以其所计电量为准；主表超差而副表未超差时，以副表所计电量为准；两者都超差时，以考核表所计电量计算退补电量并及时更换超差表计。

3）当主副电能表误差均合格，但二者所计电量之差与主表所计电量的相对误差大于电能表准确度等级值的 1.5 倍时，应更换误差较大的电能表。

（7）对造成电能计量差错超过 10 000kWh 及以上者，应及时报告上级管理机构。

（8）电能计量技术机构对故障电能计量器具，应定期按制造厂名、型号、批次、故障类别等进行分类统计、分析，制定相应措施。

二、现场检验

（1）电能计量技术机构应制订电能计量装置现场检验管理制度，依据现场检验周期、运行状态评价结果自动生成年、季、月度现场检验计划，并由技术管理机构审批执行。现场检验应按 DL/T 448—2016《电能计量装置技术管理规程》的规定开展工作，并严格遵守 GB 26859《电力安全工作规程（线路）》及 GB 26860《电力安全工作规程（发电厂和变电站电气部分）》等相关规定。

（2）现场检验用标准仪器的准确度等级至少应比被检品高两个准确度等级，其他指示仪表的准确度等级应不低于 0.5 级，其量限及测试功能应配置合理。电能表现场检验仪器应按规定进行实验室验证（核查）。

（3）现场检验电能表应采用标准电能表法，使用测量电压电流、相位和带有错误接线判别功能的电能表现场检验仪器，利用光电采样控制或被试表所发电信号控制开展检验。现场检验仪器应有数据存储和通信功能，现场检验数据宜自动上传。

（4）现场检验时不允许打开电能表罩壳和现场调整电能表误差。当现场检验电能表误差超过其准确度等级值或电能表功能故障时应在三个工作日内处理或更换。

（5）新投运或改造后的 I、II、III 类电能计量装置应在带负荷运行一个月内进行首次电能表现场检验。

（6）运行中的电能计量装置应定期进行电能表现场检验，要求如下。

1）I 类电能计量装置宜每 6 个月现场检验一次。

2）II 类电能计量装置宜每 12 个月现场检验一次。

3）III 类电能计量装置宜每 24 个月现场检验一次。

（7）长期处于备用状态或现场检验时不满足检验条件[负荷电流低于被检表额定电流的 10%（S 级电能表为 5%）或低于标准仪器量程的标称电流 20%或功率因数低于 0.5 时］的电能表，经实际检测，不宜进行实负荷误差测定，但应填写现场检验报告、记录现场实际检测状况，可统计为实际检验数。

（8）对发、供电企业内部用于电量考核、电量平衡、经济技术指标分析的电能计量装置，宜应用运行监测技术开展运行状态检测。当发生远程监测报警、电量平衡波动等异常时，应在两个工作日内安排现场检验。

（9）运行中的电压互感器，其二次回路电压降引起的误差应定期检测。35kV 及以上电压互感器二次回路电压降引起的误差，宜每两年检测一次。

（10）当二次回路及其负荷变动时，应及时进行现场检验。当二次回路负荷超过互感器额定二次负荷或二次回路电压降超差时应及时查明原因，并在一个月内处理。

（11）运行中的电压、电流互感器应定期进行现场检验，要求如下：

高压电磁式电压、电流互感器宜每 10 年现场检验一次，高压电容式电压互感器宜每 4 年现场检验一次。

（12）当现场检验互感器误差超差时，应查明原因，制订更换或改造计划并尽快实施；时间不得超过下一次主设备检修完成日期。

（13）运行中的低压电流互感器，宜在电能表更换时进行变比、二次回路及其负荷的检查。

（14）当现场检验条件可比性较高，相邻两次现场检验数据变差大于误差限的三分之一，或误差的变化趋势持续向一个方向变化时，应加强运行监测，增加现场检验次数。

（15）现场检验发现电能表或用电信息采集终端故障时，应及时进行故障鉴定和处理。

三、运行质量检验

（1）电能计量技术机构应根据电能表检定规程规定的检定周期、DT/L 448—2016《电能计量装置技术管理规程》规定的抽样方案、运行年限、安装区域和实际工作量等情况，制定每年（月）电能表运行质量检验计划。

（2）运行中的电能表到检定周期前一年，按制造厂商、订货（生产）批次、型号等划分抽样批量（次）范围，抽取其样本开展运行质量检验，以确定整批表是否更换。

（3）抽样方案及抽样结果的判定应符合下列规定。

1）依据 GB/T 2828.2—2008 采用二次抽样方案（见表 3－10）。抽样时应先选定批量（次），然后抽取样本。批量一经确定，不应随意扩大或缩小。

2）选定批量时，应将同一制造厂商、型号、订货（生产）批次和安装地点相对集中的电能表按表 3－10 中的批量范围划分若干批次，再按表 3－10 对应的抽样方案进行抽样、检验和判定。选定的批量应注明抽检批次，存档备查。

3）批量（次）确定后，采用简单随机方式从批次中抽取样本。被抽取的样本应先经目测检查，样本应无外力等所致的损坏，且检定封印完好。

4）根据样本运行质量检验的结果，若在第一样本量中发现的不合格品数小于或等于第一次抽样合格判定数，则判定该批表为合格批；若在第一样本量中发现的不合格品数大于或等于第一次抽样不合格判定数，则判定该批表为不合格批。

若在第一样本量中发现的不合格品数，大于第一次抽样合格判定数并小于第一次抽样不合格判定数，则抽取第二样本量进行检验。若在第一和第二样本量中发现的不合格品累计数小于或等于第二次抽样合格判定数，则判定该批表为合格批；若第一和第二样本量中的不合格品累计数大于或等于第二次抽样不合格判定数，则判定该批表为不合格批。

5）判定为合格批的，该批表可以继续运行，两年后再进行运行质量检验；判定为不合格批的，应将该批表全部更换。

表 3－10 　　　　　　　　　　　运行电能表二次抽样方案

序号	批量范围	判定方法	抽样方案
1	≤281～1200	n_1; Ac_1, Re_1 n_2; Ac_2, Re_2	32; 0, 2 32; 1, 2
2	1201～3200		50; 1, 4 50; 4, 5
3	3201～10 000		80; 2, 5 80; 6, 7
4	10 001～35 000		125; 5, 9 125; 12, 13
5	≥35 001		200; 9, 14 200; 23, 24

注　n_1——第一次抽样样本量；

　　n_2——第二次抽样样本量；

　　Ac_1——第一次抽样合格判定数；

　　Ac_2——第二次抽样合格判定数；

　　Re_1——第一次抽样不合格判定数；

　　Re_2——第二次抽样不合格判定数。

6）电能计量技术管理机构专责人，应根据选定的批量用随机方式确定样本，监督抽样检验的实施和判定。

（4）对需判定批量（次）电能表合格与否的，应出具"×××抽检批量（次）运行质量检验报告"，并存档备查。

（5）运行质量检验负荷点及其误差的测定应符合下列规定。

1）运行质量检验的电能表不允许拆启原封印。

2）运行质量检验负荷点；$\cos\phi=1.0$ 时，为 I_{max}、I 和 $0.1I$ 三点。

3）运行质量检验的电能表误差应小于被检电能表准确度等级值。误差计算公式为：

$$误差 = \frac{I_{max}时的误差 + 3I时的误差 + 0.1I时的误差}{5}$$

式中　I_{max}——电能表最大电流；

　　　I——I_b（直接接入式电能表基本电流）或 I_n（经互感器接入的电能表额定电流）。

公式中的误差均为其绝对值。

4）电能表日计时误差应不大于±0.5s/d。

5）电能表需量示值误差（%）应不大于被检电能表准确度等级值。

（6）静止式电能表使用年限不宜超过其设计寿命。

四、电能计量装置更换

（1）电能表经运行质量检验判定为不合格批次的，应根据电能计量装置运行年限、安装区域、实际工作量等情况，制定计划并在一年内全部更换。

（2）更换电能表时宜采取自动抄录、拍照等方法保存底度等信息，存档备查。贸易结算用电能表拆回后至少保存一个结算周期。

（3）更换拆回的Ⅰ～Ⅳ类电能表应抽取其总量的 5%～10%、Ⅴ类电能表应抽取其总量的 1%～5%，依据计量检定规程进行误差测定，并每年统计其检测率及合格率。

（4）低压电流互感器从运行的第 20 年起，每年应抽取其总量的 1%～5%进行后续检定，统计合格率应不小于 98%。否则，应加倍抽取和检定、统计其合格率，直至全部更换。

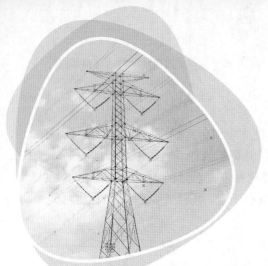

第四章 用电信息采集系统

第一节 概　　述

一、用电信息采集系统的概念

电力用户用电信息采集系统（power user electric energy data acquire system）是对电力用户的用电信息进行采集、处理和实时监控的系统，实现用电信息的自动采集、计量异常监测、电能质量监测、用电分析和管理、相关信息发布、分布式能源监控、智能用电设备的信息交互等功能。

用电信息采集系统是电力企业实现用电管理自动化和信息化的手段，是联系用户和电力企业的桥梁。它一方面涵盖了电厂、变电站、公用变压器、专用变压器、分布式能源和居民集抄用户等管理对象，系统核心是负荷与电量管理，较为符合电力企业市场发展及经营管理的需要；另一方面采用先进的用电信息采集与监控装置实时控制用户用电负荷，宏观调控负荷曲线，进行分布式能源管理，引导用户合理用电，同时为电网建设和改造提供技术支持。

二、用电信息采集系统的发展

（一）国外的发展

（1）对用电负荷进行控制的想法，是伴随着电力工业的产生和发展而出现的。1897 年，约瑟夫·若丁取得了一项英国专利，用不同电价鼓励用户均衡用电。1913 年，都德尔等三人提出了把 200Hz/10V 的电压叠加在供电网络上去控制路灯和热水器的方案，这是最早的音频控制方法。1931 年，韦伯提出了用单一频率编码的专利，这是现在广泛采用的脉冲时间间隔码的先导。

（2）用电信息采集与监控技术的提出源于 20 世纪的欧洲。英国 20 世纪 30 年代就开始对音频用电信息采集与监控技术的研究。第二次世界大战后，音频用电信息采集与监控技术在法国、瑞士等国家得到大量的使用。在 20 世纪 70 年代中期，美国不仅引进了用电信息采集与监控系统设备的制造技术，而且着手研究和发展无线用电信息采集与监控、配电载波用电信息采集与监控和工频电压波形畸变控制等多种用电信息采集与监控技术。

（3）到 20 世纪 90 年代初期，世界上已有几十个国家使用了各种用电信息采集与监控系统，先后安装的各类终端设备已达几千万台，可控负荷覆盖面占全世界发电总装机容量的 10%以上，已有数百万台无线电遥控开关投入运行。许多发达国家在电力充足的情况下仍然控制蓄能型和可间断性负荷，如热水器、空调器、水泵等，以充分利用现有发电机的能力，提高其经济性，并适当延缓新建机组的投建。

（二）我国的发展

我国从 1977 年底开始进行用电信息采集与监控技术的研究，到现在已有 40 多年的历史。这 40 多年大致可以分为探索、试点、推广应用、转型发展 4 个阶段，现正进入智能提升阶段。

1977～1986 年为探索阶段。在此期间专家们研究了国外用电信息采集与监控技术所采用的各种方法，并自行研制了包括音频、工频波形畸变、电力线载波和无线电控制等多种装置。同时由国外引进一批音频控制设备，安装在北京、上海、沈阳等地。

1987～1989 年是有组织的试点阶段。主要是试点开发国产的用电信息采集与监控系统和音频控制系统，分别在济南、石家庄、南通和郑州安装使用，都获得了成功。

1990～1997 年是全面推广应用的阶段。经过 7 年多的努力，全国已有约 200 个地（市）级城市建设了规模不等的用电信息采集与监控系统。这些系统普遍采用了 230MHz 无线电作为组网信道，有些系统部分采用了音频或电力线载波，也有采用分散型装置来补充无线电信道达不到的用户的控制。用电信息采集与监控设备的投入运行，使各地区的负荷曲线有了很好的改善。

1997 年以后是用电信息采集与监控系统从单一控制转向管理应用的发展阶段。自 20 世纪 90 年代中国开始引入电力需求侧管理以来，用电信息采集与监控作为需求侧管理的一个重要组成部分也得到了大力发展，从最初的单向用户控制到双向采集数据和用户控制，从单纯的遥控功能发展到集遥控、遥信、遥测等多项功能于一体的较为完善的用户侧网络，它为推动电力需求侧管理迈向现代化提供了强大的技术支持。无论对电力企业本身，还是对整个社会而言，用电信息采集与监控系统都具有显著的经济效益和社会效益。

1998 年全国电网安全工作会议上提出了用电信息采集与监控系统应由"控"转"管"，具备应用国家政策、技术政策引导用户用电、实时抄表计费、事故情况局部限电三大功能的发展方向。从系统功能上弱化"控制"，增强"管理"，逐步适应电力企业商业化营运的要求和不断改进企业管理，增强企业效益的要求。

2004 年，国家电网公司重新组织编写并印发了《电力负荷管理系统功能规范》和《电力负荷管理系统建设与运行管理办法》，明确了用电信息采集与监控系统是电力营销、用户服务、电力需求侧管理的必要支持手段，是电力营销技术支持系统的重要组成部分。

2005 年 6 月，国家电网公司印发了《关于加快电力营销现代化建设指导意见》（简称《指导意见》），提出了推进电力营销现代化建设，重点任务是建设和完善电力营销技术支持系统八大模块（包括用电信息采集与监控模块）的指导意见。其中，终端侧用电信息采集与监控系统及集中抄表系统的建设和完善将共同架构实现"用电信息采集与监控模块"中销售侧电能信息实时采集与监控功能。国家电网公司的《指导意见》进一步明确了用电信息采集与监控系统的定位问题，为用电信息采集与监控系统的建设发展奠定了坚实的理论基础。

2007 年国家电网公司部门文件《关于加快营销信息化建设有关问题的通知》中提出"全面推进并实现 SG186"工程，将用电信息采集与监控系统归入电能信息实时采集与监控应用功能。用电信息采集系统的建设能实现计量装置在线监测和用户负荷、电量、电压等重要信息的实时采集，及时、完整、准确地为"SG186 工程"营销业务应用提供电力用户实时用电信息数据。

2009 年《电力用户用电信息采集系统建设技术报告》中提出了用电信息采集与监控系统的建设目标：全面覆盖电力用户、全面采集用电信息、全面预付费管理，并对本地通信网络方案提出了建设性的意见，包括窄带电力线载波、宽带电力线载波、微功率无线通信、RS－485 通信技术，对低压集中抄表提出了典型建设方案。

2010 年 11 月，国家发改委、电监会、能源局等六部委联合印发了《电力需求侧管理办法》，该办法的出台意味着国家电网公司"全覆盖、全采集"的要求将推广到全国电网，从而打开了用电信息采集系统的市场容量空间。国家电网公司在 2010 年的工作文件《关于加快用电信息采集系统建设的意见》（国家电网营销〔2010〕119 号）中，用电信息采集系统建设的总体目标是：利用 5 年时间，建成"全覆盖、全采集、全费控"的省级集中的用电信息采集系统。行业投资的大幅增加以及行业快速增长，意味着用电信息采集系统将步入到高成长的周期。

2012 年底用电信息采集系统覆盖率达到 65%，2013 年底达到 90%，2014 年底达到 100%，安装约 1.3 亿只智能电能表，总投资达 800 亿元。国家电网公司基本实现了系统内各省公司为单位的用电信息采集的全覆盖、全采集、全费控。

2015 年 12 月 16 日，依据《国家发展改革委、国家能源局关于促进智能电网发展的指导意见》，支持水、气、电、热信息集中采集。

随着电力业务的发展，为提高服务水平，提升用户体验，开拓应用市场，2020 年，国家电网公司开展采集 2.0 的建设，按照"架构普适前瞻、技术稳定先进、功能独立扩展、界面量身定制"设计理念，力求设计成性能卓越、功能丰富、安全稳定的客户侧能源互联网基础系统，支持各类用能设备的全接入、全采集、全控制，支持"碳达峰、碳中和"行动方案落地、电力市场化改革、清洁能源消纳和用户能效诊断，致力于将采集系统建设成为一套善学习、会思考、能分析、有温度的系统。

（三）新一代用电信息采集系统的发展方向

1."云计算"主站系统

充分利用互联网领域的快速迭代创新能力，建立面向多种应用的开放接口、网络协议和应用支撑平台，支持海量和多种形式的供能与用能设备的快速、便捷接入，构建开放式用电信息采集系统。

（1）主站前置机通信和采集分离。

系统采集数据规模和频率的快速增长，对采集业务前置机的并发处理能力带来巨大压力。传统的业务前置机集群架构又不能无限增加节点，无法线性扩展。将通信前置与采集前置分离，通信前置机集群负责维护终端通信链路和原始通信报文的收发，业务前置机集群负责维护终端原始通信报文的解析以及采集数据入库。通过前置机通信和采集分离，提高前置机性能以及可扩展性和可维护性。

（2）数据存储与数据处理能力优化。

基于大数据平台对数据存储、数据处理层进行技术升级改造，其中数据存储采用分布式存储及消息队列缓存，以弥补关系型数据库在存储与分析处理海量数据方面的不足。

（3）服务交互水平提升。

随着采集系统的深化应用，越来越多的业务系统都要求从采集系统获取相关数据，且不同系统对所需的数据要求很多是一致的。繁多的接口、重复读取数据对采集系统本身造成了很大的接口服务压力，带来巨大的运维压力和数据不一致风险。可以建立一套统一的采集数据对外服务发布平台，支持多种数据的高速接入，实现外部系统业务流程交互，实时数据、静态数据发布，满足多种应用交互和业务融合的要求，并保证系统自身安全。

2."高效"数据通信网络

建立采集业务的通信网络，提高管理和运行效率，建立高效完善的业务模型，考虑通信网络的交互性和广泛适用性。研究面向对象的通信协议和双模通信、宽带载波等相关采集通信技术标准，开展大流量数据实时交互技术的研究，引领数据采集和信息交互技术的发展。

（1）通信性能优化。

1）通信模块互联互通。当前各种本地通信技术方案，由于各厂家实现方式不同，导致设备之间不能互联互通。通过发布统一标准，按照标准进行测试，约束各厂家实现方式，最终实现通信模块互联互通，提升设备管理水平。

2）通信速率提升。随着业务不断发展，窄带载波的通信速率，已渐渐不能满足时效性较高的费控业务以及高频数据采集。通过推广新的本地通信技术，提高通信速率，提高本地设备管理能力；开展双模通信、宽带载波等相关采集通信技术标准的制定，进一步满足用电信息采集系统通信要求。

3）通信协议改进。采用面向对象通信协议，统一本地通信协议与远程通信协议。由于该协议具备良好的扩展性，支持个性化业务定制以及支持一次通信完成多个任务，可大幅提升数据采集效率和终端利用效率。

（2）信道故障诊断优化。

通过完善采集系统通信信道的监测与管理功能，提供远程信道、本地信道进行在线监测、故障诊断和管理的技术手段，提供远程、现场辅助运维工具，建立通信信道故障诊断模型，降低运维的复杂性，从而提高运维的精准性。

3."智能化"采集终端

进一步完善采集终端功能,提升终端智能化水平,增加自我诊断和修复的能力,完善电能表功能,进行软硬件升级以满足新要求。

(1)终端硬件模组化。

采用模块标准化设计,使模组化终端的各模块均具有独立的功能,可任意选配、单独生产、单独检测,将对终端的生产和使用都带来极大的便捷。实现统一的电源管理设计,监测各个功能模块的运行状态,每一路都能进行单独电源控制,最大限度降低终端的功耗。实现多模通信,通过配置不同的通信模块具备多种不同的通信方式,对不同通信信道优缺点进行互补。

(2)终端软件标准化。

1)采集终端操作系统统一。研究现有嵌入式操作系统 Android、Linux 等主流操作系统的技术路线、性能差异、实时性、扩展性、兼容性,在合适的操作系统平台基础上研究扩展操作系统的底层驱动接口和上层平台接口,统一功能模块与本体终端之间的接口,开发设计支持功能模块替代的采集终端统一操作系统。

2)终端软件远程安全升级。提出采集系统主站远程自动升级海量任务优化算法和采集终端升级更换策略,研究开发远程升级调度及安全管理系统,实现终端升级程序的加密功能,防止终端升级失败造成设备故障,提高采集终端批量升级可靠性与主站运行稳定性,降低运行维护成本。

3)终端状态监测。采集终端自身设备应增加设备自身运行状态监测,实现对采集终端预警提示,并可自主式开展设备运行缺陷消缺处理,通过与主站交互实现运行消缺。

4."双芯"智能电能表

(1)计量部分以及非计量部分分离。新一代智能电能表将着力适配 IR46 国际标准及后续即将出台的相应国家标准,实现计量芯片与功能芯片"双芯"独立,改进动态测量、谐波等计量性能,完善参数保护等软件性能,实施测量数字化,确保表计法制计量部分准确性不受非计量部分的影响。

(2)设备质量优化。提升电池、负荷开关等关键元器件质量,应用模组化提升设备元器件互换性,优化提升设备软件、硬件长期运行可靠性等,确保电能计量准确可靠、设备质量运行稳定。

第二节　用电信息采集系统的组成

一、用电信息采集系统的组成

用电信息采集系统由系统主站、远程通信、采集终端(简称终端)、本地通信、客户侧的电能表与配电开关等配套设施组成。其系统组成如图 4-1 所示。

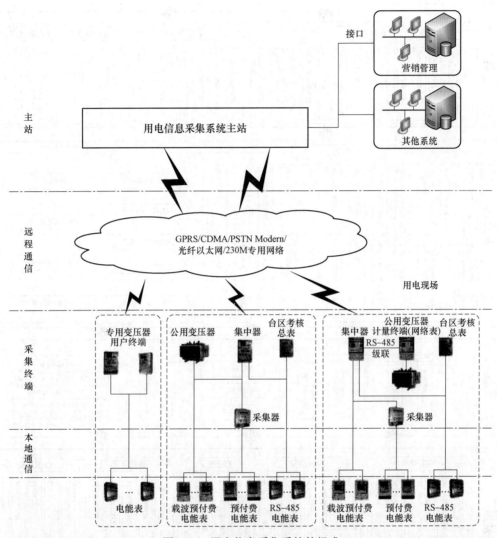

图 4-1　用电信息采集系统的组成

随着采集系统技术和应用的发展，最初的采集系统设计在功能扩展、新型业务支撑、业务过程管控和主站运行监测等方面存在严重瓶颈。近年来，国内开展了新一代用电信息采集系统的研究、设计和开发。

新一代用电信息采集系统从系统架构、数据采集处理分析、通信技术、采集终端、营销及其他各专业的需求等角度，更加有效地提高电能计量、自动抄表、智能费控等营销业务处理的自动化程度，有效支撑新能源开发、阶梯电价执行和双向互动服务的开展。

新一代用电信息采集系统不只是一个数据采集的平台，而更是一个高级应用平台，具备准实时性、可靠性、安全性、扩展性和足够的适应性。

新一代用电信息采集系统整体功能架构如图 4-2 所示。

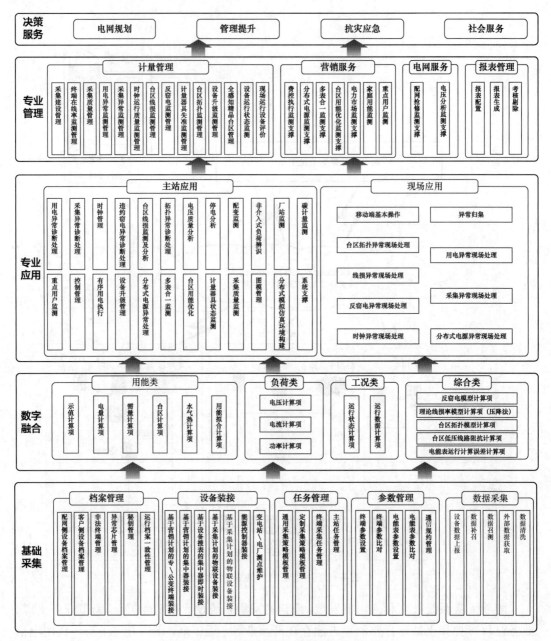

图4-2　新一代用电信息采集系统功能架构

（一）系统主站

系统主站，或称主站、中心站、管理中心，是用电信息采集与监控系统的核心，是由计算机、网络、软件、通信等软硬件构成的信息平台，包括交互服务子域和采集业务子域。在对终端实现数据收集和负荷控制的基础上，实现数据的分析、处理与共享，为需求侧管理的实施提供技术手段，为电力营销管理业务提供服务和技术支持。

（二）通信信道

信道，或称通道，是连接主站和终端之间的通信介质、传输、调制解调、规约等的总称。用电信息采集系统使用的通信信道有 230MHz 无线信道、公网信道（包含 GSM，GPRS 和 CDMA）、中压电力载波、光纤和北斗短报文服务等，现在基本以无线公网信道为主，辅助于其他通信手段。

（三）用电信息采集终端

终端是安装在客户侧用于实现用电信息采集与监控功能的智能装置，能完成对客户端实时用电数据、计量工况和事件的采集及实现用户负荷控制，并及时向系统主站传送采集的数据和信息。

用电信息采集终端包括专变终端、融合终端、集中器、能源控制器、分布式能源控制器和采集器等。

（四）外部相关设备

采集系统外部相关设备是指与采集系统相关，用于获取相关数据的一次设备，主要包括用户侧电能表、回路状态巡检仪、配电开关设备、门接点和温度传感器等。

二、用电信息采集系统设备

（一）主站

1. 用电信息采集与监控系统主站的组成

主站是用电信息采集与监控系统的管理中心，管理全系统的数据传输、数据处理和数据应用以及系统的运行和安全，并管理与其他系统的数据交换。它是一个包括软件和硬件的计算机网络系统。

（1）计算机及网络设备。

数据库及应用服务器。系统数据服务器的配置主要依据系统的数据及数据处理量的规模。一般配置服务器，以双机热备方式运行。

采集服务器。系统具有多采集服务器负载均衡、多线程并发的通信调度机制，根据接入系统大用户点数考虑采集服务器的数量配置。采集服务器数量可根据系统建设的进度及需要适时扩充。

认证服务器。认证服务器负责为终端的连接接入提供合法认证。认证服务器配置中低档 PC 服务器。

接口服务器。接口服务器负责和电力营销系统、生产管理系统、电能量采集系统等外部的数据交换。

存储备份硬件。大用户用电信息采集与监控系统接入点数量多、数据量大，随着系统的投入运行，数据量的增长快，考虑到系统的重要性和对数据的保存，必须考虑数据的存储及系统备份。

其他硬件。主要包括应用网络设备：配置以太网交换机，以负载均衡方式工作。配置路由器和防火墙。

主站网络。主要包括服务器主网络、通信子网、工作站子网以及与营销内部系统和营销外部系统互联等 4 部分，其中服务器主网络主要由数据服务器、应用服务器、备份服务器以及主网络交换机等设备组成；通信子网由前置服务器集群以及通信子网交换机等设备组成；工作站子网由各地市电力公司远程工作站、省（直辖市）公司工作站以及相关网络设备组成；与营销内部和外部系统互联主要由接口服务器、防火墙等设备组成。网络设计应满足网络通信的带宽要求和访问安全性要求。

（2）前置机。

前置机负责用电信息采集与监控系统无线、有线网络的通信，前置机通过通信模块管理系统的数据通信设备，接受系统的通信服务请求并通过通信信道，与终端设备进行通信。前置机通信模块具有多个通信信道且采用多线程技术管理，只要本模块管理的信道之一处于主信道状态，模块即处于值班状态。

前置机要求配备稳定可靠的网络通道，以应对有可能在特定时刻出现的大流量数据。

前置机应支持多种通信规约。采用多线程技术，实现多信道的并发，并可实现值班机动态参数配置和遇到掉电等灾害后的自动恢复功能。

前置机的基本操作包括：前置机通信模块的启动、监视通信报文的收发、手工报文的发送。

（3）工作站。

工作站主要进行数据处理，完成各项操作及各自承担的系统管理任务。如打印工作站，负责数据处理及打印管理；系统维护工作站，对系统的工作软件进行维护；数据分析工作站，负责数据的统计分析工作等。

2. 用电信息采集与监控系统软件

用电信息采集与监控系统，软件可分为采集层、基本功能层、扩展功能层，功能结构如图 4–3 所示。

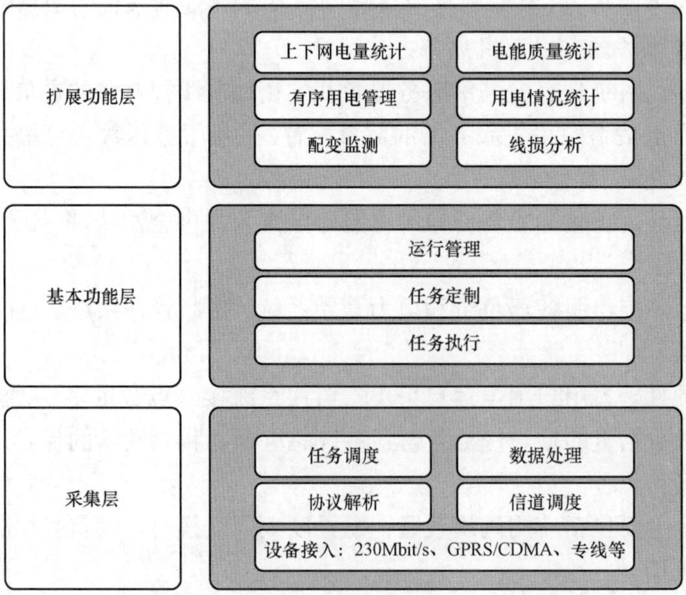

图 4–3　用电信息采集系统软件功能

随着采集系统的发展，系统的扩展功能被不断丰富。其主要功能包括：

（1）网络通信功能。

网络通信模块是系统信息交换的通信基础，采用 TCP/IP 协议进行各工作站之间、各进程之间的通信。主要功能包括管理本机进程、通信报文转发、系统消息传递等。在启动其他需要进行信息交换的模块（如中心控制、负荷控制管理系统、变电站管理系统、前置机、定时任务等）之前，必须首先运行网络通信模块。

（2）前置机通信功能。

前置机通信模块管理系统的数据通信设备，接受系统的通信服务请求，通过通信通道，与终端设备进行通信。前置机通信模块采用多线程技术管理多个通信通道，具有基于信道的主备功能，只要本模块管理的信道之一处于主信道状态，模块即处于值班状态。

（3）中心控制功能。

中心控制模块的功能是系统运行信息的管理和功能模块的调用与管理。包括主站系统网络运行状况图、设备运行状态统计、中继站的管理、定时任务、主站系统操作员配置、主站系统公用地址配置、值班日志管理和系统异常情况分析等。

（4）负荷控制管理功能。

负荷控制管理功能是用电信息采集系统主站软件中最基本的一部分，实现了对用户的参数档案管理、用电监测、控制，并且扩展了远方抄表、表计监测、购电控制、防窃电分析、负荷分析等功能。

（5）居民集抄管理功能。

系统软件用于居民电表数据的采集，采用的通信方式主要有无线和有线两种方式。能够对居民电能表的各项数据进行自动采集，能对数据进行分析、归类、处理、存库和显示，并打印成报表便于存档。

（6）资源管理调度功能。

用电信息采集与监控系统在进行需方调峰资源调度、改善电网负荷特性和电力零售市场运作工作中起到很大的作用。

（7）变电站电量采集功能。

变电站电量采集是用电信息采集与监控系统主站软件中的基础部分，实现了对变电站的各条线路的表计数据采集，为统计电网供售电量、分析线路损耗、分析母线平衡等功能提供数据依据。

（8）公用配电变压器管理功能。

公用配电变压器管理是用电信息采集与监控系统主站软件中的基础部分，实现了对公用配电变压器监测设备进行监测和数据查询分析。

（二）采集终端

用电信息采集与监控终端（简称终端）是用电现场服务与管理系统及用电信息采集与监控系统中的重要设备之一，主要用于对用户的用电信息采集与监控。随着用电信息采集系统的发展，采集系统由最初的用电信息的采集与监控发展为基于万物互联的用电信息网络，其设备包括专变/公变终端、集中器、采集器、能源控制器、回路状态巡检和功能模组等，特别是能源控制器，以客户侧海量设备泛在接入为出发点，以边缘计算设计理念为指导强化边云协同，遵循"硬件模组化、模组产品化""统一操作系统""应用 App 化""边缘开放、强化安全"设计思路，大大提升了终端智能化水平、灵活接入能力、本地化实时处理水平和决策能力。终端根据系统发来的遥控及报警命令进行跳闸及报警，而且可将用户的实时功率数和执行有序用电的结果主动上报系统，或随时按系统的命令发给系统。这样既确保实施全局的有序用电措施，又便于用户实施自我控制和生产安排，从而最大限度地提高电力的社会经济效益。

用电信息采集终端设备按应用场合分为厂站采集终端、专用变压器采集终端、公用变压器采集终端、低压集中抄表终端（包括低压集中器、低压采集器）和能源控制器。按功能分为有控制功能和无控制功能两大类终端。按通信信道分为 230MHz 专用无线网、无线公网（GSM/GPRS，CDMA 等）、电力线载波、有线网络、公共交换电话网以及其他信道等终端。

采集终端主要用于电力线路、电力用户的负荷监测、控制及远程抄表，可广泛用于城市电网、农村电网。

终端的主要功能包括：实时测量用户的三相电压、电流、有功、无功、功率因数等瞬时值的遥测功能；通过终端测量的电压、电流、功率、电量、功率因数、相位角、相序等电力参数，用以防窃电的功能；用电管理部门通过终端管理软件对某一用电负荷管理终端进行拉合闸的负荷控制功能；上电、掉电、编程、校时、需量清零、断相、过电压、失电压、失电流、逆相序、超负荷、三相电流不平衡、TA 一次短路、TA 二次短路、TA 二次开路、计量箱开门等事件的发生时间、状态和数据的事件记录功能；负荷曲线的存储及上报功能；终端通过 RS–485 通信接口，能读取多种协议电能表的远方抄表功能，包括功率闭环控制、时段控制、厂休控制、营业报停控制、功率定值下浮控制、电能量定值闭环控制、月电能量定值控制等的负荷管理功能，终端异常报警功能等。

用电信息采集与监控终端一般由主控单元、显示操作单元、通信单元、输入输出单元、交流采样单元及电源等组成。

（1）主控单元。完成所有数据采集及处理、控制、数据通信、语音提示功能及协调其他模块的工作。

（2）显示单元。用于负荷管理终端实现必要的数据、状态、信息显示输出以及键盘输入，是终端的人机界面部分。

（3）输入输出单元。完成输入信号的调理及隔离、输出信号的驱动及隔离。这里所说的输入、输出信号主要是指遥控、状态量、脉冲量、模拟量和抄表等。

（4）通信单元。实现数据通信的单元。通信单元可以是 230MHz 电台、GPRS 模块、CDMA 模块、Modem 及以太网卡等。

（5）交流采样单元。通过电流或电压互感器采集实时电网交流信号，用以计算电压、电流、功率、电量、相角、频率、谐波等。

（6）电源系统。由高可靠性电源将交流输入转换为各模块所需的直流供电，一般有开关电源和线性电源两种。电源要求有较高的可靠性和转换效率。

与电能表的驱动元件一样，交流采样部分分为电压通道和电流通道，分别连接被测电路的电压和电流回路。特别需要注意的是，高压环境电压互感器和电流互感器各有两个，电压互感器和电流互感器都应有两个绕组，一个绕组用于电能表计量使用，另一个绕组用于用电信息采集与监控系统终端的交流采样单元。电压和电流数值通过电压电流通道缓冲放大，经AD 变换转化为数字信号，单片机的 CPU 读取数字信号，计算出相关电能量数值。

1. 专变终端

专变采集终端是对专变用户用电信息进行采集的设备，可以实现电能表数据的采集、电能计量设备工况和供电电能质量监测，以及客户用电负荷和电能量的监控，并对采集数据进行管理和双向传输。主要应用于变电站和专变用户。

（1）远程通信接口。专变采集终端与主站数据传输通道可采用专网 230MHz，无线公网（GPRS、CDMA、4G 等）、公共交换电话网 PSTN、以太网、光纤等通信方式。

（2）本地通信接口。

1）专变采集终端的本地抄表接口应采用 RS-485 接口，通信速率自适应，支持9600b/s，校验方式为偶校验，数据位为 8 位，停止位为 1 位；

2）调试维护接口可采用调制红外、RS-232、USB 接口之一，一般采用调制红外接口，调制红外接口通信速率 1200b/s。

（3）结构。GPRS 终端由 LCD 液晶显示器、遥控遥信模块、GPRS 模块、数据接口、通信接口、交流采样接线端子、通信信号接线端子等部分组成，结构如图 4-4 所示。

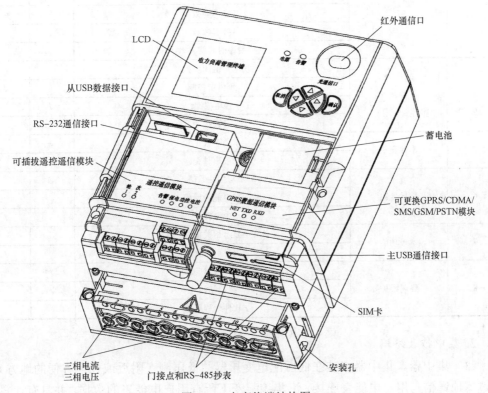

图 4-4　专变终端结构图

（4）功能。根据国家电网公司专变终端的技术规范，专变采集终端的功能如下表所示，包括必备功能和选配功能。中交流模拟量采集可为异常用电分析和实现功率控制提供数据支持。必备功能和选配功能见表4-1。

表4-1   专 变 终 端 功 能 表

序号	项目		必备	选配
1	数据采集	电能表数据采集	√	
		状态量采集	√	
		脉冲量采集	√	
		交流模拟量采集		√
2	数据处理	实时和当前数据	√	
		历史日数据	√	
		历史月数据	√	
		电能表运行状况监测	√	
		电能质量数据统计	√	
3	参数设置和查询	时钟召测和对时	√	
		TA变比、TV变比及电能表脉冲常数	√	
		限值参数	√	
		功率控制参数		√
		预付费控制参数		√
		终端参数	√	
		抄表参数	√	
		费率时段等参数	√	
4	控制	功率定值闭环控制		√
		预付费控制		√
		保电/剔除	√	
		遥控		√
5	事件记录	重要事件记录	√	
		一般事件记录	√	
6	数据传输	与主站通信	√	
		与电能表通信	√	
		中继转发		√
7	本地功能	显示相关信息	√	
		用户数据接口		√
8	终端维护	自检自恢复	√	
		终端初始化	√	
		软件远程下载	√	

2. 集中抄表终端

（1）集中器。集中器安装在低压配电变压器的低压侧（附近或任何方便的地方），通过本地通信与用户电能表连接，汇集该配变下所有用户电能表的数据，并具有计算线损、数据压缩、支持当地/远方软件的在线升级等功能，应用于各低压电力用户采用集中抄表的场所。

集中器能够通过设定或定时采集并存储电能表的各项数据，并能通过无线模块（4G/GPRS/CDMA）和以太网有线网络与主站交换数据。支持超大数据存储空间，支持1000只单相计量用户的数据存储和32只三相计量用户的数据存储，并且保证停电后数据可保存10年不丢失。终端具有远红外、RS-485等通信接口。

集中器分为Ⅰ集中器和Ⅱ型集中器，如图4-5所示为Ⅰ型集中器，图4-6所示为Ⅱ型集中器，Ⅱ型集中器常称作无线采集器。

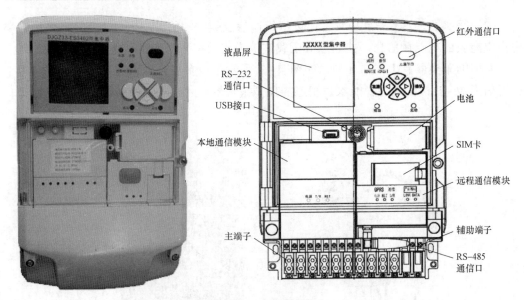

图4-5 Ⅰ型集中器

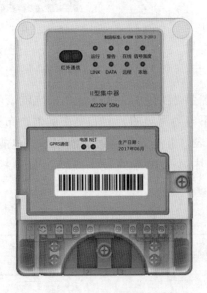

图4-6 Ⅱ型集中器

Ⅰ型集中器和Ⅱ集中器比较见表4-2。

表 4-2   Ⅰ型集中器与Ⅱ型集中器的比较

通信方式 集中器	本地通信	远程通信	现场维护
Ⅰ型集中器	可更换本地通信模块（载波、微功率无线）；RS-485 通信接口；红外通信口	GPRS/CDMA/4G；以太网口	具有液晶显示屏，现场可通过操作按钮调试集中器，也可用掌机通过红外口调试终端
Ⅱ型集中器	RS-485 通信接口、红外通信口	GPRS/CDMA/4G	无显示屏，现场只能用掌机通过红外口调试终端

（2）采集器。采集器是指具备通过下行通信 RS-485 信道与电能表相连，采集多个用户电能表的电能量信息，并通过低压载波信道将数据传送到Ⅰ型集中器的设备。

常用的采集器有Ⅰ型和Ⅱ型，如图 4-7 所示。在多表合一采集系统中，有用于下行通信为 M-Bus 信道与智能水表相连的Ⅳ型采集器。

（a）   （b）

图 4-7 采集器

（a）Ⅱ型采集器；（b）Ⅰ型采集器

采集器从功能上来说主要是实现 RS-485 通信的电能表与Ⅰ型集中器之间的通信，另外可以实现Ⅰ型集中器下电力用户的分散和集中的混合布置。根据采集器规范，Ⅰ型采集器最多能接 32 只电能表，Ⅱ型采集器最多能接 8 只电能表。

根据国家电网公司集中抄表终端的技术规范，集中抄表终端的功能如表 4-3 所示。

表 4-3   集中抄表终端的功能

序号	项目		Ⅰ型集中器		Ⅱ型集中器		采集器	
			必备	选配	必备	选配	必备	选配
1	数据采集	电能表数据采集	√		√		√	
		状态量采集	√		√		√	
		交流模拟量采集	√		√			

续表

序号	项目		Ⅰ型集中器		Ⅱ型集中器		采集器	
			必备	选配	必备	选配	必备	选配
2	数据管理和存储	实时和当前数据	√		√			√
		历史日数据	√		√			√
		历史月数据	√		√			√
		重点用户采集	√					
		电能表运行状况监测		√	√			
		公变电能计量		√				
		电压合格率统计			√			
3	参数设置和查询	时钟召测和对时	√		√			√
		终端参数	√		√			√
		抄表参数	√		√			√
		其他（限值、预付费等）参数	√		√			√
4	事件记录	重要事件记录	√		√			
		一般事件记录	√		√			
5	数据传输	与主站（或集中器）通信	√		√		√	
		中继（路由）	√				√	
		级联		√				
		数据转发（通信转换）	√		√		√	

3. 智能配变终端

智能配变终端（TTU）综合了先进的嵌入式操作系统技术、交流采样、多种通信方式、TCP/IP 网络等技术而成的新一代终端，主要用于 10kV 变压器的低压侧 380V 供电系统，负责对配电变压器各参量进行全面监测、监视剩余电流动作保护器中剩余电流值以及运行状态、监测配电台区进出线开关状态、无功补偿电容器以及滤波器的投切状态、实现配电台区的电能信息采集以及电能质量管理等。它既能实时监测电能表的数据，又能通过无线模块（GPRS/CDMA）与主站实时交换数据，将配电台区监测采集到的数据以及监测电能表的数据上传主站，同时主站可向终端用户提供数据查看和设备远程操作功能。如图 4-8 所示。

配变台区以智能配变终端为台区数据中心，通过 RS-485 有线、RFMesh 微功率无线和宽带载波等通信技术手段，与低压配网设备进行就地化数据交互，实现配电变压器侧、线路侧及用户侧数据采集。同时融入"边缘计算"理念，强化配变终端本地数据处理及控制能力。

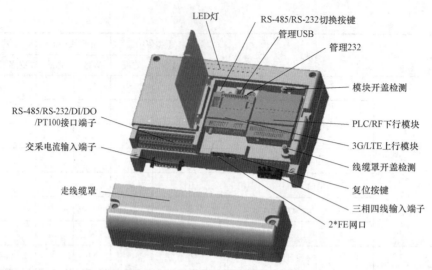

图 4-8 智能配变终端模块与接口

（1）硬件架构。智能配变终端硬件采用分布式边缘计算技术架构，应用 RTOS 实时操作系统；采用容器技术，提供标准的开发语言函数，方便应用程序的开发移植；采用嵌入式实时数据库，方便不同业务之间的数据共享，解耦应用间关联，支持按业务或功能的小粒度进行升级或部署。配变终端的功能逻辑架构如图 4-9 所示。

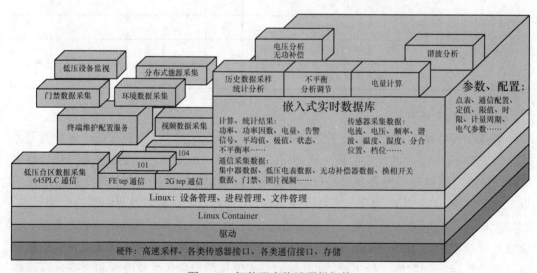

图 4-9 智能配变终端逻辑架构

1）CPU 核心模块。工业级 32 位处理内核与外设的 NAND Flash、Nor Flash、SDRAM、FPGA、RTC、WATCHDOG 等构建统一的核心硬件平台。

核心硬件平台能对三遥数据进行处理、存储和传输。

2）三遥模块。三遥模块是指遥测、遥信、遥控功能。遥测模块用于交流采样，能够采集包括母线以及三条馈线共 4 条线路，每条线路包含三相电压、电流。电流采集能够对二次侧 CT 额定电流量程自适应。遥信板能够同时采集 32 路硬遥信、64 路虚遥信。遥控电路具有 16 路独立输出，具备软硬件防误动措施，保证控制操作的可靠性。

3）通信模块。通信模块包含 2 路 RS-485、2 路 RS-232、4 路以太网，内部使用串口与蓝牙模块、GPRS 模块、以及液晶模块通信，各路相互独立，可选配多种规约。

4）其他功能模块。终端通过温、湿度传感器对配电箱的温度、湿度信息进行实时监测。另外，还采集 4～20mA 的两路直流模拟量，可用于变压器油温、瓦斯浓度等直流量的监测。终端还设计了包括液晶、蓝牙、LED、故障报警蜂鸣器等人机接口，大大提高了运维效率。

（2）软件架构。终端的软件设计采用实时嵌入式操作系统构建统一的系统平台，具有良好的可靠性和实时性。采用嵌入式 SQLLite 数据库技术，实现数据的统一管理和存储功能。

软件系统采用三层结构：

1）操作系统层。采用实时嵌入式操作系统作为上层程序运行的软件平台，实现应用软件的多任务多进程调度，还可以有效地优化系统硬件资源的管理。

2）业务支撑层。提供应用软件实时数据支撑，以及任务调度、通信管理、存储管理等，并且与数据库实时同步。

3）应用功能层。实现应用软件数据分析、通信规约解析、事件处理、载波（小无线）抄表算法、人机接口等功能。

（3）主要功能。智能配变终端支持应用功能和计算服务的灵活部署、持续集成和升级发布，借鉴 App 软件应用理念，构建智能配变终端 App 应用市场，可根据配电台区实际应用需求，灵活部署配变终端相应功能，满足未来配电台区变化的应用需求。

智能配变终端主要包括以下功能：

1）台区（含所变、箱变和杆变）运行监测；

2）油温、瓦斯浓度、进出线开关、电容器投切开关、配变终端运行状态监测；

3）电压、电流、电压合格率、谐波、闪变、瞬间过电压等；

4）配电变压器保护：欠压、过压、过负荷、过热保护；

5）典型低压用户停复电事件主动上报；

6）智能配变终端与低压集中器交互；

7）户变连接关系自动识别与精准校验；

8）低压台区各节点及末端电压监测。

4. 能源控制器

能源控制器（energy control and monitoring terminal unit，简称"ECU"）是安装在低压台区的智能化采集和控制终端，采用硬件模组化、系统平台化、功能软件化设计，可实现客户侧和配电侧计量与感知设备的灵活接入。

能源控制器用于计量、测量、边缘计算，具有电能计量、数据采集、配变监测、智能控制、电动汽车有序充电、用能管理、户变关系识别、时钟同步、停电事件上报等功能。在低压居民台区，以变压器为中心，以居民用户为末端节点，基于 HPLC 载波技术形成台区能源控制网络，实现台区计量、变压器监测、环境量采集、分支/表箱设备采集、居民用户电能、水、气、热能计量数据采集，以及台区负荷控制及优化，还可用于电动汽车有序充电、分布式能源管理、电能质量分析等。

能源控制器最早源于 2014 年由国家电网公司营销部组织开展的模组化终端预研项目。在用电信息采集系统建设过程中，存在原有用电信息采集终端在部分地区存在功能与需求不匹配和通信方式单一的问题，不能满足各地区的差异化需求，此外终端的种类较多，对制造企业的要求较高，制约了生产企业规模化生产。如果将用电信息采集终端设计成多个功能独立的模组结构型式，并按各地区实际需求配制相应的模组组合，可形成具有不同功能的终端，以满足市场对用电信息采集终端多样化的需求。基于上述原因，基于模组化外型的能源控制器应运而生，形成了以"产品模组化、模组产品化"为核心理念，并结合工业总线、分布式电源设计、嵌入式系统、大容量存储、多信道兼容互换等先进技术，通过对用户需求的理解和分析，将终端分解成多个独立、通用的功能模块。

能源控制器采用模组化设计，在不同的应用场景中，对各种输入/输出接口的要求不尽相同，能源控制器通过不同种类的功能模组配合，实现对终端形态的重新定义。功能模组通过 USB 总线安装在能源控制器的本体上，用于扩展本体功能。功能模组包括远程通信模块（如 4G 通信模块、5G 通信模块等）、本地通信模块（如电力线载波通信模块、微功率无线通信模块、RS-485 通信模块、M-Bus 通信模块、CAN 通信模块等）、控制模块、遥信脉冲采集模块、回路状态巡检模块等。

模组产品化就是具有独立功能，具有一致的几何连接接口和一致的输入、输出接口的单元模块可做为实现某一功能的设备进行独立开发制造，可单独进行采购，并进行单独的资产管理。模块采购与终端本体采购相互独立，根据现场实际需求采购，避免资源浪费。

能源控制器基本构成如图 4-10 所示。

（1）软硬件系统。

1）硬件架构。终端硬件架构组成如图 4-11 所示，由电源计量模块、主控模块、后备电源、功能模组构成。电源计量模块提供终端整机正常运行的电源，同时实现独立的计量相关功能；主控模块是显示和业务处理的核心单元；功能模组采用可插拔设计，用于扩展本体功能。终端具有五个功能模组槽位，可配置的功能模组包括但不限于本地通信模组、回路状态巡检模组、无线远程通信模组、RS-485 模组、遥信脉冲模组、控制模组等。

2）软件架构。终端软件架构组成如图 4-12 所示，分系统层和应用层，系统层包括统一嵌入式操作系统、硬件驱动、系统接口层、HAL，操作系统通过系统接口层为应用层提供系统调用接口，通过 HAL 提供硬件设备访问接口；应用层包括各类 App，App 包括基础 App、边缘计算 App、高级业务 App 以及其他 App，App 之间通过消息总线进行数据交互。

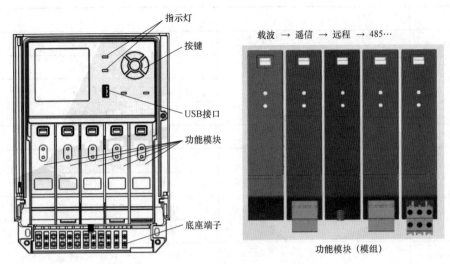

图 4-10 能源控制器及模组

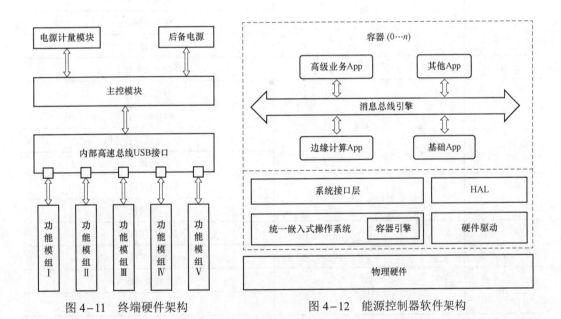

图 4-11 终端硬件架构　　　　图 4-12 能源控制器软件架构

（2）能源控制器的功能。能源控制器根据应用场景分成公变和专变，根据应用场景可配备不同的功能模块形成对应的设备。如公变标配 HPLC 模块、远程通信模块、回路巡检模块、遥脉模块、RS-485 模块；专变标配控制模块、远程通信模块、回路巡检模块、遥脉模块、RS-485 模块。

能源控制器基于统一的基础 App，根据统一的接口标准，可实现不同设备厂家相同功能高级 App 的互换以及新功能 App 的拓展安装。

能源控制器配备的功能如表 4-4 所示。

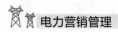

表 4-4　　　　　　　　　　　　　能 源 控 制 器 的 功 能

序号	项目	
1	数据采集	电能表数据采集
		状态量采集
		脉冲量采集
		直流模拟量采集
2	电能计量	电能计量
3	数据处理	数据冻结
		数据统计
		电能表运行状况监测
		数据压缩
4	参数	设置和查询
5	控制	功率定值控制
		电能量控制
		保电和剔除
		远程控制
6	事件	事件记录及主动上报
7	数据传输	与主站通信
		与电能表通信
		与台区智能设备通信
		代理
8	时钟及定位	时钟自动同步
		卫星定位
9	本地功能	显示相关信息
		本地维护接口
10	终端维护	自诊断及自恢复
		远程升级
11	安全防护	硬件安全防护
		系统层安全要求
		终端接入安全要求
		业务数据交互安全要求
		终端运维安全
		安全在线监测
		网络防火墙

续表

序号	项目	
12	台区智能监测	配变监测
		剩余电流动作保护器监测
		台区信息监测及预警
13	电能质量分析	电能质量监测
14	低压侧用电管理	台区网络拓扑可视化
		台区线损分析
		台区及相位识别
		低压故障快速研判及上报
15	电能质量设备管理	电能质量设备采集与监控
16	能效管理	能效监测及分析
17	分布式能源管理	分布式能源运行状态监控
18	多元化负荷管理	电动汽车有序用电管理
		居民家庭智慧用能管理
19	回路状态巡检	回路状态巡检
20	负荷识别	用户负荷识别

（3）模组。中国智能量测产业技术创新战略联盟制定的 T/SMI 1014—2021《能源控制器功能模组技术规范》定义了用于能源控制器的功能模组规范。根据该规范，功能模组主要包括通信模组、控制模组、监测模组和多功能组合模组。如图 4-13 所示。

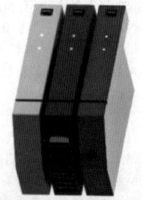

图 4-13 能源控制器功能模组

1）通信模组。通信模组有远程通信模组、本地通信模组、RS-485 通信模组、M-Bus 通信模组和 CAN 通信模组等。

远程通信模组实现能源控制器与远程设备的通信。远程通信模组具备不同网络间自动切换功能，并满足模组互换性要求，支持 FOTA 差分升级；同时能提供实时的时间、经度、纬度等时间及定位状态信息。定位模式至少支持北斗/GPS 双模卫星定位系统，北斗为国产芯片，且可独立工作。

本地通信模组包括低压电力线窄带载波通信模组、低压电力线高速载波模组、微功率无线通信模组和低压电力线高速载波双模通信模组。其功能类似于集中器的本地通信模块，实现能源控制器与本地设备的通信。低压电力线高速载波模组具有网络配置管理、故障管理、性能管理、安全管理等网络管理功能。低压电力线高速载波双模通信模组具有高速载波通信和高速无线通信双模通信功能。

RS-485 通信模组提供透明转发通信通道，波特率及其他通信参数受主机控制，满足 38400bps 传输时信号不失真，支持自识别功能，实现即插即用。模组具有自检和自恢复功能。

能源控制器通过 M−Bus 模组，与具备 M−Bus 接口的电表、水表、气表、热表等设备进行通信。

M−Bus 通信模组实现多表合一的远传抄表，M−Bus 模组提供透明转发通信通道，波特率及其他通信参数受终端控制。

CAN 通信模组主要用于分布式能源系统，实现各节点之间实时、可靠的数据通信。

2）遥信脉冲模组。遥信脉冲模组用于开关量和脉冲量的采集，具备遥信输入检测和脉冲输入计算接口功能。

3）控制模组。控制模组支持通过能源控制器下发的控制命令对模组进行继电器动作，在继电器动作之前具备预动作处理的功能。可通过参数配置继电器输出模式和脉冲输出的宽度。

4）直流模拟量采集模组。直流模拟量采集模组实现电压信号测量和采样功能，根据采样值计算得出温度值，误差不超过 ±1℃；同时具备直流模拟量采集功能，误差不超过 5%。对信号采样计算具备校正功能，校正参数应保留不丢失。计算时能对数据进行平滑，防止出现干扰值。

5）回路状态巡检模组。回路状态巡检模组可实时监测 TA 二次回路正常连接、TA 二次回路开路、TA 二次端子分流、TA 一次分流、TA 回路串接整流设备等 5 种状态。

6）负荷识别模组。负荷识别模组可实现用户内部主要设备运行情况监测，包括主要设备启停事件、负荷曲线异动数据采样，其中主要设备启停事件包括启动事件、停机事件、属性识别、类型识别、名称识别等 5 项功能。

7）多功能组合模组。把前述二个以上模组功能根据需要集成在一个模组中，形成多功能模组。多功能模组通过一个模组位实现多个模组功能。

三、通信信道

按照《电力负荷管理系统建设通用方案》中的设计，分为远程通信网络和本地通信网络两大方案。远程通信是指采集终端和系统主站之间的数据通信，可分为专网通信及公网通信。本地通信是采集终端与本地设备的数据通信。

远程通信包括光纤通信、无线公网通信、无线专网通信、中压电力线载波通信、PSTN 和 ADSL 等公用有线信道通信等；本地通信网络包括窄带电力线载波通信、高速电力线载波通信、微功率无线通信、RS−485 通信等。

（一）远程通信网络

1. 光纤通信

（1）通信技术原理。光纤通信是利用光波在光导纤维中传输信息的通信方式。光纤通信又分为有源光网络通信和无源光网络通信。有源光网络是指局端设备（OE）和远端设备（RE）之间，通过有源光传输设备相连，在节点和节点之间都需要经过光—电—光的转换。无源光网络（PON）作为一种新兴的宽带接入光纤技术，其在光分支点不需要节点设备，只需安装一个简单的光分支器即可。

（2）适用范围和对象。基于配电网络敷设的光纤专网还需要变电站通信网络的续接，除了投资成本外，在适用范围上受到两个方面的制约：一是变电站光纤通信网络的覆盖范围；二是工程施工所能敷设的范围。在架空线路上铺设光缆成本很低，适合铺设；在具有电力管道路径的线路上铺设也不困难，比较适合；在没有电力管道路径的线路上，需要综合考虑铺设的成本、难度等因素。

目前 35kV 及以上变电站已形成骨干光纤网，具备了向下延伸的网络基础。

2. 无线公网通信

（1）通信技术原理。无线公网通信是指电力计量装置或终端通过无线通信模块接入到无线公网，再经由专用光纤网络接入到主站采集系统的应用，目前无线公网主要有 GPRS、CDMA 和 4G 等，5G 基本上还未使用。

GPRS 是通用分组无线业务（General Packet Radio Service）的英文简称，是在现有 GSM 系统上发展出来的一种新的承载业务，目的是为 GSM 用户提供分组形式的数据业务。GPRS 允许用户在端到端分组转移模式下发送和接收数据，而不需要利用电路交换模式的网络资源，从而提供了一种高效、低成本的无线分组数据业务，特别适用于间断的、突发性的和频繁的、少量的数据传输，也适用于偶尔的大数据量传输。

CDMA 是码分多址的英文缩写（Code Division Multiple Access），它是在数字技术上的分支—扩频通信技术上发展起来的一种新的无线通信技术。CDMA 技术的原理是基于扩频技术，即将需传送的具有一定信号带宽信息数据，用一个带宽远大于信号带宽的高速伪随机码进行调制，使原数据信号的带宽被扩展，再经载波调制并发送出去。

4G 通信技术是第四代的移动信息系统，是在 3G 技术上的一次更好的改良，其相较于 3G 通信技术来说一个更大的优势，是将 WLAN 技术和 3G 通信技术进行了很好的结合，使图像的传输速度更快。在智能通信设备中应用 4G 通信技术让用户的上网速度更加迅速，速度可以高达 100Mbps。

无线公网信道建设投资小，应用范围广，网络组建灵活、方便快捷。目前 GSM 网络基本覆盖了全国的各个有人居住的角落，绝大部分地方具备 GPRS 数据通信网络。利用 GPRS 通信网络已经可以采集到绝大部分地方，到用电信息采集与监控主站的专线网络也是免费敷设，终端通信模块的价格低廉，体积小巧可内置在终端内，这是一个不需要建设能立即使用的网络。

（2）适用范围和对象。无线公网通信适用于各种地域范围广、分散度高、位置不确定、又要求建设和使用成本都十分低廉的数据采集应用场合，只要在应用环境中有无线公网的信号覆盖，就不受地理环境、气候、时间的限制。

在实际应用中，无线公网信道平均响应时间不大于 5s，单次通信数据量大，可以通过主站软件和硬件的调整来满足接入终端数量增加和需要，具有很强的可扩展性，因此无线公网可以应用于居民集抄、专用配电变压器、发电厂等用电信息采集的组网。

3. 无线专网通信

（1）通信技术原理。230MHz 无线自组网主站电台与终端电台使用一对频点，同一频点下的每个终端都可以接收到主站的无线信号,所以同一个频点下终端需要独立的身份编号,终端识别信号后作出响应,完成通信。230MHz 无线自组网是一个在同一个频点下的点对点通信系统。

(2)适用范围和对象。从 230MHz 无线自组网技术的通道特性来看,230MHz 无线自组网技术适用于以平原或丘陵地带为主,且用户分布密度高的地区。由于 230MHz 的实时性与安全性,主要用于大用户负荷控制、负荷峰谷差大或负荷供应紧张的用户,以及特殊环境下的定向通信。

4. 中压电力线载波通信

(1)通信技术原理。电力线载波通信通过将弱电通信信号耦合到中高压电力线网络中的办法,将信号传输到远程终端,实现方法有通过 FSK,PSK,OFDM 等几种调制方式。

(2)适用范围和对象。该系统可以作为其他通信网络的一个补充方案,在其他通信模块无法到达、暂时没有到达或是铺设成本太高时,可以使用本方案。

从地域范围上来说,该系统应适用于我国大部分地区,可适用于城网、农网等不同中压电网;可以通过架空明线、深埋电缆等媒介通信。

5. ADSL 和 PSTN 等公用有线信道通信

ADSL、PSTN 有线数据传输网是依托中国电信 ATM 网络,实现远程终端数据传输的通信网络,是对现有 230MHz、GPRS 等通信资源的一种补充。适用于没有无线信号覆盖的地下室和部分信号盲点地区。

远程通信方式的比较见表 4-5。

表 4-5　　　　　　　　　　　不同远程通信方式的比较

传输方式	光纤专网	电力无线专网	GPRS/CDMA	北斗通信
建设成本	光纤敷设及硬件设备成本高	初期建设成本高	成本极低	成本低
运行维护	维护费用低	维护费用较高	第三方维护,按流量收费,运行成本高,受制于人	第三方维护,无通信费用,硬件厂家少
容量	容量巨大	容量大	容量不受限制	通信容量有限,通信频度受控
可靠性	可靠性高	可靠性较好	可靠性较好	短报文传输,可靠性低
信息安全	专网运行,安全性高	无线专网运行,安全性较高	公网的专线信道,安全性差	加密传输,安全性较高
影响因素	完全不受电磁干扰和天气影响	受电磁干扰、地形影响大	受具体信道容量影响,存在网络盲区	覆盖范围广,无通信盲区
通信实时性	二层通信,网络实时性强	单次通信快速,但轮询工作方式,速率低,采集数据性差	并发工作,有传输延时,采集数据实时性高	短报文通信,通信频度受限

（二）本地通信网络

本地通信网络用于终端与本地设备的数据传输，主要包括载波通信、微功率无线通信、RS-485 通信及 M-Bus 总线四种。载波通信又分为窄带电力线载波通信和宽带电力线载波通信。

1. 窄带电力线载波通信

电力线载波通信（PLC）利用现有电网作为信号的传输介质，使电网在传输电力的同时可以进行数据传输。根据所用频段的不同，低压电力线载波通信分为窄带电力线载波通信（Lower-Votage Power Line Narrowband Communecation）（10～500kHz）和宽带电力线载波通信（Lower-Votage Power Line Broadband Communecation）（2～20MHz）。窄带载波通信采用 FSK 技术进行模拟信号调制，宽带载波通信采用 OFDM 技术进行模拟信号调制。

（1）通信技术原理。电力线载波通信是将信息调制为高频信号并耦合至电力线路，利用电力线路作为介质进行通信的技术。

低压窄带载波通信是指载波信号频率范围不大于 500kHz 的低压电力线载波通信。

窄带载波的特点：功耗小，传输速率低，通信距离较远，抗干扰能力弱。

（2）适用范围和对象。窄带载波通信技术适用于电能表位置较分散、布线较困难、用电负载特性变化较小的台区，例如城乡公用变压器台区供电区域、别墅区、城市公寓小区。

窄带电力线载波通信作为本地通信信道的一种，主要应用于集中器与采集器和集中器与载波电能表之间的数据通信。

2. 宽带电力线载波通信

（1）通信技术原理。宽带电力线载波也称为高速电力线载波，是在低压电力线上进行数据传输的宽带电力线载波技术。宽带电力线载波通信网络则是以电力线作为通信媒介，实现低压电力用户用电信息汇聚、传输、交互的通信网络。宽带电力线载波主要采用了正交频分复用（Orthogonal Frequency Division Multiplexing OFDM）技术，频段使用 2～12MHz。

与传统的低速窄带电力线载波技术而言，具有带宽大、传输速率高，可以满足低压电力线载波通信更高的需求。

（2）适用范围和对象。宽带电力线载波可广泛应用于各行各业，如物联网、智能家居、智能电表、四表抄收、远程监控、数据采集、能源管理、汽车充电管理、远程抄表、智能楼宇、工业控制、路灯控制等。宽带载波信道在用电信息采集与监控系统中的适用对象为城区集中表箱布置的高层或者多层楼宇居民区。多适用于电能表集中布置的台区，如城乡公用变压器台区供电区域、城市公寓小区等，对采集和管理要求较高的一般工商业户有更好的适应性。

根据国家电网公司 2019 年第一次招标情况，HPLC 相关产品主要应用于集中器 I 型上，相关 HPLC 设备数量总计为 619893 只。2019 年交付数量为 114957 只，2020 年交付数量为 504936 只。

3. 微功率无线通信

无线传感器网络（Wireless Sensor Networks，WSN）是一系列微功率通信技术的通称。

（1）通信技术原理。无线传感器网络 WSN 技术属于一门综合性技术，它综合了传感器技术、嵌入式系统技术、网络无线通信技术、分布式信息处理技术等，能够通过各类集成化的微型传感器节点实时监测、感知和采集各种环境或监测对象的信息，而每个传感器节点都具有无线通信功能，并组成一个无线网络，将测量数据通过自组多跳的无线网络方式传送到监控中心。

（2）适用范围和对象。适用于测量点相对比较分散的场合，如城市或农村一户一表的情况；对集中装表的场合，每个计量表箱内可安装一个无线采集器；在电网质量恶劣无法为载波提供良好的信道的情况下；在用户负载变化大，载波信道不稳定的场合；作为电力线载波通信的补充。

4. RS-485 通信

在本地通信信道中，简单有效的通信方式还是基于 RS-485 总线的有线通信方式。

（1）通信技术原理。RS-485 是用于串口通信的接口标准，由 RS-232、RS-422 发展而来，属于物理层的协议标准。

RS-485 采用平衡发送和差分接收方式来实现通信：发送端将串行口的 TTL 电平信号转换成差分信号两路输出，经传输后在接收端将差分信号还原为 TTL 电平信号。两条信号线为双绞线或同轴电缆，实现基于单对平衡线的多点、双向半双工通信链路。

（2）适用范围和对象。RS-485 在用电信息采集与监控系统中已经有多年的应用，已经非常成熟，适用于以下情况：表箱内采集设备和表计的连接；专用变压器采集终端和多功能电能表之间的通信；新装居民用户的用电数据集中采集。

5. M-Bus 通信

M-Bus 远程抄表系统（symphonic mbus），是欧洲标准的 2 线的二总线，主要用于消耗测量仪器诸如热表和水表系列。

（1）通信技术原理。M-Bus 是一个层次化的系统，由一个主设备、若干从设备和一对连接线缆组成，所有从设备并行连接在总线上，由主设备控制总线上的所有串行通信进程。各个终端设备在主设备发出指令后才能够提供数据，从 M-Bus 物理角度来看各终端设备之间是不会产生数据交换的。

（2）适用范围和对象。M-Bus 是一种专门为消耗测量仪器和计数器传送信息的数据总线设计的，M-Bus 在建筑物和工业能源消耗数据采集有多方面的应用，具有使用价格低廉的电缆而能够长距离传送的特点。在采集系统里主要用于"多表合一"中对水、热表的采集数据交换。

本地通信方式技术比较见表 4-6。

表 4-6 本 地 通 信 技 术 比 较

技术指标	低压窄带载波	HPLC	微功率无线	RS-485	M-Bus
通信可靠性	可靠性好	可靠性较高	可靠性较高	可靠性很高	可靠性高
传输速率	传输速率低，单帧有效数据载荷小	传输速率较高	传输速率低，单帧有效数据载荷高	传输速率很高	传输速率低
实时性	一般	较好	较好	较好	一般
运行维护	安装方便，维护较为频繁	安装方便，可能需要加装中继	无需布线，易实现智能化，运行维护量较小	有线通信，安装成本较高	有线通信，安装成本较高
影响因素	易受干扰	高频信号衰减较快，距离受限	易受建筑物影响	线路易受损，有线距离受限	故障定位和恢复困难

四、通信规约

终端与主站通信（远程通信）应符合 DL/T 698.45《电能信息采集与管理系统》第 4-5 部分：通信协议—面向对象的数据交换协议或 Q/GDW 10376.1《用电信息采集系统通信协议》（主站与采集终端）的要求，终端与电能表的数据通信（本地通信）协议应支持 DL/T 698.45 和 DL/T 645《多功能电能表通信协议》。

集中器与本地通信模块（载波通信模块、微功率无线通信模块）间支持 Q/GDW 10376.2《用电信息采集系统通信协议》（集中器本地通信模块接口），集中器与远程通信模块间支持 Q/GDW 10376.3《用电信息采集系统通信协议》（采集终端远程通信模块接口）。

能源控制器远程通信协议支持 DL/T 634.5-101、DL/T 634.5-104、Q/GDW 11778 和 DL/T 698.45，一般也支持 MQTT 等物联网协议。本地通信支持 DL/T 698.44、T/SMI 1011.2、Q/GDW 11612，与电能表的数据通信协议至少支持 DL/T 645—1997/2007 及 DL/T 698.45 以及其他进口表协议，支持终端连接的已运行计量表采用的规约。

五、采集系统设备调试

采集系统设备调试是指具备用能信息采集功能的实体设备（包括采集终端、采集器、电能表、断路器等）在现场安装完成以后，采集人员通过系统自动或手动功能，在采集系统建立采集关系并进行设备调试的过程。

采集系统设备调试的过程是参数设置、通信检测和设备检测的过程。主要包括远程通信测试、终端抄

测量点：01
有效性：有效
表号：0910000158
通信规约：DL/T645-07
端口：2
波特率：2400kHz
采集器：
大类号：　　　　小类号：
心跳周期：5min

图 4-14　电能表参数

表参数设置、本地通信测试和抄表任务参数设置。在采集系统设备装接完毕，要完成采集功能，需要在终端上配置相应的参数。终端上需要配置的参数包括远程通信参数、抄表参数和抄表任务参数。

1. 远程通信参数

远程通信参数是指终端与主站通信需要配置的参数，包括主站地址、终端地址以及 APN。调试中，主站要能与终端通信，终端上的远程通信参数必须已配置正确，因此这通信参数是在终端安装前就配置好的。

2. 电能表参数

电能表参数是指终端与智能电能表通信时所要配置的参数，主要包括测量点号、通信规约、电能表表号、端口号和波特率。参数设置如图 4-14 所示。

测量点是电能表在终端下测量点的编号；

有效性是指此测量点是否采集；

表号是电能表表号；

通信规约是电能表所支持的通信规约，智能电能表都支持 DL/T 645-07 规约，支持面向对象协议的电能表支持 DL/T 698.45 协议。

端口是指终端上电能表的数据接入口。终端通信端口定义为：

端口 1：终端交流采样接口通信

端口 2：RS-485 1 接口通信

端口 3：RS-485 2 接口通信

端口 4~29：自定义

端口 30：终端级联通信

端口 31：本地通信模块接口通信

本地通信为 RS-485 时，端口默认设置为 RS-485-1（或 2，视终端厂家而异，2 代表 RS-485-1，3 代表 RS-485-2），本地通信为载波通信时，设置为载波（或 31）。

波特率是指本地通信的调制速率。标准速率：600、1200、2400、4800、9600、19200bps。当本地通信为载波时，波特率固定为 1200kHz（窄带载波）或 2400kHz（宽带载波），所以可以不用设。当本地通信为 RS-485 通信时，DL/T 645-07 规约下波特率为 2400kHz，DL/T 698.45 规约下波特率为 9600kHz。如表 4-7 所示。

表 4-7　　　　　　　　　　本地通信的调制速率

通信方式	波特率（kHz）	通信规约
窄带载波	1200	DL/T 645-07
宽带载波	2400	DL/T 698.45
RS-485	2400	DL/T 645-07
	9600	DL/T 698.45
微功率无线	1200	DL/T 645-07

大类号小类号：指用户类别。

心跳周期是指电能表发送脉冲信号的间隔时间，一般设为 5min。

3. 终端任务参数

终端任务是指终端对测量点抄读数据的要求，终端根据终端任务自动采集。终端任务参数配置是根据用户数据采集要求，设置负荷、电量、电能质量、需量等数据项的采集要求。当终端任务参数配置错误时，将出现数据采集不到，引起数据采集异常，但此时人工召测正常。

4. 调试方式

采集系统设备调试根据触发方式的不同，可以分为自上而下和自下而上两种调试方式。

（1）基于采集计划的装接调试。基于采集计划的装接调试，采集系统依据所要调试的设备装拆或需要更改的信息进行设备的装接调试或拆除，其过程是由主站发起，所以也称自上而下调试。主要用于专变/公变终端、本地通信为 RS-485、HPLC 通信的集中器、物联设备和能源控制器等的调试。

自上而下的调试过程是主站根据装拆或故障处理需求，通过通信测试以确定主站与终端的连接，经档案校验确定设备在系统中的合法性，然后进行终端采集参数和采集任务的设置，最后主站进行召测验证，完成终端的调试。

（2）基于搜表的装接调试。基于设备搜表的装接调试（即装即采），是指由现场采集器触发换表事件上报集中器，集中器再将事件（采集器与电能表信息）上报主站，主站依据上报信息从营销系统读取集中器、采集器、电能表资产信息，同时建立测量点，设置测量点参数、采集任务，并将设备关系反馈营销系统，从而完成即装即采的装接过程。此种调试过程是由采集器触发，所以又称为自下而上的调试。

自下而上调试方式的主要优点在于即装即采，即现场设备发生改变后，立即触发调试，完成设备的系统接入，主要用于集抄用户。

六、用电信息采集系统数据采集

数据采集是指采集系统获取现场设备数据的过程。主要包括设备数据上报、数据补召、数据召测和外部数据获取等。

（一）设备数据上报

设备数据上报是指采集设备根据采集系统设置的采集、上报任务，采集并上报任务所要求的采集数据到采集系统，采集系统进行报文解析并将数据入库，并在此基础上开展相应的查询。

上报的数据包括用户负荷数据、电量数据、电能质量数据、事件信息数据、环境数据和非侵入式负荷数据等。

（二）数据补召

数据补召是指对设备上报数据中缺失的数据项进行召测补全的过程，包括系统自动补召和人工补召两种方式。

系统自动补召是采集系统校验设备上报数据完整性后,针对漏点的数据根据主站补召任务自动进行数据补召的过程。

人工补召是指采集主站运维人员查询设备上报数据漏点情况,人工下发数据补召命令的过程。一般人工补召是在系统补召失败,系统产生数据采集异常,由采集主站运维人员进行数据补召。

(三)数据召测

数据召测是指由采集系统或采集主站运维人员发出召测指令,采集系统对终端或电能表进行数据项召测的过程。

数据召测一般用于数据查询和设备诊断分析时采用。

数据召测又分为普通召测和中继召测两种。

普通召测是指主站向终端下发召测命令,终端按命令要求把存贮在终端上的最新一次轮询所得的数据上传主站的过程。

中继召测又称为透明召测,是主站向终端下发召测命令,终端向电能表等测量设备读取命令要求上报的数据项,然后上报给主站的过程。

(四)外部数据获取

外部数据获取是指采集系统通过接口的形式获取外部系统数据的过程。外部系统的数据主要包括调控云数据、PMS 系统数据、气象系统数据、一体化电量与线损管理系统数据和营销系统数据等。

第三节　用电信息采集系统功能及应用

用电信息采集与监控系统主要实现计量装置在线监测和用户负荷、电量、电压等重要信息的实时采集,为大用户的用电监测、计划考核、无功考核、系统负荷预测等电力市场考核提供准确的数据;及时、完整、准确地为营销业务应用提供电力用户实时用电信息数据;为快速反应客户需求的营销机制提供数据支持;为"分时电价、阶梯电价、全面预付费"的营销业务策略的实施提供技术基础;同时该系统具有用户用电档案管理、系统管理、线损分析、报表与曲线输出、与其他系统接口等扩展功能。

一、数据采集

(一)数据采集功能

采集系统能根据不同业务对采集数据的要求,编制自动采集任务,包括任务名称、任务类型、采集群组、采集数据项、任务执行起止时间、采集周期、执行优先级、正常补采次数等信息,并管理各种采集任务的执行,检查任务执行情况。

(二)采集数据类型

系统采集的电力用户主要数据项有:

电能量数据。总正反向电能示值、各费率正反向电能示值、组合有功电能示值、分相电能示值、总电能量、各费率电能量、最大需量等;

交流模拟量。电压、电流、有功功率、无功功率、功率因数等；

工况数据。采集终端及计量设备的工况信息；

电能质量越限统计数据。电压、电流、功率、功率因数、谐波等越限统计数据；

事件记录数据。终端和电能表记录的事件记录数据；

多表合一采集数据。水、气、热表计数据；

费控信息；

其他数据。

（三）终端数据采集方式

1. 终端数据采集方式

（1）定时自动采集。按采集任务设定的时间间隔自动采集终端数据，自动采集的时间、间隔、内容、对象可设置。当定时自动采集数据失败时，主站将进行自动及人工补召，以保证数据的完整性；

（2）人工召测。根据实际需要随时人工召测数据。例如出现事件告警时，人工召测与事件相关的重要数据，供事件分析使用；

（3）主动上报。在全双工通道和数据交换网络通道的数据传输中，允许终端启动数据传输过程（简称为主动上报），将重要事件立即上报主站，以及按定时发送任务设置将数据定时上报主站，主站支持主动上报数据的采集和处理。

2. 智能电能表数据采集方式

智能电能表数据采集方式包括：

（1）终端按照档案参数自动采集。系统主站将智能电能表的档案信息配置到终端中，终端自动按照档案参数采集智能电能表数据；

（2）终端按照任务参数自动采集。系统主站将采集任务配置到终端中，终端自动按照任务参数采集智能电能表数据；

（3）人工召测。系统主站通过透抄方式采集智能电能表数据；

（4）主动上报。智能电能表或智能电能表通信单元实现主动上报。

二、数据管理

（一）数据合理性检查

提供采集数据完整性、正确性的检查和分析手段，发现异常数据或数据不完整时自动进行补采，补采成功时可以自动修复异常数据；提供数据异常事件记录和告警功能；对于补采不成功的异常数据不予自动修复，并限制其发布，保证原始数据的唯一性和真实性。

（二）数据计算、分析

根据应用功能需求，可通过配置或公式编写，对采集的原始数据进行计算、统计和分析。包括但不限于：

（1）按区域、行业、线路、自定义群组、单客户等类别，按日、月、季、年或自定义时间段，进行负荷、电能量的分类统计分析；

（2）电能质量数据统计分析，对监测点的电压、电流、功率因数、谐波等电能质量数据进行越限、合格率等分类统计分析。

（三）数据存储管理

采用统一的数据存储管理技术，对采集的各类原始数据和应用数据进行分类存储和管理，为数据中心及其他业务应用系统提供数据共享和分析利用。按照访问者受信度、数据频度、数据交换量的不同，对外提供统一的实时或准实时数据服务接口，为其他系统开放有权限的数据共享服务。

提供系统级和应用级完备的数据备份和恢复机制。

（四）数据查询

系统支持数据综合查询功能，并提供组合条件方式查询相应的数据页面信息。

三、定值控制

系统通过对终端设置功率定值、电量定值、电费定值以及控制相关参数的配置和下达控制命令，实现系统功率定值控制、电量定值控制和费率定值控制功能。

系统具有点对点控制和点对面控制两种基本方式。

（一）功率定值控制

功率控制方式包括时段控制、厂休控制、营业报停控制、当前功率下浮控制等。系统根据业务需要提供面向采集点对象的控制方式选择，管理并设置终端负荷定值参数、开关控制轮次、控制开始时间、控制结束时间等控制参数，并通过向终端下发控制投入和控制解除命令，集中管理终端执行功率控制。

（二）电量定值控制

系统根据业务需要提供面向采集点对象的控制方式选择，管理并设置终端月电量定值参数、开关控制轮次等控制参数，并通过向终端下发控制投入和控制解除命令，集中管理终端执行电量控制。

（三）费率定值控制

系统可向终端设置电能量费率时段和费率以及费控控制参数，包括购电单号、预付电费值、报警和跳闸门限值，向终端下发费率定值控制投入或解除命令，终端根据报警和跳闸门限值分别执行告警和跳闸。

四、远方控制

（一）遥控

主站可以根据需要向终端或电能表下发遥控跳闸命令，控制用户开关跳闸。主站可以根据需要向终端或电能表下发允许合闸命令，由用户自行闭合开关。遥控跳闸命令包含告警延时时间和限电时间。控制命令可以按单地址或组地址进行操作。

（二）保电

主站可以向终端下发保电投入命令，保证终端的被控开关在任何情况下不执行任何跳闸命令。保电解除命令可以使终端恢复正常受控状态。

（三）剔除

主站可以向终端下发剔除投入命令，使终端处于剔除状态，此时终端对任何广播命令和组地址命令（除对时命令外）均不响应。剔除解除命令使终端解除剔除状态，返回正常状态。

五、综合应用

（一）自动抄表管理

根据采集任务的要求，自动采集系统内电力用户电能表的数据，获得电费结算所需的用电计量数据和其他信息。

（二）费控管理

费控管理是指对执行费控业务的用电客户进行远程费控、本地费控停复电和剩余电费下发执行的操作。

费控管理需要由主站、终端、电能表多个环节协调执行。实现费控控制方式有主站实施费控、采集终端实施费控、电能表实施费控三种形式，主站实施费控和采集终端实施费控属于远程费控，电能表实施费控属于本地费控。

远程费控是指根据用户预先交纳的费用，由主机系统定时测算用户用电剩余电费情况，与设置的报警金额、停电金额等基准值进行比较，将预警、跳闸及合闸复电等控制命令通过网络远程下发到智能表中，由智能表执行控制命令。

本地费控是指通过 CPU 卡、射频卡等固态介质或虚拟网络进行表内和营销应用系统的数据传输，在智能表内完成剩余金额测算，根据测算结果完成预警、告警、跳闸、允许合闸等控制。

（1）主站实施费控。主站可根据用户的缴费信息和定时采集的用户电能表数据，发送催费告警通知，当剩余电费等于或低于跳闸门限值时，发送跳闸控制命令，切断供电。用户缴费成功后，可以通过主站直接合闸，或通过主站发送允许合闸命令，允许合闸；

（2）采集终端实施费控。根据用户的缴费信息，主站将电能量费率时段和费率以及费控参数包括购电单号、预付电费值、报警和跳闸门限值等参数下发终端并进行存储，当需要对用户进行控制时，向终端下发费控投入命令，终端定时采集用户电能表数据，计算剩余电费，终端根据报警和跳闸门限值分别执行告警和跳闸，用户缴费成功后，可通过主站发送允许合闸命令，允许合闸；

（3）电能表实施费控。根据用户的缴费信息，主站将电能量费率时段和费率以及费控参数包括购电单号、预付电费值、报警和跳闸门限值等参数下发电能表并进行存储，当需要对用户进行控制时，向电能表下发费控投入命令，电能表实时计算剩余电费，电能表根据报警和跳闸门限值分别执行告警和跳闸，用户缴费成功后，可通过主站发送允许合闸命令，允许合闸。

（三）有序用电管理

有序用电是指通过法律、行政、经济、技术等手段，加强用电管理，改变用户用电方式，通过采取错峰、避峰、轮休、让电、负控限电等一系列措施，避免无计划拉闸限电，规范用电秩序，将季节性、时段性电力供需矛盾给社会和企业带来的不利影响降至最低程度。

采集系统有序用电是指在电力供需不平衡情况下，根据政府制定的有序用电方案，进行错峰避峰、限电和停电等措施，确保电网安全运行和供电秩序稳定。

根据有序用电方案管理或安全生产管理要求，编制限电控制方案，对电力用户的用电负荷进行有序控制，并可对重要用户采取保电措施，可采取功率定值控制和远方控制两种方式。执行方案确定参与限电的采集点并编制群组，确定各采集点的控制方式，以及负荷定值参数、开关控制轮次、控制开始时间、控制结束时间等控制参数。控制参数批量下发给参与限电的所有采集点的相应终端。通过向各终端下发控制投入和控制解除命令，终端接收并执行相应控制参数和控制命令，实行停复电操作，包括启动有序用电方案、短信通知有序用电用户、下发执行、有序用电解除和终止。

（四）用电情况统计分析

1. 综合用电分析

（1）负荷分析。按区域、行业、线路、电压等级、自定义群组、用户、变压器容量等类别对象，以组合的方式对一定时段内的负荷进行分析，统计负荷的最大值及发生时间、最小值及发生时间，负荷曲线趋势，并可进行同期比较，以便及时了解系统负荷的变化情况；

（2）负荷率分析。按区域、行业、线路、电压等级、自定义群组等统计分析各时间段内的负荷率，并可进行趋势分析；

（3）电能量分析。按区域、行业、线路、电压等级、自定义群组、用户等类别，以日、月、季、年或时间段等时间维度对系统所采集的电能量进行组合分析，包括统计电能量查询、电能量同比环比分析、电能量峰谷分析、电能量突变分析、用户用电趋势分析和用电高峰时段分析、排名等；

（4）三相平衡度分析。通过分析配电变压器三相负荷或者台区下所属用户按相线电能量统计数据，确定三相平衡度，进而适当调整用户相线分布，为优化配电管理奠定基础。

2. 负荷预测支持

负荷预测是根据系统的运行特性、增容决策、自然条件与社会影响等诸多因素，在满足一定精度要求的条件下，确定未来某特定时刻的负荷数据。负荷预测是电力系统经济调度中的一项重要内容，是能量管理系统（EMS）的一个重要模块。准确的负荷预测，可以经济合理地安排电网内部发电机组的启停，保持电网运行的安全稳定性，减少不必要的旋转储备容量，合理安排机组检修计划，保障社会的正常生产和生活，有效地降低发电成本，提高经济效益和社会效益。

负荷预测是根据电力负荷的过去和现在推测它的未来情况，所以对过去和现在的电力负荷的分析是负荷预测的基础和立足点。采集系统运用采集到的用电信息数据，能对整个电网及用户的负荷分布和变化情况进行统计分析，通过分析地区、行业、用户等历史负荷、电能量数据，找出负荷变化规律，为负荷预测提供支持。

3. 违约窃电分析

采集系统根据疑似违约窃电靶向用户的日用电量、零相线电流、电能表开盖事件进行研判分析，按照研判规则给出异常等级与远程智能诊断建议，协助开展违约用电和反窃电治理工作，规范用电行为，减少电力企业损失。

4. 报警信息与事件分析

对电能表状态、终端状态、计量回路状态以及各种处理分析的异常报警是用电信息采集与监控系统重要的基本功能。鉴于对异常报警的判断和处理过程比较复杂，对下列几类报警采用规范的报警处理机制，从而准确产生报警信息。

（1）设置电能表运行参数（与计量相关）产生的报警。此类报警事件是非常重要的，同时也较难判断。电能表参数分为两类：一类为出厂设置参数，如校表精度、脉冲常数、启动电流、接线方式等，该类参数是不允许在运行过程中修改的，且具有较高的安全性；另一类为运行管理参数，该类参数在运行过程中允许合法修改，但一旦非法修改，将带来严重后果，主要包括清需量和设置底度、倍率、时钟、时区时段等。

（2）计量回路运行状态（与计量相关）改变所产生的报警。包括缺相、断相、电压逆相序、反接线（电流逆相序）、TA 一次短路、TA 二次开路和 TA 二次短路等事件。

（3）由终端分析处理后产生的与计量相关的各种报警事件。主要包括计量门开启、电能表外壳打开、差动对比、电流不平衡、电能表停走、电能表飞走、电量下降等事件。

5. 统计分析

根据采集数据可以统计分析运行情况，包括：

（1）电量分析。包括有功/无功分时电量、异常用电分析，如电量突变，不同时间段电量对比，日电量的分析，电量曲线状况分析等，从而确认用户的用电异常情况。

（2）线损分析。根据线损的异常，可以追溯引起报警的某个用户。

（3）功率曲线分析。根据负荷曲线图直观显示用户的负荷状态，分析用户负荷特点。

（4）零相线电流分析。在违约窃电现象中，采用绕越方式是较多的一种手段。对于低压单相用户，相线电流和零线电流应该一致，当采用绕越方式窃电时，相线电流和零线电流出现不一致。采集系统通过采集零线相线电流值进行比对，可发现窃电嫌疑。

（五）电能质量数据统计

为了保证向用户提供不间断且符合国家电能质量标准的电力，对电网内影响电能质量的发电、供电、用电等各环节需要进行必要的电能质量管理。电能质量的主要监测指标包括：① 电压允许偏差；② 电力系统频率允许偏差；③ 电压允许波动和闪变；④ 三相电压允许不平衡度；⑤ 电网谐波允许指标；⑥ 电能质量暂升、暂降以及短时中断；⑦ 暂态过电压与瞬态过电压。

电能质量监测（管理）由电网企业专门的职能部门负责，电力营销配合其做好销售侧的电能监测和分析工作，重点在电压、谐波以及不平衡度的监测和分析等工作内容上。

用电信息采集系统对厂站计量点、配变及高压用户、低压用户和 B/C 类电压监测点的电压数据实时采集，通过采集数据的分析，能监测电压偏差值、电压波动/闪变和相电压不平衡度等指标的变化情况，并对故障进行诊断处理，实现电压质量的实时监测。

（六）线损、变损分析

根据各供电点和受电点的有功和无功的正/反向电能量数据以及供电网络拓扑数据，按电压等级、分区域、分线、分台区、分元件进行线损的统计、计算、分析。可按日、月固定周期或指定时间段统计分析线损。主站能由人工编辑或自动生成线损计算统计模型。

变损分析，是指将计算出的电能量信息作为原始数据，将原始数据注入指定的变损计算模型中，生成对应计量点各变压器的损耗率信息。变损计算模型可以通过当前的电网结构自动生成，也支持对于个别特殊变压器进行特例配置。

系统线损分析以分区线损、分压线损、分线线损和台区线损四分线损作为应用的核心之一，提供多种分析手段，旨在为供电公司提供方便、快捷的线损分析工具，准确、快速查找到引起线损异常的因素，为反窃电、线损治理和配电网改造提供先进的技术支持。

（七）增值服务

系统采用一定安全措施后，可以实现以下增值服务功能：

系统具备通过 Web 进行综合查询功能，满足业务需求；能够按照设定的操作权限，提供不同的数据页面信息及不同的数据查询范围；

Web 信息发布，包括原始电能量数据、加工数据、参数数据、基于统计分析生成的各种电能量、线损分析、电能质量分析报表、统计图形（曲线、棒图、饼图）网页等；

系统应提供数据给相关支持系统，实现通过手机短信、语音提示等多种方式及时向用户发布用电信息、缴费通知、停电通知、恢复供电等相关信息，实现短信提醒、信息发布等功能；可支持网上售电服务，通过银电联网，费控数据与系统进行实时交换；可以提供相关信息网上发布、分布式能源的监控、智能用电设备的信息交互等扩展功能。

（八）停电分析

停电分析是指对停电情况进行实时监测，支撑停电主动抢修业务及电网结构可靠性分析，并通过对停电数据进行二次分析，实现频繁停电用户分析以及停电研判的准确性判断，查找停电原因及针对性整改，减少停电，提高供电可靠性，促进售电量增长，改善客户用电体验，减少客户投诉，提升供电企业优质服务水平。

采集系统停电分析主要包括停电事件准确研判和实时停电监测两部分工作。

停电事件准确研判是指对终端及电能表停电上报事件准确性进行分析，支撑实时停电监测、停电分析等工作。采集系统根据电能表、采集终端和智能断路器等上报的停电事件信息，综合分析判断停电报告的准确性。

实时停电监测是指采集系统根据停电事件研判分析出来的停电事件，通过统计线路、小区（村）、台区、专公变、分支线、分支箱、楼宇、单元、表箱、用户的停电情况，监测各层级停电指标实时变化情况，确定停电的范围、停电的时间和原因，及时指示配电网抢修工作，有效减少故障抢修时间，提升供电企业服务水平。同时采集系统还能监测复电情况，支持对停电情况的全面掌控。

（九）用能管理

用能管理是指通过对用户用能特性分析，提出能源管理和节能服务建议，为用户提供全面节能支持，降低用电成本。

（十）台区用能分析

随着电动汽车、分布式光伏和储能设备的发展，为台区用能优化运行提供了需求。通过台区用能情况分析，优化负荷运行，削峰填谷，在以不影响用户用能舒适度的原则下，以台区能效最优、用户用能成本最低和应急需求响应为目标，制定台区整体的用能优化建议，提前预测各台区负荷情况，结合接入系统的签约用户负荷、配变运行、充电桩负荷和分布式光伏出力等情况，使供电系统达到最优运行状态。

（十一）家庭用能分析

家庭用能分析是指对家庭用能情况进行监测，辅助支撑家庭用能优化及异常用电告警工作。

家庭用能分析包含家庭设备运行状态监测、家庭用能时段负荷监控和用能异常预警等。通过对低压用户家庭用电情况的分析监测，实现家庭用能监测以及用电异常预警。

六、运行维护管理

（一）对时

用电信息采集系统对时方案选用分层设计，主站负责对采集终端进行对时，集中器负责对采集器、电能表进行对时；按照国网采集系统功能规范，采集终端对时误差绝对值≤5s，电能表对时误差绝对值≤10s；采集终端和电能表日计时误差绝对值≤0.5s/d。

1. 主站对时

要求主站与标准时钟源（GPS 全球卫星定位系统、北斗卫星导航系统或 NTP 网络时钟源等）进行时钟同步，主站时钟误差≤0.1s/d，主站设置采集终端时钟误差允许值。支持主动上报的终端，可通过心跳报文上传终端时钟，主站判断终端时钟是否超差；不支持主动上报的终端，由主站巡测终端时钟，判断终端时钟是否超差。

2. 终端对时

当终端时钟误差超过允许值后，主站启动采集终端对时，终端生成对时事件，可由主站召测或终端主动上报对时是否成功。终端设置电能表时钟误差允许值，由采集终端监测电能表时钟是否超差。

终端可主动发起与主站对时的请求。终端可通过北斗、GPS 或移动网络进行时钟同步完成对时。

3. 电能表对时

当电能表时钟误差超过允许值后，由采集终端将电能表时钟超差事件报送到主站，经主站允许后，采集终端启动对时钟超差电能表的对时（可采用广播对时或点对点对时命令），电能表生成对时事件，终端将所属电能表对时事件报送到主站。

终端能响应电能表主动发起的对时请求。

（二）采集终端管理

终端管理主要对终端运行相关的采集点和终端档案参数、配置参数、运行参数、运行状态等进行管理。

主站可以对终端进行远程配置和参数设置，支持新上线终端自动上报的配置信息。主站可以向终端下发复位命令，使终端自动复位。

（三）档案管理

主要对维护系统运行必需的电网结构、用户、采集点、设备进行分层分级管理。系统实现与营销系统档案的实时同步和批量导入及管理，以保持档案信息的一致性和准确性。

（四）通信和路由管理

对系统使用的通信设备、中继路由参数等进行配置和管理；对系统使用的公网信道进行流量管理。系统主站能采集并显示本地电力线载波通信信道的路由信息。

（五）运行状况管理

运行状况管理包括主站、终端、专用中继站运行状况监测和操作监测。

（1）主站运行工况监测，实时显示通信前置机、应用服务器以及通信设备等的运行工况；检测报文合法性、统计每个通信端口及终端的通信成功率；采集不同本地通信方案的信息，统计其抄通成功率；

（2）终端运行工况监测，终端运行状态统计（包括各类终端的台数，投运台数）、终端数据采集情况（包括电能表数据采集）、通信情况的分析和统计；

（3）专用中继站运行监测，实时显示中继站的运行状态，工作环境参数；

（4）操作监测，通过权限统一认证机制，确认操作人员情况，所在进程及程序、操作权限等内容；系统自动记录重要操作（包括参数下发、控制下发、增删终端、增删电能表等）的当前操作员、操作时间、操作内容、操作结果等信息，并在值班日志内自动显示。

（六）报表管理

系统提供专用和通用的制表功能。系统操作人员可在线建立和修改报表格式，可根据不同需求，对各类数据选择不同数据分类方式（如按地区、行业、变电站、线路、不同电压等级等）和不同时间间隔组合成各种报表，并支持导出、打印等功能。

七、安全防护

安全防护包括以下要求：

对于采用无线公网接入电力信息网的安全防护，对接入必须制定严格的安全隔离措施；

对于采用电力无线专网接入电力信息网的安全防护，应采取身份认证、报文加密、消息摘要、时间戳技术等措施；

采集终端应包含具备对称算法和非对称算法的安全芯片，采用完善的安全设计、安全性能检测、认证与加密措施，以保证数据传输的安全；

智能电能表信息交换应符合 Q/GDW 1365 的安全认证要求。

第四节　用电信息采集系统数据异常

用电信息采集系统数据异常主要分为两类：采集异常和计量异常。

采集异常是指由主站、通信信道、采集终端、电能表失去或降低其规定功能，造成数据采集异常的现象。

计量异常是指采集系统对采集数据进行比对、统计分析，或对现场设备运行工况进行监测，发现用电异常。

一、采集异常

采集异常是指采集系统进行数据采集过程中，发生采集失败的现象。采集异常可分为终端与主站无通信、集中器下电能表全无数据、采集器下电能表全无数据、电能表多天无数据、终端抄表不稳定和电能表抄表不稳定等。

（一）终端与主站无通信

运行终端与主站长时间无通信。运行终端会定期向主站发送心跳报文，当主站长时间未收到运行终端心跳报文，则判断为终端与主站无通信。

终端与主站无通信的原因包括主站档案异常、终端运行异常、远程通信异常、远程通信参数异常等方面。

1. 主站档案异常

主站的档案信息与现场实际不一致，造成采集系统无法获取主站对应采集点的用电信息。

2. 终端运行异常

由于终端死机、不上电和终端故障等原因，造成终端与主站无法通信。对终端死机，需要断电重起，恢复终端工作；若终端不上电，应查明外部电源问题，采取针对措施，恢复终端供电；对于终端故障无法使用的，应更换终端。

3. 远程通信异常

终端与主站的通信中，若远程通信模块、终端天线异常、SIM 卡异常（损坏、失效）或现场无远程通信信号，都将使远程通信失败。

4. 远程通信参数异常

远程通信参数设置错误，使终端与主站无法正常通信。

（二）集中器下电能表全无数据

集中器未能采集到其下所接所有电能表的电能数据。集中器下电能表全无数据问题一般发生在集中器端，主要有电能表参数配置错误、集中器故障、采集任务配置异常、集中器上本地通信模块异常和时钟错误。

（三）采集器下电能表全无数据

集中器未能采集到采集器所接所有电能表的电能数据。

采集器下电能表全无数据问题一般发生在采集器端，主要有电能表时钟异常、采集器故障、采集器不上电、采集器与集中器通信异常（载波信号差、采集器载波模块异常、集中器与采集器不匹配）、采集器 RS-485 通信模块异常。

（四）电能表多天无数据

采集系统持续多天未能采集到运行电能表的电能数据。

电能表多天无数据的主要原因有本地通信异常（专变终端本地通信端口故障、本地通信接线错误或损坏、电能表通信端口故障、模块表的通信模块故障、采集器故障）、专变用户的采集任务配置、用户档案信息（户号与电能表号的匹配关系）、电能表运行情况（不上电、死机、电能表故障）、电能表时钟错误、电能表参数配置错误等。

（五）终端抄表不稳定

终端采集成功率波动，抄表不稳定，主要是由公网信号问题、终端程序异常、传输信号干扰或衰减、终端内部硬件故障等原因引起。

（六）电能表抄表不稳定

电能表抄表成功率波动，抄表不稳定，主要原因有本地通信异常、终端与电能表时钟偏差过大等。

二、计量异常

计量异常是指采集系统采集到的用电信息存在异常的现象。计量异常包括电量异常、电压电流异常、用电异常、负荷异常、时钟异常和接线异常等六个方面。

（一）电量异常

电量异常是指采集系统采集到的电量值存在异常现象。电量异常包括电能表示值不平、电能表飞走、电能表倒走、电能表停走、需量异常和自动核抄异常。

1. 电能表示值不平

电能表示值不平是指多费率下，总电能示值与各费率电能示值之和不等。

2. 电能表飞走

电能表日电量明显超过正常值。

3. 电能表倒走

（1）专变用户（正、反向总有功、一四象限总无功）总电能示值小于最近一天示值。

（2）低压用户正、反向总电能有功示值小于最近一天示值。

4. 电能表停走

非电厂用户，实际用电情况下电能表停止走字。

5. 需量异常

需量指的是一个规定的时间间隔的功率的平均值。最大需量指的是在规定的周期或者结算周期内记录的需量的最大值。

需量异常是指电能表的最大需量数据出现数据或时间异常。

6. 自动核抄异常

自动核抄异常指电能表日冻结电能数据与系统主站保存的数据不一致。

（二）电压电流异常

电压电流异常是指采集系统监测到测量点的电压和电流数据出现异常的现象。

电压电流异常主要有电压失压、电压断相、电压越限、三相电压电流不平衡、电流失流等。

1. 电压失压

三相供电中，某相负荷电流大于电能表的启动电流，但电压线路的电压持续低于电能表正常工作电压的下限。

2. 电压断相

在三相供电系统中，计量回路中的一相或两相断开的现象。某相出现电压低于电能表正常工作电压，同时该相负荷电流小于启动电流的工况就属于电压断相。

3. 电压越限

电压越上限、上上限以及电压越下限、下下限等异常现象。

4. 三相电压不平衡

三相电能表各相电压均正常（非失压、断相）的情况下，最大电压与最小电压差值超过一定比例。

5. 电流失流

三相电流中任一相或两相小于启动电流，且其他相线负荷电流大于5%额定（基本）电流。

6. 三相电流不平衡

三相电能表各相电流均正常（非失流）的情况下，最大电流与最小电流差值超过一定比例。

（三）异常用电

异常用电诊断是采集系统对上报的异常信息进行分析诊断的过程，确定异常信息的原因，指导现场运维工作，同时也为违约窃电分析提供支持。异常用电信息主要包括电能表开盖、恒定磁场干扰、单相表分流和零相线电流异常。对异常用电信息进行分析，必要时派工作人员现场核查处理。

（1）电能表表盖或端钮盖打开时，电能表能检测到打开的信号，形成相应的事件记录并上报系统。

（2）电能表处在外加磁场下，会影响计量准确性。三相电能表检测到外部有100mT强度以上的恒定磁场，且持续时间大于5s，记录为恒定磁场干扰事件并上报系统。

（3）单相电能表分流是指系统采集到的单相电能表相线电流与零线电流不一致，从采集数据上看，说明有部分电流绕过了电能表，将使电能表计量出现负误差。单相电能表分流，一般是由人为改变了电能表电流回路或电能表接线错误引起。

（四）负荷异常

负荷异常包括需量超容、负荷超容、电流过流、负荷持续越下限和功率因数异常等。通过负荷异常分析，开展用户超容和功率因数治理。

（1）需量超容是指按最大需量计算基本电费的专变用户，电能表记录的最大需量超出用户合同约定需量时，判断该用户需量超容。对于经常需量超容的用户，建议取消需量算费、增容或降低用电负荷。

（2）负荷超容是指用户负荷超出合同约定容量。超容将可能引起线路过载、变压器过载，易造成变压器损坏、影响安全运行、影响末端电能质量和计量装置测量结果偏大。对用户超容应建议增容或控制用电负荷。

（3）电流过流是指经互感器接入的三相电能表某一相负荷电流持续超过额定电流。电流过流主要是用户负荷不平衡，某一相负荷过大，导致该相二次电流超过电能表额定电流。对于用户负荷不平衡引起的电流过流，应调整用电设备接线方式，平衡三相负荷。

（4）负荷持续超下限是指 315kVA 及以上专变用户连续多日用电负荷过小。负荷持续超下限主要是用户未生产或用电负荷过小。一般应该建议用户进行减容，减少用电容量；多台变压器用户可对未使用变压器进行暂停或将基本电费计算方式修改为按需量算费。

（5）功率因数异常是指用户日平均功率因数过低（日平均功率因数通过用户日有功、无功电量计算得到）。功率因数异常通常是用户的无功补偿出现异常，如补偿装置配置不合理、补偿装置运行不合理等，造成过补偿或补偿不足。应建议用户改善无功补偿装置和运行管理。

（五）时钟异常

时钟异常是指采集终端或电能表时钟与标准时钟误差过大。时钟误差过大，将使电能表多费率各时段电量发生较大误差，引起计费误差。同时当时钟误差过大时，可能造成采集异常。

电能表时钟按国家相关规范规定允许误差为 5min，按国家电网公司管理规定允许误差为 3min。当电能表时钟误差超过 3min 时，采集系统将产生电能表时钟异常，需要进行校时。

采集系统校时一般分为主站对时、终端对时和电能表对时。主站定期与标准时钟进行对时，保证采集系统主站时钟误差小于 0.1s/天。终端和电能表时钟根据时钟超差情况开展对时。

对时的方式分为远程对时和现场对时，远程对时又分为单表地址对时、广播对时和远程加密对时。当出现时钟超差时，首先进行远程对时，远程对时不成功，可进行现场对时。对时不成功的电能表，需要更换电能表。对多次出现时钟异常的电能表，需要检查电能表电池失压状态和近两次停电事件，确定是否电池欠压，视情况更换电能表。

（六）接线异常

接线异常是指因接线引起的计量异常。接线异常按表现的现象分为反向电量异常、潮流反向和其他错接线等。

1. 反向电量异常

反向电量异常是指非发电用户电能表反向有功总示值大于 0，且每日反向有功总示值有一定增量。造成反向电量的原因主要可以分为以下几方面：

（1）计量回路接线错误，造成智能电能表负电量，计入反向电量。

（2）电能表故障。由于电能表程序缺陷、存储器错乱等原因导致电能表反向有功总示值突变。

（3）用户负荷特性。部分用户用电设备使用过程中会出现向电网倒送电的情况，导致用户电能表反向有功示值走字，例如电焊机、蓄电池放电、打桩机等。

（4）发电用户采集系统未同步到营销系统用户发电属性。也即用户类型错误，系统中未记录发电用户，误报反向电量异常。

（5）载波采集信号干扰导致电能表反向有功总示值走字。

2. 潮流反向

潮流反向是指三相电流或功率出现反向，电压和电流的方向相反。潮流反向异常产生的原因可以分为档案差错、特殊用电情况、电能表故障、装接差错或人为窃电等。档案差错，采集系统中的用户用电性质与营销系统档案对应错误；特殊用电情况，如电焊机用电、用户无功过补偿或欠补偿等；电能表故障，如电能表电能量模块故障，电压、电流采样元器件故障；装接差错或人为窃电，相别不对应、电流互感器、电压互感器极性接反、端子接错。

3. 其他错接线

未按要求将电能计量装置正确接入电路，产生比计量装置本身误差大得多的计量误差，在排除电压失压、反向电量异常等情况外，其他影响计量准确性的差错，称为其他错接线。

引起接线错误的原因主要有：

（1）档案差错。采集系统与营销系统档案不对应，可能档案未更新，或者安装过程中发生错误，造成采集系统中的用户电能计量装置型号规格等计量数据与营销系统档案对应错误。

（2）计量装置故障。如电能表计量模块异常，导致电能表计算有功、无功及视在功率出错，计量装置本身故障等。

（3）装接差错。通常情况下错接线异常有电流、电压相位接错、相别不对应、互感器极性接反、端子接错。

（4）人为窃电。人为窃电引起的错误接线多样，有些甚至在标准48类（三相三线）、96类（三相四线）错接线之外，还有破坏电能计量装置等。

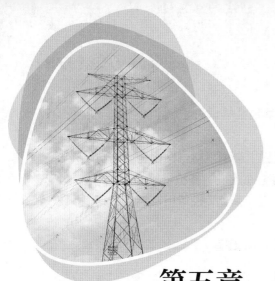

第五章 电 价 电 费

随着国民经济的持续发展以及人民生活水平的不断提高，电能的应用愈来愈广泛，因此作为电能价值量体现的电价也越来越被人们所关注。正确地理解和执行电价政策，不仅能保证电力企业的合理收入，而且也能促使客户合理用电和节约电费成本，切实提高电能的使用效益。随着电力体制改革的不断深入，用户也可根据自身情况，选择市场化交易形式，利用市场化手段节省电费开支，提高企业效率。

第一节 电 价 制 度

电能是一种特殊的商品，电价是电能价值量的货币体现。尚未同市场交易形成价格的销售电价，以及居民、农业等优先购电电量的销售电价，由国务院价格主管部门制定定价原则和总体水平，省价格主管部门制定具体价格水平。制定电价不仅要遵照"合理补偿成本，合理确定收益，依法计入税金，坚持公平负担，促进电力建设"的原则，还要充分利用价格的杠杆作用，针对不同类型的客户分别制定不同的电价制度，以促使客户改善用电条件，提高其设备利用率和负荷率，使电网尽可能的提高供电能力。目前常见的电价制度有：

一、定额制电价

与客户实际用电量无关，以某种电器设备的容量为单位制定的电价。

中华人民共和国成立前，因生产规模和用户用电较少，电灯用户大都按灯头盏数和灯泡瓦特数按月计费，即所谓的"包灯制"，就是一种定额制电价。包灯制计费方式主要用于照明用电。早期，上海各家电力公司对照明用电的电价计费均为包灯制。

此电价虽然简单方便，但是极易浪费资源，且对供电企业和客户都可能不公平。

二、分级制电价

把客户的用电量分成几级，每一级的电价不一样，可以逐渐升高，也可以逐渐降低。目前城乡居民生活用电阶梯电价就是分级制电价的一种。

长期以来，国家对居民电价采取低价政策。2002 年电力体制改革以后，能源供应紧缺、环境压力加大，即使在电煤价格持续攀升、电力价格随之上涨的情况下，居民电价的调整幅度和频率仍均低于其他行业用电，居民生活用电价格一直处于较低水平。城乡居民生活用电的低价情况，造成用电量越多的用户，享受的补贴越多；用电量越少的用户享受的补贴越少，既没有体现公平负担的原则，也不能合理体现电能资源价值，不利于资源节约和环境保护。为了促进资源节约型和环境友好型社会建设，逐步减少电价交叉补贴，引导居民合理用电、节约用电，有必要对居民生活用电试行阶梯电价。

城乡居民生活用电阶梯电价制度最早在浙江省试行。2004 年 6 月，浙江省物价局举行了浙江省居民生活用电价格听证会。同年 7 月 26 日，国家发改委印发了《国家发展改革委关于调整浙江省居民生活电价的通知》（发改价格〔2004〕1469 号）。文件明确了安装"一户一表"的居民用户，阶梯电量按月分档，月用电量低于 50kWh 部分电价不调整；51～200kWh 部分电价上调 0.03 元/kWh；超过 200kWh 部分电价上调 0.1 元/kWh。此后，居民生活用电阶梯电价政策陆续在全国各网省公司实施。

随着居民生活水平的提高和家用电器普及，居民用电量逐年提高。2009 年全国城乡居民生活用电已达 4571 亿 kWh，占全社会用电量的 12.55%。从供电成本的角度看，现行居民电价严重偏低，存在较大的交叉补贴。为此，2010 年 10 月 9 日，国家发改委就居民用电实行阶梯电价印发征求意见稿向社会公开征求意见。2011 年 11 月 29 日，国家发改委印发了《关于居民生活用电试行阶梯电价的指导意见的通知》（发改价格〔2011〕2617 号）（简称《指导意见》），将现行单一形式的居民电价，改为按照用户消费的电量分段定价，用电价格随用电量增加呈阶梯状逐级递增。

《指导意见》明确居民阶梯电价政策以省（自治区、直辖市）为单位执行，将城乡居民每月用电量按照满足基本用电需求、正常合理用电需求和较高生活质量用电需求划分为三档，电价实行分档递增。其中：第一档电价原则上维持较低价格水平，一定时期内保持基本稳定。原则上按照覆盖本区域内 80%居民用户的月均用电量确定。同时，根据各地经济发展水平和承受能力，对城乡"低保户"和农村"五保户"家庭每户每月设置 10kWh 或 15kWh 免费用电基数。第二档电价逐步调整到弥补电力企业正常合理成本并获得合理收益的水平。按照覆盖本区域内 95%居民用户的月均用电量确定。第三档电价在弥补电力企业正常合理成本和收益水平的基础上，再适当体现资源稀缺状况，补偿环境损害成本。最终电价控制在第二档电价的 1.5 倍左右。

2012 年 5 月，各省份密集举行了居民阶梯电价听证会，同年 6 月份陆续出台修改完善的阶梯电价实施方案，自 7 月 1 日起全面实行居民阶梯电价。各地在制定居民阶梯电价实施方案过程中，结合本地实际，对实施范围、档次划分、户数认定等方面进行深入研究论证，并广泛征求了意见。电网企业加快对居民用电的"一户一表"改造，并着力提升抄表到户率，推进远程自动抄表的建设实施。部分省区还在推行居民阶梯电价的基础上，开始研究推行峰谷分时电价。

阶梯电价的试行，改变单一居民生活用电价格模式，有利于完善电力价格体系，有利于促进节能减排和环境保护工作，有利于使居民生活电价反映资源稀缺性。

以浙江省为例，根据《浙江省物价局关于完善居民生活用电阶梯电价政策有关事项的通知》（浙价资〔2012〕169 号）精神，自 2012 年 7 月 1 日起，对浙江省城乡居民生活用电阶梯电价进行调整：

（1）安装"一户一表"的居民用户，阶梯电价从现行按月用电量累进加价调整为按年用电量划分三档阶梯式累进加价。其中，第一档电量为年用电量 2760kWh 及以下部分，电价不调整，仍为每千瓦时 0.538 元；第二档电量为年用电量 2761～4800kWh 部分，电价在第一档电价基础上加价 0.05 元，为每千瓦时 0.588 元；第三档电量为年用电量超过 4800kWh 部分，电价在第一档电价基础上加价 0.30 元，为每千瓦时 0.838 元。

（2）"一户一表"的居民用户是否执行峰谷分时电价，由用户自行选择。选择执行峰谷分时电价的用户，其峰谷分时计量表计由供电企业免费安装。

选择峰谷分时电价的居民用户，按高峰、低谷合计电量执行阶梯电价，其中第一档电量峰、谷电价仍按每度电 0.568 元、0.288 元执行，第二、三档电量峰、谷电价均同步提高 0.05 元、0.30 元。

（3）合表居民用户、执行居民电价的非居民用户电价不调整。

（4）"一户一表"的居民用户，当期电费根据当期抄见电量按全年各分档电量标准及对应电价从一档至三档依次计算。

（5）新装或变更用电的"一户一表"居民用户，实际用电不足一年的，分档电量标准按全年分档电量标准和实际用电月数折算，实际用电时间不足一个月的按一个月计算。

（6）安装电卡表的居民用户，以年为周期按全年各分档电量标准从一档至三档依次购买。

三、单一制电价

以客户安装的电能表每月实际用电量为计费依据，以作为补偿电力企业的电能成本（变动费用）的电度电价和客户结算电费的一种电价制度。

执行该电价制度的客户，计算电费时不需考虑用电设备的容量大小，不计收基本电费，但要收取电度电费，符合执行功率因数调整电费规定的客户，还要收取功率因数调整电费。

四、两部制电价

该电价制度将电价分成两部分：一部分是基本电价，它代表了电力工业企业成本中的容量成本（固定成本）。在计算基本电费时可以以客户受电变压器（包括不通过受电变压器的高压电动机的容量)或最大需量作为计费单位进行计算；另一部分是电度电价，它代表电力工业企业成本中的电能成本，这部分电费是以客户结算电量来计算的。

实行两部制电价的客户，除了计收基本电费和电度电费，符合执行功率因数调整电费规定的客户，还要收取功率因数调整电费。

五、分时电价

峰谷分时电价是指根据电网的负荷变化情况，将每天 24h 划分为尖峰、高峰、平段、低谷等多个时段，对不同时段使用的电能实行不同的电价，以鼓励用电客户合理安排用电时间，调整实际使用的负荷，削峰填谷，提高电力系统的负荷率。

以浙江省为例，分时电价主要有两种形式：

（一）两费率分时电价

其时段设置为：高峰时段 8:00～22:00；低谷时段 22:00～次日 8:00。执行范围为"一户一表"居民生活用电，并且可以自行选择分时电价或电度电价。

（二）三费率分时电价

三费率分时电价又分为两种，一种是大工业分时电价，其时段设置为：尖峰时段为 9:00～11:00，15:00～17:00；高峰时段为 8:00～9:00，13:00～15:00，17:00～22:00；低谷时段为 11:00～13:00，22:00～次日 8:00。另外夏季 7、8 月份和冬季 1、12 月份的 13:00～15:00 由高峰时段调整为尖峰时段，执行尖峰电价。执行范围为大工业用电。大工业客户（含选择执行大工业用电价格的商业客户）一律执行分时电价；自来水厂用电和污水处理厂及其泵站用电是否执行分时电价由客户自行选择，选定后在 12 个月之内应保持不变。另一种为农业生产和一般工商业及其他分时电价其时段设置为：尖峰时段：19:00～21:00；高峰时段：8:00～11:00，13:00～19:00，21:00～22:00；低谷时段：11:00～13:00，22:00～次日 8:00。执行范围为一般工商业及其他用电、农业生产用电。一般工商业及其他、农业生产用电客户可选择执行分时电价或电度电价，选定后在 12 个月之内应保持不变。自来水厂用电和污水处理厂及其泵站用电是否执行分时电价由客户自行选择，选定后在 12 个月之内应保持不变。

实行峰谷分时电价，有利于鼓励用户合理转移用电负荷，削峰填谷，降低尖峰时段的用电负荷，提高系统设备容量的利用效率和节约能源。对用电客户，高峰时段少用电、低谷时段多用电，有利于降低用电成本；对电网企业，可以降低电网的投资成本和运行成本，保障电网的安全稳定运行；对发电企业，可以降低由于调峰而增加的调峰成本费用；对社会，有利于减少或延缓电力投资，促进社会资源的合理配置。

六、季节性电价

季节性电价是指按不同季节分别制定的不同电价。季节性电价一般有两种形式：

（1）根据用电负荷特点，按时间划分成夏季电价和冬季电价；

（2）根据发电负荷特点，按水电站来水情况划分成丰水期电价和枯水期电价。

季节性电价的制定要以成本为基础，同时考虑时间差异和来水情况。夏季和冬季电价的比价关系由夏季和冬季典型负荷曲线来确定。丰水期电价和枯水期电价差价要根据一年各季水电来水规律，本着不弃水和少弃水的原则来确定。实行季节性电价有利于调整负荷和供求关系，达到充分合理地利用动力资源、提高发供电设备利用率的目的。

我国某些地区已实行了季节性电价。如目前浙江省开始试行季节性电价。根据《省发展改革委关于浙江电网 2020—2022 年输配电价和销售电价有关事项的通知》（浙发改价格〔2020〕364 号），自 2021 年 1 月 1 日起，完善大工业用电峰谷分时电价，7、8 月份试行季节性电价，即 7、8 月份低谷电价比平时降低 2 分钱执行，同时高峰电价比平时提高 2 分钱执行。

七、优待电价

有些特殊类别的客户根据国家产业政策实行电价优待。

如农业排灌、脱粒用电执行优待电价，另外一些执行特殊电价政策的用户享受相关的电价优惠，如国家发展改革委印发的《创新和完善促进绿色发展价格机制的意见》（发改价格规〔2018〕943 号）规定：2025 年年底前，对实行两部制电价的污水处理企业用电、电动汽车集中式充换电设施用电、港口岸电运营商用电、海水淡化用电，免收需量（容量）电费。

八、趸售电价

各趸售企业的具体趸售差价以售电量为主要因素，采取分段累进制的方法确定，同时考虑该地区的用电结构、供电成本及线损等因素的特殊情况进行微调。其趸售结算价格由省物价局会同省电力公司综合当地趸售差价、峰谷用电比等因素核定。

以浙江省为例，目前只有温州永强县是趸售县。

第二节 电 价 分 类

随着电力市场经济的持续发展及电价改革的不断深入，越来越要求有简明易行的电价分类。分类电价指的是按照不同类别的客户、不同电压等级制定不同的电价。这样的电价分类能保证电力企业的合理收入，保证客户负担公平合理，促进客户合理用电，保证低收入客户能用上电。

目前电价分类方式有很多：

（1）按生产和流通环节分为：上网电价、电网互供电价（输配电价）、销售电价；

（2）按销售方式分为：趸售电价、直供电价；

（3）按电力使用时段分为：高峰电价、低谷电价、尖峰电价、平段电价；

（4）按用电性质分为：居民生活电价、大工业电价、普通工业电价、非工业电价、商业电价、农业生产电价等；

本章主要介绍销售电价的分类，依据国家发改委有关文件，电网销售电价分为：居民生活用电价格、工商业及其他用电价格、农业生产用电价格。

根据《国家发展改革委关于调整销售电价分类结构有关问题的通知》（发改价格〔2013〕973 号）：将销售电价由现行主要依据行业、用途分类，逐步调整为以用电负荷特性为主分类，逐步建立结构清晰、比价合理、繁简适当的销售电价分类结构体系。将现行销售电价逐步归并为居民生活用电、农业生产用电和工商业及其他用电价格三个类别。销售电价分类结构调整，要考虑用户及电网企业承受能力，分步实施，平稳过渡。

一、规范各类销售电价适用范围

（一）居民生活用电

城乡居民住宅用电：是指城乡居民家庭住宅，以及机关、部队、学校、企事业单位集体宿舍的生活用电；

城乡居民住宅小区公用附属设施用电：是指城乡居民家庭住宅小区内的公共场所照明、电梯、电子防盗门、电子门铃、消防、绿地、门卫、车库等非经营性用电。

学校教学和学生生活用电：是指学校的教室、图书馆、实验室、体育用房、校系行政用房等教学设施，以及学生食堂、澡堂、宿舍等学生生活设施用电。

执行居民用电价格的学校，是指经国家有关部门批准，由政府及其有关部门、社会组织和公民个人举办的公办、民办学校，包括：

（1）普通高等学校（包括大学、独立设置的学院和高等专科学校）；

（2）普通高中、成人高中和中等职业学校（包括普通中专、成人中专、职业高中、技工学校）；

（3）普通初中、职业初中、成人初中；

（4）普通小学、成人小学；

（5）幼儿园（托儿所）；

（6）特殊教育学校（对残障儿童、少年实施义务教育的机构）。不含各类经营性培训机构，如驾校、烹饪、美容美发、语言、电脑培训等。

社会福利场所生活用电：是指经县级及以上人民政府民政部门批准，由国家、社会组织和公民个人举办的，为老年人、残疾人、孤儿、弃婴提供养护、康复、托管等服务场所的生活用电。

宗教场所生活用电：是指经县级及以上人民政府宗教事务部门登记的寺院、宫观、清真寺、教堂等宗教活动场所常住人员和外来暂住人员的生活用电。

城乡社区居民委员会服务设施用电：是指城乡居民社区居民委员会工作场所及非经营公益服务设施的用电。

（二）农业生产用电

农业用电：是指各种农作物的种植活动用电。包括谷物、豆类、薯类、棉花、油料、糖料、麻类、烟草、蔬菜、食用菌、园艺作物、水果、坚果、含油果、饮料和香料作物、中药材及其他农作物种植用电。

林业培育和种植用电：是指林木育种和育苗、造林和更新、森林经营和管护等活动用电。其中，森林经营和管护用电是指在林木生长的不同时期进行的促进林木生产发育的活动用电。

畜牧业用电：是指为了获得各种畜禽产品而从事的动物饲养活动用电，不包括专门供体育活动和休闲等活动相关的禽畜饲养用电。

渔业用电：是指在内陆水域对各种水生动物进行养殖、捕捞，以及在海水中对各种水生动植物进行养殖、捕捞活动用电，不包括专门供体育活动和休闲钓鱼等活动用电以及水产品的加工用电。

农业灌溉用电：指为农业生产服务的灌溉及排涝用电。

农产品初加工用电：是指对各种农产品（包括天然橡胶、纺织纤维原料）进线脱水、凝固、去籽、净化、分类、晒干、剥皮、初烤、沤软或大批包装提供初级市场的用电。

（三）工商业及其他用电

工商业及其他用电：是指除居民生活及农业生产用电以外的用电。

大工业用电：是指受电变压器（含不通过受电变压器的高压电动机）容量在315kVA及以上的下列用电：

（1）以电为原动力，或以电冶炼、烘焙、熔焊、电解、电化、电热的工业生产用电；

（2）铁路（包括地下铁路、城铁）、航运、电车及石油（天然气、热力）加压站生产用电；

（3）自来水、工业实验、电子计算中心、垃圾处理、污水处理生产用电。

农副食品加工业用电：是指直接以农、林、牧、渔产品为原料进行的谷物磨制、饲料加工、植物油和制糖加工、屠宰及肉类加工、水产品加工，以及蔬菜、水果、坚果等食品的加工用电。

二、有关电价的其他规定

（一）差别电价和惩罚性电价

根据国家发展改革委、国家电监会、国家能源局联合印发的《关于清理对高耗能企业优惠电价等问题的通知》（发改价格〔2010〕978号），对电解铝、铁合金、电石、烧碱、水泥、钢铁、黄磷、锌冶炼8个行业实行差别电价政策，对所有行业实行惩罚性电价政策，具体规定如下：

继续对电解铝、铁合金、电石、烧碱、水泥、钢铁、黄磷、锌冶炼8个行业实行差别电价政策，并进一步提高差别电价加价标准，自2010年6月1日起，将限制类企业执行的电价加价标准由现行每千瓦时0.05元提高到0.10元，淘汰类企业执行的电价加价标准由现行每千瓦时0.20元提高到0.30元。在此基础上，各地可根据需要，进一步提高对淘汰类和限制类企业的加价标准。各地要严格执行差别电价政策，并加强对高耗能企业的动态甄别工作，及时更新执行差别电价的企业名单，确保差别电价政策全面落实到位。

对能源消耗超过国家和地方规定的单位产品能耗（电耗）限额标准的，实行惩罚性电价。超过限额标准一倍以上的，比照淘汰类电价加价标准执行；超过限额标准一倍以内的，由省级价格主管部门会同电力监管机构制定加价标准。省级节能主管部门要会同有关单位在 2010 年 6 月底以前提出超能耗（电耗）企业和产品名单，省级价格主管部门会同电力监管机构按企业和产品名单落实惩罚性电价政策。

这是 2010 年对于差别电价和惩罚性电价政策的规定，此后个别行业又有新的规定，具体如下：

1. 电解铝企业实行阶梯电价政策

根据国家发展改革委、工业和信息化部联合印发的《关于电解铝企业用电实行阶梯电价政策的通知》（发改价格〔2013〕2530 号），自 2014 年 1 月 1 日起，对电解铝企业用电实行阶梯电价政策，原来的差别电价和惩罚性电价政策相应停止执行，具体规定如下：

电解铝企业铝液电解交流电耗不高于每吨 13700kWh 的，其铝液电解用电（含来自于自备电厂电量）不加价；高于每吨 13700kWh 但不高于 13800kWh 的，其铝液电解用电每千瓦时加价 0.02 元；高于每吨 13800kWh 的，其铝液电解用电每千瓦时加价 0.08 元。

上述规定自 2014 年 1 月 1 日起执行。原对电解铝企业执行的差别电价和惩罚性电价政策相应停止执行。

2021 年 8 月 26 日，国家发改委又印发了《关于完善电解铝行业阶梯电价政策的通知》（发改价格〔2021〕1239 号），完善阶梯电价分档和加价标准：

（1）分档设置阶梯电价。按铝液综合交流电耗对电解铝行业阶梯电价进行分档，分档标准为每吨 13650kWh。电解铝企业铝液综合交流电耗不高于分档标准的，铝液生产用电量不加价；高于分档标准的，每超过 20kWh，铝液生产用电量每千瓦时加价 0.01 元，不足 20kWh 的，按 20kWh 计算。

（2）稳步调整分档标准。自 2023 年起，分档标准调整为铝液综合交流电耗每吨 13450kWh（不含脱硫电耗）；自 2025 年起，分档标准调整为铝液综合交流电耗每吨 13300kWh（不含脱硫电耗）。

（3）基于清洁能源利用水平动态调整加价标准。鼓励电解铝企业提高风电、光伏发电等非水可再生能源利用水平，减少化石能源消耗。电解铝企业消耗的非水可再生能源电量在全部用电量中的占比超过 15%，且不小于所在省（自治区、直辖市）上年度非水电消纳责任权重激励值的，占比每增加 1 个百分点，阶梯电价加价标准相应降低 1%。

2. 钢铁行业的差别电价和阶梯电价政策

根据国家发展改革委、工业和信息化部联合印发的《关于运用价格手段促进钢铁行业供给侧结构性改革有关事项的通知》（发改价格〔2016〕2803 号），自 2017 年 1 月 1 日起，对钢铁行业实行更加严格的差别电价政策，并对其他类钢铁企业推行阶梯电价政策，具体规定如下：

（1）实行更加严格的差别电价政策。对列入《产业结构调整指导目录（2011 年本）

（修正）》钢铁行业限制类、淘汰类装置所属企业生产用电继续执行差别电价，在现行目录销售电价或市场交易电价基础上实行加价，其中：淘汰类加价标准由每千瓦时 0.3 元提高至 0.5 元，限制类加价标准为 0.1 元/kWh。

未按期完成化解过剩产能实施方案中化解任务的钢铁企业，其生产用电加价标准执行淘汰类电价加价标准，即每千瓦时加价 0.5 元。

各地可结合实际情况在上述规定基础上进一步加大差别电价实施力度，提高加价标准。

若今后国家调整《产业结构调整指导目录（2011 年本）（修正）》，差别电价执行范围随之同步调整更新。

（2）推行阶梯电价政策。结合《粗钢生产主要工序单位产品能源消耗限额》（GB 21256—2013），对除执行差别电价以外的钢铁企业（以下简称"其他类钢铁企业"）生产用电实行基于粗钢生产主要工序单位产品能耗水平的阶梯电价政策。对钢铁企业生产用电按工序能耗分别设定三档电价，其中：第一档不加价，第二档每千瓦时加价 0.05 元，第三档每千瓦时加价 0.1 元。各地可结合实际情况在上述规定基础上进一步加大阶梯电价实施力度，提高加价标准。

本通知自 2017 年 1 月 1 日起执行。原对钢铁企业执行的惩罚性电价政策相应停止执行。

3. 水泥企业用电实行阶梯电价政策

根据国家发展改革委、工业和信息化部联合印发的《关于水泥企业用电实行阶梯电价政策有关问题的通知》（发改价格〔2016〕75 号），自 2016 年 1 月 14 日起，对水泥生产企业生产用电实行基于可比熟料（水泥）综合电耗水平标准的阶梯电价政策。

对《产业结构调整指导目录（2011 年本）（修正）》明确淘汰的利用水泥立窑、干法中空窑、立波尔窑、湿法窑生产熟料的企业以外的通用硅酸盐水泥生产企业生产用电实行基于可比熟料（水泥）综合电耗水平标准的阶梯电价政策。水泥企业用电阶梯电价加价标准为：

（1）GB 16780—2012《水泥单位产品能源消耗限额》实施之前（2013 年 10 月 1 日之前）投产的水泥企业，阶梯电价加价标准见表 5-1。

表 5-1　　　　　2013 年 10 月 1 日之前投产的水泥企业阶梯电价加价标准

水泥生产线	可比水泥综合电耗不超过 90kWh/t 的，其用电不加价；可比水泥综合电耗>90kWh/t 但≤93kWh/t 的，电价每千瓦时加价 0.1 元；可比水泥综合电耗>93kWh/t 的，电价每千瓦时加价 0.2 元
水泥熟料生产线	可比熟料综合电耗不超过 64kWh/t 的，其用电不加价；可比熟料综合电耗>64kWh/t 但≤67kWh/t 的，电价每千瓦时加价 0.1 元；可比熟料综合电耗>67kWh/t 的，电价每千瓦时加价 0.2 元
水泥粉磨站	可比水泥综合电耗不超过 40kWh/t 的，其用电不加价；可比水泥综合电耗>40kWh/t 但≤42kWh/t 的，电价每千瓦时加价 0.15 元；可比水泥综合电耗>42kWh/t 的，电价每千瓦时加价 0.25 元

（2）GB 16780—2012《水泥单位产品能源消耗限额》实施之后（2013 年 10 月 1 日之后）投产的水泥企业，阶梯电价加价标准见表 5-2。

表 5-2 　　　2013 年 10 月 1 日之后投产的水泥企业阶梯电价加价标准

水泥生产线	可比水泥综合电耗不超过 88kWh/t 的,其用电不加价;可比水泥综合电耗>88kWh/t 但≤90kWh/t 的,电价每千瓦时加价 0.1 元;可比水泥综合电耗>90kWh/t 的,用电每千瓦时加价 0.2 元
水泥熟料生产线	可比熟料综合电耗不超过 60kWh/t 的,其用电不加价;可比熟料综合电耗>60kWh/t 但≤64kWh/t 的,电价每千瓦时加价 0.1 元;可比熟料综合电耗>64kWh/t 的,用电每千瓦时加价 0.2 元
水泥粉磨站	可比水泥综合电耗不超过 36kWh/t 的,其用电不加价;可比水泥综合电耗>36kWh/t 但≤40kWh/t 的,电价每千瓦时加价 0.15 元;可比水泥综合电耗>40kWh/t 的,用电每千瓦时加价 0.25 元

水泥企业用电阶梯电价按年度执行,数据的核算周期为上一年度 1 月 1 日起至 12 月 31 日止。国家将根据情况适时调整水泥企业用电实行阶梯电价政策的电耗分档和加价标准。各地可以结合实际情况在上述规定基础上进一步加大阶梯电价实施力度,提高加价标准。

本通知自 2016 年 1 月 14 日起执行。原对淘汰类以外的通用硅酸盐水泥生产企业实施的差别电价和惩罚性电价政策相应停止执行。

(二)电动汽车充电设施价格(具体见第七章)

(三)光伏发电上网电价和补贴(具体见第七章)

第三节　电费抄核收

电费是客户对使用电力企业的产品——电能所应支付的费用。电费管理要求抄核收人员按照法定电价,准确、及时的从客户处回收电费并对其进行管理。电费管理是电力企业产供销过程中的最后一个环节,也是一个非常重要的环节。因为电费是电力企业的主要销售收入,它不仅直接关系到电力企业经营的效益,而且还直接影响到国民经济的发展。为此,供电企业必须加强电费管理,切实做好抄表、核算、收费等各项业务管理工作。根据国家电网公司出台的《国家电网有限公司电费抄核收管理办法》(国家电网企管〔2019〕502 号),电费抄核收管理实施流程规范化及作业标准化的管理模式,应用营销业务应用系统,实现电费抄核收工作全过程的量化管控,保障抄表收费及资金安全,确保电费准确、及时、全额回收。

一、抄表管理

对所有用电行为均应纳入抄表管理。对于临时用电,对于单点容量小、安装分布广、持续用电的有线电视、网络通信、交通信号灯、移动基站等用户,具备装表条件的必须装表计量,确实不具备装表条件的,纳入协议定量户专项管理,签订供用电协议,明确设备数量、设备容量、定量电量等内容,按期算量算费。

(一)抄表周期管理

抄表周期管理执行以下规定:

(1)电力客户的抄表周期为每月一次(采取本地费控的,在不影响用户年度阶梯结算准确性的情况下,抄表周期可为双月一次)。

（2）对高耗能高污染及产业过剩、存在关停并转风险的企业，经营状况差、存在欠费记录或列入社会征信体系黑名单实施联合惩戒的企业，以及临时用电的电力客户，按国家有关规定或合同约定实行购电制、分次结算、电费担保、电费抵押等方式防范回收风险。

（3）对高压新装电力客户应在接电后的当月完成采集建设调试并在客户归档后第一个抄表周期进行首次远程自动化抄表。对在新装接电归档后当月抄表确有困难的其他电力客户，应在下一个抄表周期内完成采集建设调试并进行首次远程自动化抄表。

（4）抄表周期变更时，应履行审批手续，并事前告知相关电力客户。因抄表周期变更对居民阶梯电费计算等带来影响的，应按相关要求处理。

（二）抄表例日管理

抄表例日管理执行以下规定：

（1）35kV 及以上电压等级及低压电力客户抄表例日应安排在月末最后一天 24h，其他高压电力客户抄表例日应安排在每月 25 日及以后。

（2）对同一台区的电力客户、同一供电线路的高压电力客户、同一户号有多个计量点的电力客户、同一售电公司名下的电力客户、存在转供关系等特殊情况的电力客户，抄表例日、抄表周期应同步。

（3）对每月多次抄表的电力客户，应按"供用电合同"或"电费结算协议"有关条款约定的日期安排抄表。

（4）抄表例日不得随意变更。确需变更的，应履行审批手续并告知相关电力客户和线损管理部门。因抄表例日变更对基本电费、阶梯电费计算等带来影响的，应按相关要求处理。

目前在不断推进电力体制改革，促进电力市场化交易，有序放开工商业用户全部进入电力市场的大背景下，各电网公司都在稳步推进按自然月购售同期抄表。如浙江电网，目前已实现全部电力用户均为月末 24 点抄表，即按自然月购售同期抄表，对于分次结算的用户，每月分两次结算的，均为 15 日、月末 24 点抄表结算；每月分三次结算的，均为 10 日、20 日、月末 24 点抄表结算。

（三）抄表段设置

抄表段设置应遵循抄表效率最高的原则，综合考虑电力客户类型、抄表周期、抄表例日、地理分布、便于线损管理等因素。

（1）抄表段一经设置，应相对固定。调整抄表段应不影响相关电力客户正常的电费计算。新建、调整、注销抄表段，须履行审批手续。

（2）存在共用变压器的电力客户、存在转供电关系的电力客户以及发用电关联的电力客户应设在同一抄表段。

（3）新装电力客户应在归档当月编入抄表段；注销电力客户应在下一抄表计划发起前撤出抄表段。

（四）制定抄表计划

制定抄表计划应综合考虑抄表周期、抄表例日、抄表现场作业人员、抄表工作量及抄表区域的计划停电等情况。抄表计划全部制定完成后，应检查抄表段或电力客户是否有遗漏。采集未覆盖区域，现场抄表作业人员应定期轮换抄表区域，同一抄表作业人员对同一抄表段的抄表时间最长不得超过三年。抄表计划不得擅自变更。因特殊情况不能按计划抄表的，应履行审批手续。对高压电力客户不能按计划抄表的，应事先告知电力客户。

抄表计划制定、抄表数据准备、远程抄表等环节由系统自动实现。抄表员在抄表例日当日核查是否存在特殊原因而未制定计划的抄表段，并及时进行手工制定抄表计划。

（五）远程抄表

抄表例日三天前由采集运维人员进行采集质量检查，对发现采集失败的应在两天内完成现场消缺。

严格按规定的抄表周期和抄表例日对电力客户进行抄表。抄表数据原则上必须是抄表例日当日 0 时用电计量装置冻结数据。应严格通过远程自动化抄录用电计量装置记录的数据，严禁违章抄表作业，不得估抄、漏抄、错抄。具备条件的省公司可以分步建立所有电力客户或部分重要电力客户的全省抄表集中模式，不断提升公司的集约化、精益化管理水平。

（六）抄表数据复核

抄表示数上传后 24h 内，应按抄表数据审核规则，完成全部审核工作，对自动抄表数据失败、数据异常的应立即发起补抄和异常处理，特殊原因当天来不及到现场补抄的，应在第二天完成补抄，抄表数据核对无误后，在规定时限内将流程传递至下一环节。

（七）现场补抄

补抄应通过现场作业终端（或抄表机）进行。当抄表例日无法正确抄录数据时，可使用抄表例日前一日采集冻结数据或当前数据用于电费结算。不允许手工录入，特殊情况下需要手工录入的，应上传详实佐证材料，佐证材料包括现场表计示数照片等。

现场补抄应严格遵循采集运维现场作业规范和安全工作规程。

（1）补抄时，应认真核对电力客户电能表箱位、表位、表号、倍率等信息，检查电能计量装置运行是否正常，封印是否完好。对新装及用电变更电力客户，应核对并确认用电容量、最大需量、电能表参数、互感器参数等信息，做好核对记录。

（2）采用现场作业终端（或抄表机）抄表的，应在现场完成数据核对工作。当抄见数据与现场电能表显示的示数不符时，应暂以现场电能表显示的示数完成抄表，并及时报告相关部门。

（3）与带电设备保持规定的安全距离，不得操作电力客户用电设备。如需登高时，必须采取安全防护措施。抄表过程中应加强自我防护意识，防止意外伤害，并严格遵守交通安全法规。人工读取电能表示数时尽量通过红外唤醒电表屏显，避免开启计量箱（柜）门。需要入户抄表的，认真执行现场服务规范，应出示工作证件，遵守电力客户的出入制度。

（八）现场抄表异常处理

现场作业发现异常按下列原则处理：

（1）发现表计损坏、停走、倒走、飞走、采集示数与现场不符等异常情况，使用现场作业终端录入异常现象并发起换表流程，并进行相应处理。

（2）发现窃电、表位移动、高价低接、用电性质变化等违约用电现象时，做好相应的记录。现场作业不得自行处理和惊动电力客户，应及时与用电检查人员联系，待公司有关人员到达现场配合检查取证后方可离开，如仍有抄表工作未完成应先完成抄表工作。

（九）抄表质量检查

定期开展抄表质量检查：

（1）新接电电力客户应在两个抄表周期内进行现场核对抄表，发现数据异常，立即处理。

（2）应重点针对连续三个抄表周期的零度表通过远程召测分析，对于分析异常的应及时消缺处理，无法确认的异常应到现场核实后处理。

（3）连续出现三个抄表周期采集失败（手工抄表）的电力客户，应安排不同的工作人员对抄表示数进行复核。

（4）对实行远程自动采集抄表方式的电力客户，应定期安排现场核抄。

（5）对于存在总分表的电力客户，应对总表、分表示数进行核查，如出现分表电量大于总表电量的情况，应立即安排现场核查。

（6）通过采集系统相关功能模块定期对采集示数进行核对检查，发现异常立即安排现场核查。

（7）对于协议定量户，要与定量设备产权方在供用电合同中明确定量设备数量、设备容量、定量电量、收费方式等内容；每年至少对定量设备现场核定一次，原供用电合同中相关内容发生变化的，应立即进行调整，确保电量电费及时准确发行。

二、核算工作

抄表数据复核结束后，一般应在一个工作日内完成电量电费审核工作。各省公司可结合自身实际，科学合理安排核算计划，确定不同性质电力客户的具体核算日和发行日，并根据自动化抄表情况、智能核算情况和电力客户的特殊要求进行合理调度和调整。

（一）推行电费智能核算模式

推行电费智能核算模式，不断提高核算效率和质量。具备条件的省公司可以分步实现全省核算集中模式，不断提升电费核算业务的集约化、精益化管理水平。

加强智能核算策略建设和管理。通过对业扩流程档案重要参数审核、电费试算、异常电力客户审核以及事后的二次审核等方式，加强电费审核的全过程管理。同时及时根据电价政策、业务规则的变化，动态调整各类审核策略，确保策略完整准确。

（二）电费核算

严格电量电费核算管理，确保电量电费核算的各类数据及参数的完整性、准确性，特别是针对电价调整、电力客户计量装置更换、业务变更等可能影响核算质量的环节，要不断完善营销系统及市场化系统软件的智能提示功能，提高人工对异常判断的准确性。

电量电费核算应认真细致：

（1）对新装电力客户、变更电力客户、电能计量装置参数变化的电力客户，其业务流程处理完毕后的首次电量电费计算（或试算），高压应逐户审核、低压应抽查典型电力客户。对电量明显异常及各类特殊供电方式（如多电源、转供电等）的电力客户应每月重点审核。

（2）在电价政策调整、数据编码变更、营销业务应用系统程序修改及故障检修等事件发生后，应进行大规模或单户模拟电费试算，并对各电价类别、各电压等级的电力客户进行重点抽查审核，审核电力客户计费参数等档案资料是否正确，发现影响电费正确计算的应及时反馈相关部门处理，杜绝正式环境、正常结算时电费差错产生。

（3）按时将市场化交易电力客户电量传递给交易中心，并根据交易中心返回的清分电量和电价，对市场化交易电力客户进行电费计算、审核、发行。

（三）电费核算异常处理

发现电费计算有异常，应立即查找原因，应按规定的程序和流程及时处理，做好详细记录，并按月汇总形成审核报告。实现省级核算集中的省公司，可在各地市公司设置工作站，协调异常工单的处理。

加强电量电费差错管理，规范退补流程，因抄表差错、计费参数错误、计量装置故障、违约用电、窃电等原因需要退补电量电费时，应由责任部门在营销业务应用系统内发起电量电费退补流程，写明退补原因、计算过程并上传相关资料，营销业务应用系统应设置电费退补审批环节，经逐级审批后由核算中心（班组）完成退补审核、发行。

（四）电费报表

优化完善营销业务应用系统功能，按财务制度编制应收电费各类报表，报表应核对一致，保证数据完整准确。

（五）建立电费核算知识库

建立电费核算典型知识和差错知识库。根据电费核算中涉及的各种变量，结合实际工作中可能出现的各种业务变更情况，把稽查监控有关功能并入营销业务应用系统业扩工单和电费审核校验中，形成一套标准的电费核算体系。借助营销业务系统的全面应用，及时总结电费核算过程中出现的各种问题，建立电费核算差错知识库，详细分析追溯营销各环节在工作不规范情况下对电费核算正确性的影响。

三、收费工作

严格做到准确、全额、按期收交电费，按照财务制度规定开具电费发票及相应收费凭证。任何单位和个人不得随意减免应收电费。

（一）电量电费账单

电费发行后，电量电费信息应及时以电子账单方式或其他与电力客户约定的方式告知电力客户。账单内容包括本期电量电费信息、交费方式、交费时间、服务电话及网站等。

（二）各种交费方式

采用智能交费业务方式的，应根据平等自愿原则，与电力客户协商签订协议，条款中应包括电费测算规则、测算频度，预警阈值、停电阈值，预警、取消预警及通知方式，停电、复电及通知方式，通知方式变更，有关责任及免责条款等内容。

采用（预）购电交费方式的，应与电力客户签订（预）购电协议，明确双方权利和义务。协议内容应包括购电方式、预警方式、跳闸方式、联系方式、违约责任等。

实行分次划拨电费的，每月电费划拨次数一般不少于三次，具体电费划拨次数、划拨金额经双方协商后在合同（协议）中确定，于抄表例日统一结算。实行分次结算电费的，每月应按协议约定的次数和抄表时间，按时抄表后进行电费结算。

采用柜台收费（坐收）方式时，应核对户号、户名、地址等信息，告知电力客户电费金额及收费明细，避免错收，收费后应主动向电力客户提供收费票据。电力客户同时采取现金、支票与汇票支付一笔电费的，应分别进行账务处理。严格按照电力客户实际交费方式在营销系统中进行收费操作，确保系统中收费方式、实收金额与实际一致。

采用代扣、代收与特约委托方式收取电费的，供电公司、电力客户与银行等金融机构应签订协议，明确各方的权利义务。采用分次划拨或分次结算方式的，协议内容应增加分次划拨或分次结算次数及时间等内容。应严格按约定时间与银行发送、接收并处理交费信息，及时做好对账和销账工作，发现异常情况及时按约定程序处理。电力客户银行账户资金不足以实现电费扣款或扣款失败时，应及时通知电力客户。采用代收、代扣收费方式时，代收、代扣协议机构应按协议约定时间将当日代收、代扣电费资金转至供电公司电费账户。

采用自助终端收费方式时，应每日对自助交费终端收取的现金进行日终解款。每日对充值卡和银行卡在自助终端交费的数据进行对账并及时处理单边账。电力客户在自助终端交费成功后应向其提供交费凭证。

采用银行卡刷卡收费方式时，应每日核对当日刷卡签单凭据金额与营销系统是否一致，每日与 POS 机发行单位进行对账并及时处理单边账。妥善保管电力客户银行卡刷卡签单凭据备查。

严格落实《国家电网公司资金管理办法》相关要求，不得收取商业承兑汇票，从严控制银行承兑汇票收取。完善营销系统银行承兑收费功能，全面推进银行电子承兑应用，纸质银行承兑汇票须经财务确认登记后，方可进行收费。

实施多元化交费。统筹考虑本地区特点和电力客户群体差异，做好原有网点坐收、银行代扣代收等行之有效的交费方式外，应利用网络信息技术、先进支付手段，拓展95598网站、电费网银、"网上国网"App、第三方支付等新型交费渠道，加大电子化及社会化交费推广力度。

应逐步取消走收。确因地区偏远等原因造成电力客户交费困难的，可使用手持终端上门收费。现场收费时，收费人员应执行现场服务规范，出示工作证件，注意做好人身及资金安全工作，必要时两人前往。收取电力客户电费时，应注意核对电力客户信息，避免错交电费，收费后立即通过手持终端销账并打印票据给电力客户。

（三）电费收取、解款业务

电费收取应做到日清日结，收费人员每日将现金交款单、银行进账单、当日实收电费汇总表传递至电费账务人员。

（1）每日必须进行现金盘点，做到日清日结，按日编制现金盘点表。每日收取的现金及支票应当日解交银行，由专人负责每日解款工作并落实保安措施，确保解款安全。当日解款后收取的现金及支票应做好台账记录，统一封包存入专用保险柜，于下一工作日解缴银行。如遇双休日、节假日，则顺延至下一个工作日。

（2）收取现金时，应当面点清并验明真伪。收取支票时，应仔细检查票面金额、日期及印鉴等是否清晰正确。

（3）电力客户实交电费金额大于电力客户应交电费金额时，征得电力客户同意后可作预收电费处理。

（4）供电营业厅（所）负责人每月应对窗口现金监盘一次，并在盘点表上签字备查。

（四）廉政要求

严格区分电费资金和个人钱款，严禁截留、挪用、侵吞、非法划转、混用电费资金，严禁工作人员利用信用卡还款周期滞留电费资金或套取现金。收费网点应安装监控和报警系统，将收费作业全过程纳入监控范围。

严格执行电费收费、账务处理、账务审核等不相容岗位分离制度，不相容岗位不得混岗。

（五）电费回收责任人制度

按照客户月均电费金额，分级落实电费回收第一责任人，每个客户都有电费回收责任人。其中月均电费超过1亿元、1000万元、100万元的客户，省、地市、县公司相关领导为第一责任人。

（六）欠费停电程序

对欠费电力客户应有明细档案，按规定的程序催交电费。

（1）电费催交通知书、停电通知书应由专人审核、专档管理。电费催交通知书内容应包括催交电费年月、欠费金额及违约金、交费时限、交费方式及地点等。鼓励采用电话、短信、微信等电子化催交方式。

某些电网公司，如浙江电力有限公司目前正在尝试推进智能语音催费，即将原始的人工电话、语音催费，转变为语音AI机器人催费，实现语音自动催费告知，甚至也可以实现语音自动停电告知，避免了一些客户由于业务人员言语不当而被激怒，引发投诉等不良舆论事件发生，同时也实现了人工电话催费同样的效果，在东阳供电公司等工作实践中取得了良好的效果。

（2）加强欠费停电管理，严格按照国家规定的程序对欠费电力客户实施欠费停电措施。停电通知书内容应包括催交电费日期、欠费金额及违约金、停电原因、停电时间等。对未签订智能交费协议的电力客户，停电通知书须按规定履行审批程序，在停电前三至七天内送达电力客户，可采取电力客户签收或公证等多种有效方式送达。对重要电力客户的停电，应将停电通知书报送同级电力管理部门，在停电前通过录音电话等方式再通知电力客户，方可在通知规定时间实施停电。

（3）智能交费电力客户根据协议约定，当可用余额低于预警值时，应通知电力客户及时交费；当可用余额小于停电阈值，采取停电措施。

（4）停电操作前，应再次核对电力客户当前是否欠费以及停电通知送达情况，确认无误后执行停电操作。欠费停电操作不得擅自扩大范围或更改时间。

（5）电力客户结清电费及违约金后，应在 24 个小时内恢复供电，如特殊原因不能恢复供电的，应向电力客户说明原因。

受政府影响无法实施欠费停电的，争取将政府书面承诺或会议纪要等有效文书作为前置条件；对欠费上市公司或市场化交易电力客户，应向有关部门披露其违约信息；对关停、破产电力客户，及时启动法律催缴程序。

（七）电费违约金管理

严格按供用电合同的约定执行电费违约金制度，不得随意减免电费违约金，不得用电费违约金冲抵电费实收，违约金计收金额最高不得超过本金的 30%。由下列原因引起的电费违约金，可经审批同意后实施电费违约金免收：

（1）供电营业人员抄表差错或电费计算出现错误影响电力客户按时交纳电费。

（2）因非电力客户原因导致银行代扣电费出现错误或超时影响电力客户按时交纳电费。

（3）因营销业务应用系统电力客户档案资料不完整或错误，影响电力客户按时交纳电费。

（4）因供电公司账务人员未能及时对银行进账款项确认造成电力客户欠费产生违约金。

（5）因营销业务应用系统或网络发生故障时影响电力客户按时交纳电费。

（6）因不可抗力、自然灾害等原因导致电力客户无法按时交纳电费。

（7）其他因供电公司原因产生的电费违约金

四、账务工作

严格执行电费账务管理制度。按照营财双方设置的电费科目，建立电力客户电费明细账，电费明细账应能提供电力客户名称、结算年月、实收金额、欠费金额、预收金额、电度电费及各项代征基金金额等信息，做到电费应收、实收、预收、未收电费电子台账及银行电费对账电子台账（辅助账）等电费账目完整清晰、准确无误，确保营销业务应用系统电费业务数据、账务数据与财务账目一致。

（一）电费账务

电费账务应准确清晰。按财务制度编制实收电费日报表、日累计报表、月报表，严格审核，稽查到位。

（1）每日应审查各类日报表，确保实收电费明细与银行进账单数据一致、实收电费与财务账目一致。不得将未收到或预计收到的电费计入实收。

（2）当日解款前发现错收电费的，可由当日原收费人员进行全额冲正处理，并记录冲正原因，作废原票据。收费冲正原则上应当日处理。对当日解款后、到账确认前发现错收电费的，按收费差错处理；已到账确认的，按退费处理。营销业务应用系统设置冲正和退费流程，严格履行审批手续，并上传相关资料。退费应准确、及时，避免产生纠纷。

（二）推进账务处理自动化

在对公收费中推行电子托收、企业电费网银、银行按户入账等电子化交费方式；建立银企数据双向传递机制，采用银行进账单图像自动识别、银行资金自动对账、自动销账等技术，逐步实现电费账务自动化作业，提高电费账务处理效率和精益化管理水平。以规范电费账务管理、防范电费风险、促进电费账务自动化作业、提高工作效率为目标，在处理好客户、公司、银行关系的前提下，稳步推进电费账户省级集约（即"一行一省一户"），具备条件的省公司稳妥推进电费账务省级集约。

（三）加强电费账务对账管理

财务部门通过系统每日将银行流水传递到营销系统，营销部门按日开展电费对账、到账确认工作，管控电费到账数据真实性。

（四）严格管控手工凭证处理

严格管控营销业务应用系统涉及应收、预收科目的手工凭证处理。完善关联户（集团户）流程，非关联户间的"预收互转"应以相关方签订协议为前提，并执行审批制度，坚决杜绝利用预收电费违规进行非关联户冲抵等操作。

（五）严格执行资金收支两条线

严格执行资金收支两条线管理制度。电费资金实行专户管理，不得存入其他非电费账户；退款及代收电费手续费支付应从各单位的非电费账户支出。加强电费账户的日常管理，确保营销业务系统中电费账户信息准确。

第四节　市场化售电

一、市场化交易机制的完善

2015 年 3 月 15 日，中共中央、国务院印发《关于进一步深化电力体制改革的若干意见》（中发〔2015〕9 号）提出要推进电力交易体制改革，完善市场化交易机制。

同年 11 月，作为中发 9 号文件的配套文件之一，《关于推进电力市场建设的实施意见》（简称《实施意见》）指出"电力市场主要由中长期市场和现货市场构成。中长期市场主要开展多年、年、季、月、周等日以上电能量交易和可中断负荷、调压等辅助服务交易。现货市场主要开展日前、日内、实时电能量交易和备用、调频等辅助服务交易。"

《实施意见》提出在具备条件的地区逐步建立以中长期交易为主、现货交易为补充的市场化电力电量平衡机制；逐步建立以中长期交易规避风险，以现货市场发现价格，交易品种齐全、功能完善的电力市场，在全国范围内逐步形成竞争充分、开放有序、健康发展的市场体系。《实施意见》明确建立相对稳定的中长期交易机制、完善跨省跨区电力交易机制、建立有效竞争的现货交易机制、建立辅助服务交易机制等 9 个方面推进电力市场建设。

在现货交易和中长期交易相结合的电力市场尚未建立的情况下，为了规范和整合全国各地开展的各类电力交易，推动形成较为完整的电力中长期交易体系，实现各类交易依法有序开展，2016 年 12 月，国家能源局组织制定《电力中长期交易基本规则（暂行）》（发改能源〔2016〕2784 号）（简称《基本规则》）。《基本规则》将电力中长期交易品种进行了通盘考虑和有机整合，规定了电力中长期交易的品种、周期、方式、价格机制、时序安排、执行、计量结算及合同电量偏差处理、辅助服务等内容，进一步细化了电力中长期市场的运营规则，确保交易公平公正。为了能及时调整规则，为建立电力中长期交易与现货交易相结合的电力市场机制做准备，《基本规则》有效期为三年。

制定出台《基本规则》是国家对电力市场建设总体设计的工作要求。2005 年 11 月出台的《电力市场运营基本规则》（电监会 10 号令）制定了大用户直接交易、发电权交易、跨省跨区交易等一系列市场交易规则。《基本规则》吸收了《电力市场运营基本规则》（电监会 10 号令）、《电力市场监管办法》（电监会 11 号令）的有效成分，以及各地电力中长期交易经验及有效做法，结合了新一轮电力体制改革的新特点、新要求，对相关规则进行整合、补充、完善，防止市场无序、过度干预和过度竞争，确保电力市场建设和市场化交易"不跑偏、不走样"。

由于不同省份的能源分布有着很大的区别，各个省份在《基本规则》的基础上，制订了适合于本省的交易规则。截至 2019 年 3 月，已有 18 个省份陆续制定或修订了各自的交易规则。总体来看，这些交易规则大多是在国家层面规定框架下的细化。在基本原则不变的基础上，每个省份都根据自身实际情况和发展需要对规则要点进行了规定，出台的规则呈现出普遍性和一定差异性。

2020 年 6 月 10 日，国家发展改革委、国家能源局印发了《电力中长期交易基本规则》（发改能源规〔2020〕889 号）。与《电力中长期交易基本规则（暂行）》相比，在经济政策环境和市场建设实践都发生了较大变化的情况下，新版规则坚持市场化方向，充分尊重并积极响应市场运行过程中市场主体反映的合理诉求，全面修编完善交易规则，对未来电力市场建设具有十分重要的意义。

截至 2020 年底，海南、甘肃、云南、山西、华东跨省地区根据《电力中长期交易基本规则》（发改能源规〔2020〕889 号）研究制定本地电力中长期交易实施细则并正式印发，另先后有江苏、新疆、安徽等 14 个地区陆续提交征求意见稿公开征求意见。

随着电力体制改革的推进和深化，全国各地电力交易市场逐步建立。与此同时，有着资源优势省份的电源点得到重点开发，超高压、特高压交直流输电网络逐步构建，各地跨省跨区电能交易行为变得更为频繁。为规范电能交易，优化资源配置，早在 2009 年国家电监会出台了《跨省（区）电能交易监管办法（试行）》，为跨省跨区电能交易快速、稳定增长打下了基础。2012 年 12 月 7 日，国家电监会出台《跨省跨区电能交易基本规则（试行）》，明确了省级电网公司以及符合条件的独立配售电企业和电力用户均可以作为跨省跨区电能交易购电主体；跨省跨区电能交易原则上均应采取市场化的交易方式；年度交易优先保证清洁能源消纳利用。

2017 年 6 月 7 日，广州电力交易中心正式印发《南方区域跨区跨省月度电力交易规则（试行）》，作为国内首个跨区跨省月度电力交易规则，明确了南方区域跨区跨省的市场交易主体范围，设计了协议交易、发电合同转让交易、集中竞价交易以及挂牌交易四个交易品种和交易规则，规范了交易组织、安全校核以及交易计量、结算等工作流程和要求。北京电力交易中心编制了《北京电力交易中心跨区跨省电力中长期交易实施细则（暂行）》，作为国内首个省间电力中长期交易实施细则，获得国家能源局批复后于2018年9月1日正式实施。

建立和完善电力现货市场，对于用电客户可以及时发现价格信号，对于电网可以实现电力短期供需平衡，对于新能源则能够有效促进消纳，因此是电力市场化改革不可或缺的重要一环。2017年8月28日，《国家发展改革委办公厅　国家能源局综合司关于开展电力现货市场建设试点工作的通知》（发改办能源〔2017〕1453号）印发，选择南方（以广东起步）、蒙西、浙江、山西、山东、福建、四川、甘肃八个地区作为第一批电力现货市场建设的试点，要求试点地区于2018年年底前启动电力现货市场试运行，以加快探索建立电力现货交易机制，改变计划调度方式，发现电力商品价格，形成市场化的电力电量平衡机制，逐步构建中长期交易与现货交易相结合的电力市场体系。

2018年8月31日，南方（以广东起步）电力现货市场在第一批试点中首家启动试运行。同年10月23日，中国电力改革30人论坛组织召开电力现货市场建设专家闭门会议，专门研讨了南方电力现货市场建设情况。11月16日国家发展改革委和国家能源局在广州组织召开全国电力现货市场建设现场会。与此同时，《国家能源局综合司关于健全完善电力现货市场建设试点工作机制的通知》（国能综通法改〔2018〕164号）印发，提出建立协调联系机制、信息报送机制等措施，以推动电力现货市场建设试点尽快取得实质性突破，并将第一批试点地区开展现货试点模拟试运行的时限调整为2019年6月底；《国家发展改革委办公厅　国家能源局综合司关于印发电力市场运营系统现货交易和现货结算功能指南（试行）的通知》（发改办能源〔2018〕1518号）也于2018年11月21日印发，这两份文件既有效促进了各试点地区工作提速，也充分考虑到了此项工作的复杂性，提供了可操作性很强的工作指南。

2018年12月27日，甘肃、山西电力现货市场启动试运行。2019年5月南方（以广东起步）电力现货市场实施了国内首次电力现货市场结算；同年5月30日，浙江电力现货市场启动试运行；同年6月20日和21日，四川和山东、福建电力现货市场分别启动试运行。同年6月26日，随着内蒙古电力多边交易现货市场模拟试运行启动仪式的举行，国家发展改革委、国家能源局确定的第一批八个电力现货市场建设试点全部如期进入试运行阶段。

二、电力交易机构的组建

电力市场化交易一直是电力体制改革的重点。2015年3月15日，《关于进一步深化电力体制改革的若干意见》（中发〔2015〕9号文）下发，明确要求建立相对独立的电力交易机构，形成公平规范的市场交易平台。

电力交易中心是电力市场重要平台和电力市场改革重要组成部分。2015年11月，

《关于电力交易机构组建和规范运行的实施意见》（以下简称《实施意见》）的出台是进一步贯彻落实中发〔2015〕9号文的具体行动，是积极推动统一开放、竞争有序的电力市场体系建设的重要举措，旨在形成公平公正、有效竞争的市场格局，促进市场在能源资源优化配置中发挥决定性作用和更好发挥政府作用的有效途径。落实《实施意见》要求，加快组建相对独立的电力交易机构，对推动我国电力市场化改革具有重要意义。

《实施意见》主要包括五部分内容。一是总体要求，明确了交易机构组建和规范运行须遵循的指导思想和基本原则。提出了"平稳起步、有序推进，相对独立、依规运行，依法监管、保障公平"的基本原则。二是交易机构的组建，明确了交易机构职能定位和组织形式，电力市场管理委员会组成及运作，交易机构框架体系，交易机构人员来源及收入，交易机构与调度机构关系等。三是交易机构具体职责，包括拟定交易规则、交易平台建设运维、交易组织实施、交易结算等。四是交易机构的监管，包括市场监管、外部审计、业务稽核等。五是交易机构组建工作的组织实施，按照先试点、再推广的步骤开展工作。《实施意见》对交易机构设置、职能定位以及运行规则提供了政策依据。2016年2月26日，国家发展改革委员会、国家能源局批复同意了北京、广州电力交易中心组建方案。

2016年3月1日，中国首家取得工商注册的电力交易机构——北京电力交易中心有限公司正式挂牌运营。北京电力交易中心开展市场化省间交易，落实国家计划、地方政府协议，促进清洁能源大范围消纳，逐步推进全国范围内的市场融合。北京电力交易中心不以盈利为目的，按照章程和市场规则为电力市场交易提供服务，日常业务不受市场主体干预，交易业务与电网企业其他业务分开，并接受政府有关部门的监管。

北京电力交易中心采用有限责任公司的组织形式，由国家电网公司独家出资5000万元发起设立。2016年10月17日，北京电力交易中心成立市场管理委员会，主要负责研究北京电力交易中心章程、研究讨论交易和运营规则、研究提出北京电力交易中心高级管理人员建议、协调电力市场相关事项等。为规范售电公司的准入条件，2016年12月12日，北京电力交易中心与国家电网范围内各省电力交易中心联合发布《售电公司市场注册规范指引》（试行），自此，各电力交易中心按此向符合条件的售电公司提供市场注册服务。2017年，北京电力交易中心组织开展交易机构全面升级规范运行活动，加入了全国电力交易机构联盟，为省间合作的发展打下了坚实的基础。2018年，北京电力交易中心以促进省间电力合作作为工作重点，实施了《北京电力交易中心省间电力中长期交易实施细则》、电力市场主体的信用评价体系、电力交易机构市场服务"八项承诺"，共同构建省间合作三大制度保障，确保省间电力合作的持续、有序、高效的开展。

2016年5月11日，广州电力交易中心有限责任公司在广州市工商局完成工商注册，正式开业。开业当日，该中心就以第一单业务——云南送广东跨省市场化交易，竞价规模6亿千瓦时，开始了实质性运作。广州电力交易中心严格按照公司法组建，设立了董事会、监事会，由南方电网公司控股。2016年8月25日，广州电力交易中心市场管理委员会正式成立，市场管理委员会由送电省、受电省、发电企业、电网企业、交易机构、第三方机构等类别代表组成，是各类别市场主体代表参与的自治性议事协调机构，主要负责研究讨论广州电力交易中心章程、交易和运营规则，推荐广州电力交易中心高级管理人员，并协调电力市场相关事项等。该委员会的成立，使得南方区域电力市场化改革工作进一步深化，维护市场公平、公正、公开，保障市场主体合法权益的体制机制进一步完善。广州电力交易中心成立后，积极开展电力跨区域合作，推进跨省电力市场建设，先后制定了《南方区域跨区跨省月度电力交易规则（试行）》《南方区域跨区跨省中长期电力交易规则》，促进了南方区域电力市场协同发展，进一步推进了南方区域电力市场建设，通过市场化手段更好地达成了省间余缺调剂和资源优化配置的目的。

北京、广州这两个国家级电力交易中心的组建，是深化电力体制改革、加快电力市场建设的关键一步，标志着中国电力放开竞争性环节、实现市场化交易进入全面实施阶段。2017 年 12 月 25 日，全国最后一个省级电力交易平台海南电力交易中心正式挂牌成立，全国已成立了 33 家省级电力交易中心新组建的电力交易机构。

2018 年 8 月 28 日，针对当时除广州电力交易中心和山西等 8 省（区、市）电力交易中心为股份制公司外，其他电力交易中心未能实现电力交易机构相对独立和规范运行的问题，国家发展改革委、国家能源局发布《关于推进电力交易机构规范化建设的通知》（发改经体〔2018〕1246 号），要求按照多元制衡原则，对两个国家级和各省（区、市）电力交易中心进行股份制改造，以利于搭建公开透明、功能完善的电力交易平台。《通知》还规定，电力交易机构应体现多方代表性，股东应来自各类交易主体，非电网企业资本股比应不低于 20%，鼓励按照非电网企业资本占股 50% 左右完善股权结构。

电力交易机构的股份制改造，是交易中心走向独立的第一步。截至 2018 年底，广州电力交易中心作为区域性的电力交易中心，南方电网公司持股比例 66.7%，其他股份为广东、云南、广西、海南、贵州各一家相关企业参股；广东电力交易中心由广东电网公司持股 70%，其他股东包含粤电集团、中广核、华润电力等实力型发电企业；广西电力交易中心的股东数量较多，足足有 11 个之多，除广西电网持股 66.7% 外，其他企业均持股 3.33%；海南电力交易中心成立时间不长，股权结构也相对简单，除海南电网公司持股 67% 外，剩余股份均为海南省发展控股公司持有；昆明电力交易中心是所有电力交易中心中电网持股比例最低的，只持有 50%，其他股份为能源集团、水电公司、铝业公司等持有；贵州电力交易中心的股权结构比较简单，贵州电网持股 80%，其余为贵州产业投资公司持股。

2019 年 12 月 31 日，北京电力交易中心增资协议签约仪式在北京举行，共引入十家综合性能源电力集团投资者，国家电网持股比例降至约 70%，公开增资引入新的投资方持股比例合计约 30%。同年底，国家电网下属省级电力公司全资持股的天津、江苏、湖南、山东、吉林、辽宁六个电力交易中心在北京产权交易所陆续挂牌增资项目，通过增资扩股的方式，向社会资本转让部分股权以募集资金，实施股权多元化。

截至 2019 年底，在国网区域内，山西电力交易中心、湖北电力交易中心和重庆电力交易中心为股份制公司。山西电力交易中心的股东有 7 个，其中国网山西持股 70%，大唐集团、晋能集团、国电、华能、漳泽电力持股 5%；湖北电力交易中心的股东也为

7 个，除国网湖北电力公司持股 70%外，华润电力、国家电投、华电、华能、国电均持股 5%；重庆电力交易中心的股东为 9 个，国网重庆持股 70%，重庆能投持股 9%，国家电投、神华、华电及相关电力企业均有 2%～3%的持股；其他国家电网区域的各个省份电力交易中心仍然由国家电网省公司百分百控股。

2020 年 2 月，国家发展改革委、国家能源局印发《关于推进电力交易机构独立规范运行的实施意见》（发改体改〔2020〕234 号），提出要加快推进交易机构股份制改造，单一股东持股比例不得超过 50%；要求 2020 年底前电网企业持股比例降至 50%以下。截至 2020 年 7 月，国家电网公司与南方电网公司经营区内北京电力交易中心、广州电力交易中心和 32 家省级电力交易机构全部完成股份制改造。

三、发用电计划的有序放开

2016 年 7 月，国家发展改革委经济运行调节局下发征求意见函，对国家发展改革委、国家能源局制定的《关于有序放开发用电计划工作的通知（征求意见稿）》公开征求意见，发用电计划放开开始进入具体操作层面。文件主要包括加快组织煤电企业与售电企业、用户签订发购电协议，加快缩减煤电机组非市场化电量，其他发电机组均可参与市场交易，引导电力用户参与市场交易，适时取消相关目录电价，不再安排新投产机组发电计划，推动新增用户进入市场，放开跨省跨区送受煤电计划等内容。

2017 年 3 月 29 日，国家发展改革委、国家能源局印发《关于有序放开发用电计划的通知》（发改运行〔2017〕294 号）。《通知》从十个方面对有序放开发用电计划工作有关事项进行了安排：加快组织发电企业与购电主体签订发购电协议（合同）；逐年减少既有燃煤发电企业计划电量；新核准发电机组积极参与市场交易；规范和完善市场化交易电量价格调整机制；有序放开跨省跨区送受电计划；认真制定优先发电计划；允许优先发电计划指标有条件市场化转让；在保障无议价能力用户正常用电基础上引导其他购电主体参与市场交易；参与市场交易的电力用户不再执行目录电价；采取切实措施落实优先发电、优先购电制度。

2018 年 7 月 16 日，国家发展改革委、国家能源局联合印发《关于积极推进电力市场化交易进一步完善交易机制的通知》（发改运行〔2018〕1027 号），试点在煤炭、钢铁、有色、建材四个重点行业全面放开电力用户发用电计划，进一步扩大交易规模，完善交易机制，形成新的改革突破口和着力点。试点的情况表明，发用电由计划逐步向市场过渡，大大促进了改革红利释放和实体经济发展，充分发挥了市场在资源优化配置中的决定性作用。

2019 年 5 月 7 日，国家发展改革委、工信部、财政部、中国人民银行四部门在联合发布的《关于做好 2019 年降成本重点工作的通知》（发改运行〔2019〕819 号）中明确要求："提高电力交易市场化程度。深化电力市场化改革，放开所有经营性行业发用电计划，鼓励售电公司代理中小用户参与电力市场化交易，鼓励清洁能源参与交易。"同年 6 月 22 日，国家发展改革委印发《关于全面放开经营性电力用户发用电计划的通知》（发改运行〔2019〕1105 号），主要内容包含明确全面放开发用电计划的范围、支持中小用户参与市场化交易、健全全面放开经营性发用电计划后的价格形成机制、做好公益性用电的供应保障工作、做好规划内清洁能源的发电保障工作、加强电力直接交易履约监管、做好跨省跨区市场化交易协调保障工作。《通知》明确规定了全面放开经营性电力用户发用电计划的范围、原则和保障措施。除城乡居民生活用电、公共服务及管理组织、农林牧渔等行业电力用户以及电力生产所必需的厂用电和线损之外，其他大工业和一般工商业电力用户原则上均属于经营性电力用户范畴，均要求全面放开。

2021 年 10 月 11 日，国家发展改革委印发《关于进一步深化燃煤发电上网电价市场化改革的通知》（发改价格〔2021〕1439 号），主要内容包括：

（1）有序放开全部燃煤发电电量上网电价。燃煤发电电量原则上全部进入电力市场，通过市场交易在"基准价＋上下浮动"范围内形成上网电价。

（2）扩大市场交易电价上下浮动范围。将燃煤发电市场交易价格浮动范围由现行的上浮不超过 10%、下浮原则上不超过 15%，扩大为上下浮动原则上均不超过 20%，高耗能企业市场交易电价不受上浮 20%限制。电力现货价格不受上述幅度限制。

（3）推动工商业用户都进入市场。各地要有序推动工商业用户全部进入电力市场，按照市场价格购电，取消工商业目录销售电价。目前尚未进入市场的用户，10kV 及以上的用户要全部进入，其他用户也要尽快进入。对暂未直接从电力市场购电的用户由电网企业代理购电，代理购电价格主要通过场内集中竞价或竞争性招标方式形成，首次向代理用户售电时，至少提前 1 个月通知用户。已参与市场交易、改为电网企业代理购电的用户，其价格按电网企业代理其他用户购电价格的 1.5 倍执行。

（4）保持居民、农业用电价格稳定。居民（含执行居民电价的学校、社会福利机构、社区服务中心等公益性事业用户）、农业用电由电网企业保障供应，执行现行目录销售电价政策。各地要优先将低价电源用于保障居民、农业用电。

随着发用电计划的有序放开和全面放开，发用电由计划逐步向市场过渡，充分发挥了市场在资源优化配置中的决定性作用，大大促进了改革红利释放和实体经济发展。

第六章　客户用电安全检查

第一节　概　述

1951 年，各电管局、电业局开始设置安全监察处，发、供电企业基层单位分别设置安全相应职能机构。在用电监察工作中包含了计划用电的初级阶段，即调整负荷和节约用电。

1952 年 8 月 1 日，燃料工业部公布《电气事业处理窃电暂行规则》。各地据此制定实施细则，开展窃电检查工作。

1952 年开始，各省（市自治区）电业部门设置政府性质的用电监察机构。实行统一的计划分配用电指标用电（包括电力、电量两项指标），对不同企业实行电耗定额（产品单耗），在电力短缺时实行限电拉闸计划。

1956 年，全国用电监察会议明确了用电监察的工作职责，对用户的安全用电、合理用电、节约用电进行监察。会上颁布了《制订工业产品单位耗电定额规则》等工作规程。1963 年，水利电力部颁发了《用电监察条例》。

20 世纪 70 年代，供电部门设立"三电"办公室（计划用电、节约用电、群众办电）。

1983 年《全国供用电规则》后附有《用电监察条例》，1996 年电力工业部颁发《用电检查管理办法》，对用电检查检查内容与范围、组织机构及人员资格、检查程序和检查纪律作了明确。2015 年 12 月 31 日《用电检查管理办法》废止，用电检查工作逐渐淡化政府职能，向用电安全服务转变。

一、用电安全检查服务的分类与周期

用电安全检查服务分为定期安全检查服务、专项安全检查服务和特殊性安全检查服务。定期安全检查服务可以与专项安全检查服务相结合。

定期安全检查服务是指根据规定的检查周期和客户安全用电实际情况，制定检查计

划，并按照计划开展的检查工作。特级、一级重要电力用户每三个月至少检查一次，二级重要电力用户每六个月至少检查一次，临时性重要电力用户根据其实际用电需要开展用电检查工作；35kV 及以上电压等级的用户，宜 6 个月检查 1 次；10（6）、20kV 用户，宜 12 个月检查 1 次；对 380V（220V）低压用户，应加强用电安全宣传，根据实际工作需要开展不定期安全检查；具备条件的，可采用状态检查的方式开展检查；同一用户符合以上两个条件的，以短周期为准。定期安全检查可以与专项安全检查相结合。国家或上级单位对检查周期另有规定的，按照相关规定执行。

专项安全检查服务是指每年的春季、秋季安全检查以及根据工作需要安排的专业性检查诊断，检查重点是客户受（送）电装置的防雷防汛情况、设备电气试验情况、继电保护和安全自动装置等情况。国家法定节假日专项安全检查每年至少一次/项，包括春节、元旦、国庆节等；春、秋季安全用电专项检查每年一次/季、迎峰度夏防汛泵站安全用电检查每年一次。

特殊性安全检查服务是指因重要保电任务或其他需要而开展的用电安全检查。高考、中考保供电专项检查每年至少一次/项；各级政府组织的大型政治活动、大型集会、庆祝、娱乐活动及其他特殊活动需要临时特殊供电保障，根据活动要求开展安全用电检查。

二、用电安全检查服务的内容

客户用电安全检查服务的主要内容：

（1）用户受（送）电装置中电气设备及相应的设施运行安全状况；

（2）用户自备应急电源和非电性质的保安措施；

（3）用户反事故措施；

（4）特种作业操作证（电工）、进网作业安全状况及作业安全保障措施；

（5）用户执行需求响应、有序用电情况；

（6）电能计量装置、用电信息采集装置、继电保护和自动装置、调度通信等安全运行状况；

（7）受（送）电端电能质量状况；

（8）设备预防性试验开展情况；

（9）并网电源、自备电源（分布式光伏及其配套储能装置）并网安全状况；

（10）对重要电力用户，还应检查现有定级是否准确、供电电源配置与重要性等级是否匹配；

（11）其他需要检查的内容。

客户用电安全检查的主要范围是客户的受（送）电装置，但客户有下列情况之一者，检查服务的范围可延伸至相应目标所在处：

（1）有多类电价的；

（2）有自备电源设备（包括自备发电厂、分布式电源等）的；

（3）有违约用电和窃电行为或存在安全隐患要延伸检查的；

（4）有影响电能质量的用电设备的；

（5）有影响电力系统的事故的；

（6）法律规定的其他用电检查。

第二节　现场检查要求

在用电安全检查服务时，必须遵守《高压电力用户用电安全》《电力安全工作规程》《供用电合同》等相关规定，不得擅自操作客户的电气装置及电气设备。

一、作业前准备

（一）准备工作安排

依据《国家电网有限公司营销现场作业安全工作规程（试行）规定，客户侧开展用电检查工作对应风险等级为一级，宜填用现场作业工作卡。准备工作内容及要求见表6-1。

表6-1　　　　　　　　　　　准　备　工　作　安　排

序号	内容	要求	备注
1	制定年、月度巡检计划	定期安全检查服务需按照不同电压等级、重要性等级客户的检查周期要求制定计划。专项安全检查服务、特殊性安全检查服务需根据实际工作需求单独制定计划	
2	准备检查所需工具	安全帽等安全工器具、常用工具及工具包、摄录设备、移动作业终端、电能计量专用封印工具、万用表、非接触测温仪、三相多功能相位伏安表、数字高压绝缘电阻表等	现场检查所需工具分为必备和根据需要配备
3	了解客户基本情况	通过营销业务系统、用电信息采集系统等，了解客户基本情况	
4	准备现场作业工作卡	用电检查工作宜填用现场作业工作卡。在按照有关法律法规开展客户侧用电检查现场作业时，可不执行"双许可"制度，由供电方许可人许可后，即可开展用电检查相关工作	

（二）作业组织及人员要求

1. 作业组织

用电检查班长负责制定各类用电安全检查工作计划，负责分派具体检查人员。用电检查员负责开展客户用电安全检查工作，负责检查流程流转、归档，保存检查记录与相关文档，不少于2人。

2. 人员要求

（1）符合国家电网公司《供电服务规范》中基本道德和技能规范、诚信服务规范、行为举止规范、仪容仪表规范、营业场所服务规范的要求；

（2）工作人员应具有良好的精神状态和身体状况；

（3）工作人员应着装整齐，个人工具和劳保用品应佩戴齐全；

（4）熟悉《电力法》《电力供应和使用条例》《供电营业规则》等国家有关电力法律

法规、用电政策和电力系统及电力生产的有关知识；

（5）工作人员在进行现场检查时应向客户表明身份、出示工作证件并说明来意；

（6）工作人员开展现场检查工作时，应遵守客户现场管理规定；

（7）工作人员营销安规考试必须合格后上岗。

3. 备品备件与材料

用电检查人员应携带《用电检查结果通知书》《限期整改告知书》《中止供电通知书》若干表单。

4. 工器具与仪器仪表

工器具与仪器仪表包括了专用工具、常用工器具、仪器仪表等，见表 6-2。

表 6-2 工 器 具 与 仪 器 仪 表

序号	名称	单位	内容	备注
1	安全帽等安全工器具	套	主要包括安全帽、统一工装、绝缘手套、绝缘鞋、绝缘梯等	必备
2	常用工具及工具包	套	主要包括钳形电流表、验电笔、手电筒、望远镜、放大镜等	必备
3	移动作业终端	台	/	必备
4	摄录设备	台	主要包括摄像设备、录音设备、执法记录仪等	必备
5	装表工器具	套	钢丝钳、尖嘴钳、螺丝刀、活动扳手、绝缘胶带等	反窃查违工器具根据实际需要配备，具体按照反窃查违作业指导书规定执行
6	电能计量专用封印工具	包	主要包括封印、封条、物证封装袋（箱）等	
7	测量工器具	套	相位伏安表、配变容量测试仪、高低压变比测试仪、三（单）相校验仪、非接触测温仪等	

5. 技术资料

技术资料包括客户基本信息、设备信息等，通过营销业务系统或移动作业终端查询，必要时，提前至档案室查阅纸质档案资料。具体包括：客户基本信息（户名、联系方式、供电电源情况、行业分类、用电类别等）、客户设备信息（主设备参数、各类试验报告等）、其他现场检查所需要提前了解的客户资料（客户图纸、业务档案等）。

6. 风险分析与预防控制措施

作业全过程风险点与预防控制措施，内容见表 6-3。

表 6-3 风险点分析及预防控制措施

序号	风险点	风险描述	预防控制措施
1	用电安全检查不规范	未按规定和周期要求制定检查计划	制定检查计划，落实用电安全检查的考核制度
		未按要求提前准备检查所需的设备及资料	在执行用电安全检查任务前，全面检查所带资料及设备，确保设备工作正常
		替代客户操作受电装置和电气设备	加强工作人员培训，强调不得替代客户操作电气设备

续表

序号	风险点	风险描述	预防控制措施
2	发生触电、人身、意外等伤害事件	特殊气候条件下,如雷雨、大雾、大风等天气,户外设备巡检存在危险	特殊气候条件下,如雷雨、大雾、大风等天气时,现场检查人员应避免户外设备巡视工作
		现场设备外壳保护接地不可靠对检查工作人员安全造成隐患	检查人员应避免直接触碰设备外壳,如确需触碰,应在确保设备外壳可靠接地的条件下进行
		户内 SF_6 设备检查,存在有害气体泄漏对检查工作人员造成伤害的隐患	检查人员进入 SF_6 装置室,应确认能报警的氧含量仪和 SF_6 气体泄漏报警仪无异常报警后,方可进入。入口处若无 SF_6 气体含量显示器,应先通风 15min,并用检漏仪测量 SF_6 气体含量合格
		检查通道内枯井、沟坎时,遭遇动物攻击等,可能给检查工作人员安全健康造成危害	检查工作人员进入以上现场检查作业,应充分了解现场情况,配备足够的照明用具及防护设备,确保安全
		现场设备带电、交叉跨越、同杆架设等可能给检查工作人员带来危险	检查工作人员进入以上现场检查作业,应先充分并核准现场设备运行情况及风险点,明确安全检查通道,与带电设备保持足够安全距离,并采取有效防护措施,避免误碰误接触带电设备或走错带电间隔。检查高压带电设备时,不得强行打开闭锁装置
3	用电检查中未能发现安全隐患或未开具书面整改通知单	检查工作人员技能欠缺,用电安全检查中未能发现用电安全隐患	加强用电安全检查人员培训,提高检查工作人员技能素质
		检查中发现的安全隐患未充分告知客户,未开具书面检查结果通知书	加强用电安全检查工作质量考核
		未对隐患进行跟踪并督促客户进行整改	加强用电安全检查工作质量考核
4	检查过程中客户不配合检查	客户不允许检查工作人员进入	检查工作人员应首先主动向被检查客户出示工作证。对不配合检查的客户,必要时可以随带当地街道办等政府工作人员共同检查
		客户拒绝或推脱签字确认,存在检查结果无效的风险	充分与客户沟通,可采取录像或录音等方式记录,也可以采取函件、挂号信等送达方式,规避客户不配合情况
5	客户拒绝整改用电安全隐患	客户对用电安全检查时告知的用电安全隐患拒绝整改	对于重大隐患,客户不实施隐患整改并危及电网或公共用电安全的,向当地电力主管及相关政府部门落实报备工作要求,并发放《限期整改告知书》督促整改工作,拒不整改的发放《中止供电通知书》,并按规定审核、实施
6	资料未归档	检查流程未归档,检查不闭环	加强用电安全检查工作质量考核
		检查纸质档案资料遗失、未归档	加强用电安全检查工作质量考核

7. 客户设备设施状态

作业前应了解客户设备设施状态,生产情况等。了解客户设备带电情况,与带电设备保持足够安全距离,了解客户生产工艺,设备负荷用电情况。

二、作业流程

客户用电安全检查作业流程如图 6-1 所示。

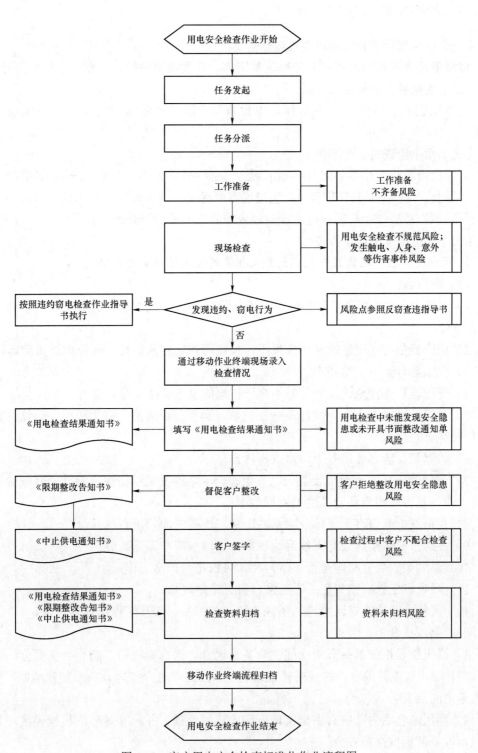

图 6-1 客户用电安全检查标准化作业流程图

三、检查步骤与要求

（一）用电检查班长发起用电检查任务

由用电检查班长通过营销业务系统制定年、月度周期性检查计划及专项检查计划。

（二）用电检查班长任务分派

用电检查班长分派任务至具体用电检查员，根据实际情况需要可增加现场检查人数。

（三）用电检查员工作准备

用电检查员应通过移动作业终端下载当月巡检任务工单，认真、正确准备必要的资料及工器具，确保工器具使用正常，现场检查前提前查询了解客户基本信息以及必要技术资料。根据移动作业终端检查流程的规定步骤，开展标准化检查作业。

（四）用电检查员现场检查

1. 客户受（送）电装置中电气设备及相应的设施运行安全状况

（1）变压器：

1）油浸式电力变压器上层油温一般不宜超过85℃，最高不得超过95℃，温升不得超过55℃；

2）变压器是否在规定的使用条件下，按铭牌规定容量运行，应避免过负荷运行；

3）变压器有无不正常异声、异味；

4）变压器外壳接地线及铁芯经小套管接地的引下线接地是否良好；

5）套管及引线接头有无发热及变色现象，套管是否清洁，有无破损、裂纹、放电痕迹等缺陷情况；

6）防爆管及防爆玻璃有无渗油或损坏现象；

7）有载调压开关及冷却装置状况，电源自动切换及信号情况；油枕，套管的油色正常，油位是否在相应环境温度的监视线上；

8）瓦斯继电器内有无气体及渗漏油现象，连接的油门是否打开；

9）各连接部件接缝处有无渗漏油现象，接地线应牢固无断股；

10）温度控制装置动作是否正常，冷却风机是否正常工作；

11）呼吸器变色硅胶变色是否正常，有无堵塞现象；

12）其他外观检查有无脱漆、锈蚀、裂纹、渗油、明显螺栓松动等现象。

（2）高压成套柜、装置：

1）高压成套柜应具备五防功能（具备防误分、误合断路器，防止带负荷分、合隔离开关，防止接地开关合上时或带接地线送电，防止带电合接地开关或挂接地线，防止误入带电间隔）；

2）高压成套柜内部应有用来实现五防的机械连锁，并应有足够的机械强度，且操作灵活，外部机械挂锁齐全；

3）高压成套柜开关仓面板上开关分闸、合闸位置指示灯、弹簧已储能指示灯、手车试验位置、工作位置指示灯应指示正常；

4）通过观察窗检查，一次铜排表面有无腐蚀、变色现象，电缆有无放电现象，观察窗上是否有水汽，所有绝缘件是否完整，有无损伤、裂纹、放电痕迹，电压、电流互感器表面是否清洁，是否有损伤、裂纹、放电痕迹；

5）其他外观检查柜体有无变形，锈蚀程度如何，各门、面板及锁是否完整且关闭正常。

（3）高压进线断路器、高压跌落式熔断器、负荷开关（柜、间隔）：

1）检查断路器是否正常：老式断路器油位正常，不渗油，SF$_6$断路器应压力正常，无任何闭锁信号，并附有压力温度关系曲线。位置显示装置、带电显示装置工作指示正确，机构箱内有防潮、驱潮措施，箱门关闭严密，液压操作机构亦应不渗漏油，其压力在规定范围之内；

2）闸刀（隔离开关）及负荷开关的固定触头与可动触头接触良好，无发热现象；操作机构和传动装置应完整、无断裂；操作杆的卡环和支持点应不松动，不脱落；

3）负荷开关的消弧装置是否完整无损；

4）高压熔断器的熔丝管是否完整，无裂纹，导电部分应接触良好，保护环不应缺损或脱落；

5）高压跌落式熔断器、熔丝管应无变形，接触良好，无滋火现象；

6）断路器内有无放电声和电磁振动声。

（4）母线 PT 柜：

电压互感器一、二次熔丝接触良好，电压表指示正常。

（5）高压电容器、调相器：

1）电容器、调相器运行电压在正常运行范围内；

2）内部有无不正常声响，有无放电痕迹。

（6）直流屏、控制屏：

1）表计指示是否正常，指示灯应明亮，直流装置内部无异常声响。直流元件无损坏、发热、焦臭气味；

2）所有表计指示是否正常，有无指针弯曲，卡死等现象；

3）各仪表有无停转、倒转等不正常现象；

4）检查浮充电运行的蓄电池，浮充电电流，硅整流工作指示是否正常。

（7）低压开关柜、出线柜：

1）负荷分配应正常。电路中各连接点无过热现象，三相负荷、电压应平衡。电路末端电压降未超出规定；

2）各低压设备内部应无异声、异味，表面应清洁；

3）工作和保护接地连接良好，无锈蚀断裂现象；

4）柜上二次显示设备是否显示正常，有无缺损；

5）其他外观检查柜体有无变形，锈蚀程度如何，各门、面板及锁是否完整且关闭正常。

（8）低压无功补偿柜：

1）电容器经常运行电压在正常运行范围内，不得超过额定电压的5%，短时运行电压不得超过10%；

2）电容器经常运行电流不得超过额定值电流的130%（包括谐波电流），而三相不平衡电流不应超过10%；

3）电解电容器是否有漏液，"冒顶"和膨胀等现象；

4）熔断器熔断或断路器跳闸；

5）电容器内部有无不正常声响、有无放电痕迹。

（9）低压出线电缆：

1）引入室内的电缆穿管处是否封堵严密；

2）沟道盖板是否完整无缺，电缆沟内有无积水及杂物，电缆支架是否牢固，有无锈蚀现象；

3）电缆的各种标示牌有否脱落，裸铅包电缆的铅包有无腐蚀现象；

4）引线与接线端子连接是否良好，有无发热现象，芯线或引线的相间及其对地距离是否符合规定，相位颜色明显。

（10）四防一通措施：变配电室是否满足防雨雪、防汛、防火、防小动物、通风良好的要求，并应装设门禁措施。

（11）变电所管理情况：

1）进门通道是否畅通；

2）站内积灰是否严重、是否有漏水现象、有无杂物堆积；

3）电缆沟盖板是否完好，是否安装紧密，空隙和孔洞是否全部封堵紧密；

4）配电室门窗完整，照明、通风良好，温湿度正常；

5）模拟图与实际设备一致；

6）高低压设备双重编号齐全。

2. 客户自备应急电源和非电性质的保安措施

（1）应具备与供电公司签订的不并网自备发电机组相关协议；

（2）不得擅自改变已批准的不并网自备发电机的主接线方案，拆除联锁装置或移位，确需变更，应到供电公司办理有关手续；

（3）不并网自备应急电源与电网电源之间必须安装安全可靠的联锁装置，防止向电网倒送电；

（4）不并网自备发电装置应定期检查，每月应做一次传动试验，定期检查起动操作电源蓄电池的运行状况良好、电压正常，自动投切装置、联锁装置、接地装置运行良好；

（5）客户失去全部电源后，为保证安全，是否具备非电性质的保安措施。

3. 客户反事故措施

（1）反事故预案执行情况：

1）是否编制电力反事故预案；

2）是否定期开展反事故演习。

（2）规章制度执行情况：

1）各类制度是否建立：

① 人员岗位责任制度；② 交接班制度；③ 巡视检查制度；④ 设备定期切换试验制度；⑤ 设备检修、验收制度；⑥ 运行分析制度；⑦ 缺陷管理制度；⑧ 电气运行人员培训制度。

2）各类记录是否齐全：

① 运行日志（含客户产权外电源线路巡视运维记录）；② 开关跳闸及事故记录；③ 设备修试记录；④ 设备缺陷记录；⑤ 继保工作记录；⑥ 防雷保护及绝缘监督记录；⑦ 蓄电池维护记录；⑧ 培训记录；⑨ 安全活动记录；⑩ 外来人员记录。

4. 特种作业操作证（电工）、进网作业安全状况及作业安全保障措施

（1）检查电工是否按照如下要求配置：

1）35kV 及以上电压等级的电力客户变（配）电站，应按四值三班轮值制配备专职运行值班电工，每班至少二人，由技术熟练者担任正值；

2）10kV 电压等级，单电源受电容量在 630kVA 及以上或有高压配电装置或是多电源受电的电力客户变（配）电站，应有专职运行值班电工 24h 值班，每班二人；

3）10kV 电压等级，单电源受电容量在 630kVA 以下电力客户变（配）电站，按本单位生产情况确定值班班次和配备运行值班电工，每班至少一人，操作时至少二人；

4）是否取得相应特种作业操作资格证。

（2）安全工器具：

1）安全工器具是否摆放整齐，配置数量是否到位；

2）安全工器具是否定期开展绝缘测试等试验；

3）消防设备是否齐备、超期。

5. 执行需求响应、有序用电情况

（1）认真核查用电信息采集终端运行情况、终端报警信息、通信设备状态。

（2）有签约回路的需检查硬压板状态及用电设备接入情况、接入回路状况等。

6. 电能计量装置、用电信息采集装置、继电保护和自动装置、调度通信等安全运行状况

（1）电能计量装置、用电信息采集装置：

1）检查内容：

① 检查计量箱（柜）、电能表、试验接线盒封印是否缺失，外观是否完好、封印号是否与系统记录一致、各施加封位置封印颜色是否正确；② 电能表检定合格证是否完好，有无脱胶或胶水粘贴痕迹，是否出现在异常位置；③ 电能表外观是否存在破损，电弧灼烧；④ 有无不明异常线路接入计量回路；是否存在明显改接或错接痕迹；是否存在断线、松动、接触不良、氧化或绝缘处理、短接线接入等情况；⑤ 电能表显示的相序、电压、电流、功率、功率因数、当前日期时间、时段，最近一次编程时间，开表盖记录是否存在异常；⑥ 是否存在绕越用电线路；⑦ 低压穿芯式电流互感器一次回路匝数是否正确，铭牌变比是否与系统一致，有无过热、烧焦、铭牌更动痕迹现象；⑧ 现场是否存在用途不明的无线电发射装置，无线电天线；⑨ 接线盒是否存在接线螺丝异

常凸起（对比电流电压螺丝接线情况下差异），外观破损、胶合痕迹等；⑩ 异常强磁干扰（有无磁饱和电流声或有无明显磁场）；⑪用电信息采集终端与电能表显示数据是否一致。

2）检查发现违约窃电行为处理步骤，参见《反窃查违检查作业指导书》。

（2）继电保护和自动装置、调度通信等安全运行状况：

1）继电保护装置的运行工况是否正常：

① 微机保护装置显示是否正常、保护整定是否设置正确（是否按照整定方案（定值单）要求投入运行）；机械继电器有无外壳破损、接点卡住、变位倾斜、烧伤以及脱轴、脱焊等情况；整定值位置是否变动；② 各开关红绿灯是否与开关运行位置相符，母线电压互感器切换开关的位置与所测母线位置是否相符；③ 压板及切换开关位置是否与运行要求一致，各种信号指示是否正常，直流母线电压是否正常。

2）保护及自动装置是否定期校验，有无超周期。

3）信号装置警铃、喇叭、光字牌及闪光装置动作是否正确，调度通信设备是否正常。

7．受（送）电端电能质量状况

（1）客户端电能质量情况，冲击性、非线性、非对称性负荷运行情况及所采取的治理措施；

（2）无功补偿设备投运情况和功率因数情况；

（3）是否发生电压暂降、闪动、影响电网电能质量事件等。

8．设备预防性试验开展情况

（1）是否按照预防性试验规程试验期限开展预试工作。对规程中仅规定试验周期年限范围的，如1~3年，应督促客户在最长试验周期内试验；

（2）一般情况下，客户电气设备试验可参照如下周期：110kV 及以上客户每年一次；35kV 客户两年一次；10kV（20kV）客户三年一次；进口电气设备、特殊电气设备按有关规定执行。

9．并网电源、自备电源（分布式光伏及其配套储能装置等）并网安全状况

（1）光伏组件、汇流箱、逆变器、升压变、并网开关等光伏设备运行应正常；

（2）客户侧继电保护和安全自动装置的定值设置合理，客户侧防孤岛保护与电网侧保护互相配合；

（3）现场光伏板规模与系统容量相匹配；

（4）计量装置正常，安装点未发生变化。

10．重要电力用户检查

除上述检查外，还应检查以下内容：

（1）应检查现有定级是否准确；

（2）供电电源配置与重要性等级是否匹配。重要电力用户供电电源及自备应急电源技术应符合 GB/Z 29328《重要电力用户供电电源及自备应急电源配置技术规范》的要求；

（3）检查重要电力用户是否制定应急预案，应急预案情况是否与现场情况一致，是否定期开展应急演练等。

11．其他需要检查的内容

（1）用电营业情况：

1）供用电合同履行情况；

2）电价执行规范性；

3）违约用电和窃电行为；

4）保安电源使用情况：① 保安电源所接负荷组成，有无生产性负荷；② 保安电源是否存在对外转供的情况；③ 保安电源是否为客户办公及其他照明供电。

（2）自备电厂客户情况：

1）检查自备电厂客户的发电、厂用、上网、下网关口计量装置情况；

2）检查自备电厂客户每路电源用电负荷情况；

3）检查自备电厂客户有无对外转供电情况；

4）检查自备电厂客户履行《机组并网与电力供应协议》等情况。

（3）客户能效情况：

1）客户可节能设备情况（水泵、电机、空压机、灯具，以及生产过程中的余热、余压利用）；

2）客户是否具备增加储能设备条件（分析客户用电时段特性、现场场地及储能意愿）；

3）客户可实现电能替代设备情况（包含窑炉、中央空调、锅炉、起重机及钻井机等设备）。

（4）新业务涉及设备运行情况：

1）港口岸电设施运行情况：① 配电板、分电箱、控制箱是否清洁完好；② 电缆护套未破损，手持电动工具、灯具完好且接地可靠；③ 无明火电炉，蓄电池间保持通风良好；④ 消防安保设施齐全；⑤ 电价执行情况。

2）充换电设施运行情况：① 供电、充电、监控系统运行正常；② 防锈、防水措施完备，具备锁止、急停、开门等保护功能，设备均可靠接地；③ 消防安保设施齐全；④ 现场无转供其他类别用电情况。

3）储能电站运行情况：① 电池系统、电池管理系统（BMS）运行正常；② 储能变流器（PCS）、并网开关、隔离变压器、无功补偿装置、保护配置等应正常；③ 消防安保设施齐全。

（五）发现违约、窃电行为

用电检查员发现违约、窃电行为，参见违约窃电检查。

（六）录入检查情况

开展现场用电安全检查时，通过移动作业终端按照规定步骤逐项核查客户各类信息与现场是否相符。检查结束，必须通过移动作业终端对计量装置、暂停变压器封印情况进行现场拍照存档。对于检查发现的用电安全隐患，开具《用电检查结果通知书》后需通过移动作业终端拍照，最后完成上装流程。

（七）填写《用电检查结果通知书》

用电检查员填写《用电检查结果通知书》。对客户存在的缺陷和问题应具体、清晰地以《用电检查结果通知书》书面提出整改意见和措施，填写应标准、规范。

（八）督促客户整改

对于重大隐患，客户不实施隐患整改并危及电网或公共用电安全的，应落实"四到位"工作要求，书面报告当地政府电力、安全生产等相关主管部门，并发放《限期整改告知书》督促整改。拒不整改的发放《中止供电通知书》，并按规定程序经审核后实施。

（九）客户签字

客户认可《用电检查结果通知书》中填写的内容，并由客户主管电气的领导或电气专业负责人签字，一式两份。

（十）检查资料归档

将客户签字的《用电检查结果通知书》以及其他纸质档案及时存入客户档案资料中，相关视频、照片、录音等电子资料信息统一信息化存档。重要电力用户应按照一户一档的要求实施集中化、电子化管理。

（十一）移动作业终端流程归档

用电检查员将移动作业终端巡检流程归档，营销业务系统巡检流程归档。

《用电检查结果通知书》《限期整改告知书》《中止供电通知书》保存在用电检查班或客户经理班，保存期限不少于 3 年。

四、问题整改

对于用电检查过程中发现的问题，用电检查人员应主动跟踪客户用电安全情况，及时督促客户消除安全隐患。对于客户不实施安全隐患整改并危及电网或公共用电安全的，应立即报告当地政府电力主管部门、安全生产主管部门和相关部门，按照规定程序予以停电。用户对其设备的安全负责，供电企业不承担因被检查设备不安全引起的任何直接损坏或损害的赔偿责任。

第三节　窃电与违约用电处理

一、违约用电及窃电处理的目的和任务

电力是实现经济现代化和提高人民生活水平的物质基础，电力工业是关系国计民生的基础产业。但长期以来，对电是商品的概念模糊，一些单位或个人将盗窃电能作为获利手段，采取各种方法不计量、少计量，以达到不交或者少交电费的目的，造成国家电能或电费大量流失，据不完全统计，全国每年因窃电损失达 200 亿元。窃电造成了国有资产严重损失，严重威胁电网安全稳定运行，直接危及电力企业正常的生产经营；严重

扰乱了供用电秩序，影响供用电安全，损害了电力投资者、供电企业和用户的合法权益。许多窃电者采取隐蔽的、高科技的、分时段的窃电无法查处，由于缺乏操作性强的法律规范，对窃电行为打击不力，使之逐渐蔓延，已成为严重的社会问题。

根据《电力供应与使用条例》，窃电行为包括以下几方面：

（1）在供电企业的供电设施上，擅自接线用电；

（2）绕越供电企业用电计量装置用电；

（3）伪造或者开启供电企业加封的用电计量装置封印用电；

（4）故意损坏供电企业用电计量装置；

（5）故意使供电企业用电计量装置不准或者失效；

（6）采用其他方法窃电。

违约用电是指违反供用电合同的规定和有关安全规程、规则，危害供电、用电安全，扰乱正常供用电秩序的行为，主要包括：

（1）在电价低的供电线路上，擅自接用电价高的用电设备或私自改变用电类别。即用户未按国家规定的程序办理手续，未经供电企业同意或允许而自行进行的违反电价分类属性用电的行为。例如把属于较高电价类别的用电，私自按较低电价类别用电，以达到少交电费的目的，就是改变了用电类别。

（2）私自超过合同约定的容量用电。合同约定容量是供电企业依据供电可能性确定的用户用电容量，是供用电双方协商一致，以合同方式确认的容量。擅自超过合同约定的容量，危害用电安全，同时少交了按容量收取的基本电费，使国家和供电企业受到经济损失。

（3）擅自超过计划分配的用电指标。用电指标分配部门，依照国家发、供、用总计划，分配到各用电户允许使用的电力量指标，包括日、月、季、年用电指标。在用电紧张时，政府会出台有序用电方案，对用户用电指标进行综合分配，用户擅自超用，将影响电力电量的平衡，严重时会影响电力系统运行稳定性。

（4）擅自使用已在供电企业办理暂停手续的电力设备或启用供电企业封存的电力设备。用户为减少用电负荷已办理了暂时停止全部或部分用电设备，或用户因违反国家规定用电、违章用电、窃电、超计划用电或者不安全用电，供电企业依法封存或不允许用户继续使用的电力设备。

（5）私自迁移、更动和擅自操作供电企业的用电计量装置、电力负荷管理装置、供电设施以及约定由供电企业调度的用户受电设备。迁移是指用户把用电计量装置移动，使其离开原来的位置而另换地点的行为。尽管迁移、更动、擅自操作供电企业的计量装置，没有损坏封印、接线、计量装置本体，但可能引起计量装置产生误差使电力负荷控制装置失灵，所以被禁止。

（6）未经供电企业同意，擅自引入（供出）电源或将备用电源和其他电源私自并网。指用户把第三者的电源引入，供本用户使用，或者私自送出，将电供给其他用户。用户不经电网企业允许，也未签订并网协议而私自把自备电源接到电网中运行的行为。

用户违约用电与窃电行为违反了供用电双方签订的供用电合同，特别是窃电行为，违反了行政法规的规定，扰乱了正常的供用电秩序，所造成的影响与后果比违约用电行为造成的行为与后果更为恶劣，对窃电行为的处理比违约用电行为处理也更为严重。为了维护良好的供用电秩序，确保供、用电双方的合法权益，必须坚持：对电力法规大力宣传；做到违章必究、窃电必罚；查清事实，严肃处理；严格依法办事。

二、窃电行为的认定

（一）窃电行为的构成条件

窃电是盗窃社会公共财物的非法行为，应具备以下四个要件：

（1）主体要件，用户，包括个人和单位。目前，单位窃电日趋严重，但由于立法上的疏漏，致使对单位窃电的非法行为打击不力。

（2）主观方面要件，故意。其具体表现为窃电行为人以非法占用为目的。

（3）客体要件，供用电正常秩序，电在社会生产和生活中占据重要地位，窃电破坏了正常的供用电秩序，对社会造成严重危害。

（4）客观方面要件，窃电行为，其特征是采用秘密窃取的方式。

（二）窃电行为的形式

用户窃电的形式及手法多种多样，层出不穷。从窃电手段来讲，有普通型窃电、技术型窃电与高科技窃电；从计量的角度讲，可分为与计量装置有关和与计量装置无关两种；从时间上又可划分为连续式和间断式。窃电的手法虽然五花八门，但万变不离其宗，最常见是从电能计量的基本原理入手，由于电能表计量电量的多少，主要决定于电压、电流、功率因数三要素和时间的乘积，改变三要素中的任何一个要素都可以使电表慢转、停转甚至反转，从而达到窃电的目的。另外，通过采用改变电表本身的结构性能的手法，使电表慢转，也可以达到窃电的目的，各种私拉乱接、无表用电的行为则属于更加直接的窃电行为。窃电手法主要有以下几种类型：

1. 欠压法窃电

窃电者采用各种手法故意改变电能计量电压回路的正常接线，或故意造成计量电压回路故障，致使电能表的电压线圈失压或所受电压减少，从而导致电量少计，这种窃电方法就叫欠压法窃电。常见手法有：

（1）使电压回路开路。例如：松开 TV 的熔断器；弄断熔丝管内的熔丝；松开电压回路的接线端子；弄断电压回路导线的线芯；松开电能表的电压连片等。

（2）造成电压回路接触不良故障。例如：拧松 TV 的低压熔丝或人为制造接触面的氧化层；拧松电压回路的接线端子或人为制造接触面的氧化层；拧松电能表的电压连片或人为制造接触面的氧化层等。

（3）串入电阻降压。例如：在 TV 的二次回路串入电阻降压；弄断单相表进线侧的零线而在出线至地（或另一个用户的零线）之间串入电阻降压等。

（4）改变电路接法。例如：将三个单相 TV 组成 Y/Y 接线的 B 相二次反接；将三相四线三元件电能表或用三只单相表计量三相四线负荷时的中线取消，同时在某相再并入一只单相电能表；将三相四线三元件电表的表尾零线接到某相的相线上等。

2. 欠流法窃电

窃电者采用各种手法故意改变计量电流回路的正常接线或故意造成计量电流回路故障，致使电能表的电流线圈无电流通过或只通过部分电流，从而导致电量少计，这种窃电方法就叫做欠流法窃电。常见手法有：

（1）使电流回路开路。例如：松开 TA 二次出线端子、电能表电流端子或中间端子排的接线端子；弄断电流回路导线的线芯；人为制造 TA 二次回路中接线端子的接触不良故障，使之形成虚接而近乎开路。

（2）短接电流回路。例如：短接电能表的电流端子；短接 TA 一次或二次侧；短接电流回路中的端子排等。

（3）改变 TA 的变比。例如：更换不同变比的 TA；改变抽头式 TA 的二次抽头；改变穿芯式 TA 一次侧匝数；将一次侧有串、并联组合的接线方式改变等。

（4）改变电路接法。例如：单相表相线和零线互换，同时利用地线作零线或接邻户线；加接旁路线使部分负荷电流绕越电表；在低压三相三线两元件电表计量的 B 相接入单相负荷等。

3. 移相法窃电

窃电者采用各种手法故意改变电能表的正常接线，或接入与电能表线圈无电联系的电压、电流，还有的利用电感或电容特定接法，从而改变电能表线圈中电压、电流间的正常相位关系，致使电能表慢转甚至倒转，这种窃电手法就叫做移相法窃电。常见手法有：

（1）改变电流回路的接法。例如：调换电流互感器一次侧的进出线；调换电流互感器二次侧的同名端；调换电能表电流端子的进出线；调换电流互感器至电能表连线的相别等。

（2）改变电压回路的接线。例如：调换单相电压互感器一次或二次的极性；调换电压互感器至电能表连线的相别等。

（3）用变流器或变压器附加电流。例如，用一台一、二次侧没有电联系的变流器或二次侧匝数较少的电焊变压器的二次侧倒接入电能表的电流线圈等。

（4）用外部电源使电表倒转。例如；用一台具有电压输出和电流输出的手摇发电机接入电表；用一台带蓄电池的设备改装成具有电压输出和电流输出的逆变电源接入电表。

（5）用一台一、二次侧没有电联系的升压变压器将某相电压升高后反相加入表尾零线。

（6）用电感或电容移相。例如：在三相三线两元件电表负荷侧 A 相接入电感或 C 相接入电容。

4. 扩差法窃电

窃电者采用短电流、断电压、动齿、强磁干扰等方法，改变电表内部结构性能，使用本身的误差扩大，这种窃电手法就叫做扩差法窃电。常见手法有：

（1）私拆电表，改变电表内部的结构性能。例如：减少电流线圈匝数或短接电流线圈；增大电压线圈的串联电阻或断开电压线圈；更换传动齿轮或减少齿数；增大机械阻力；调节电气特性；改变表内其他零件的参数、接法或制造其他各种故障等。

（2）用大电流或机械力损坏电表。例如：用过负荷电流烧坏电流线圈；用短路电流的电动力冲击电表；用机械外力损坏电表等。

（3）改变电表的安装条件。例如：改变电表的安装角度；用机械振动干扰电表；用永久磁铁产生的强磁场干扰电表等。

5. 无表法窃电

未经报装入户就私自在供电企业的线路上接线用电，或有表用户私自甩表用电，这种窃电手法就叫做无表法窃电。

（1）直接从配变的低压母线或低压架空线挂钩用电；

（2）短接计量箱进出线。短接进入计量箱和引出计量箱的同相位的导线，多发生在进线管与出线管在墙内的相交处。

6. 其他窃电

除了以上窃电手法，目前还不断出现一些新的窃电手法，有别于传统的窃电手法。常有使用 IC 卡式电能表的用户伪造 IC 卡、修改 IC 卡的电量值、破坏读卡装置等。针对多功能全电子型电能表，破解密码后修改其内部参数设置，从而达到少计量的目的。一般意义上的窃电行为是窃电供自己使用，达到少缴费或不缴费的目的。目前在实践中又遇到了一些新的窃电动向，如一些不法分子窃电再转卖电以达到获利的目的。极个别发电厂通过技术手段，改动上网电能计量装置，达到多计电量的目的，其实质也是一种窃电行为。

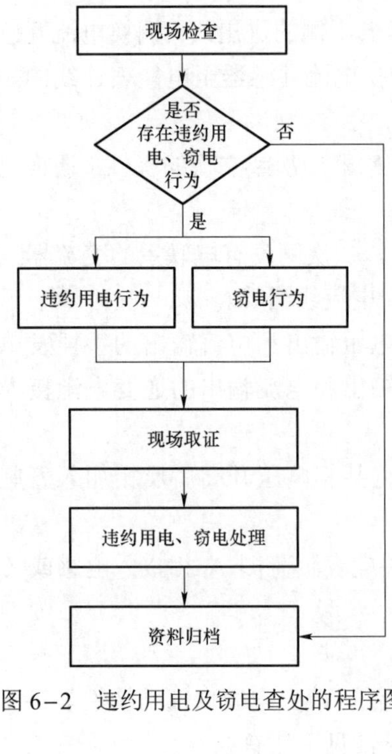

三、违约用电及窃电的查处程序

（一）查处违约用电及窃电的组织

供电企业通过组织定期检查、专项检查，或通过相关线索，组织用电检查人员依法对用户用电情况进行检查。用电检查人员在执行检查时，不得少于 2 人。违约用电及窃电查处应按程序进行。在查处违约用电及窃电行为过程中，供电企业应取得当地政府有关部门的支持，加大对违约用电及窃电行为的打击力度。对于有重大窃电嫌疑的用户可会同当地公安部门联合查处。违约用电及窃电查处的程序图如图 6-2。

窃电查处的主要流程包括：发现窃电线索、分析窃电线索、确定检查对象、归集被检查对象信息、制定检查方案、现场检查取证、提出处理方案、追补电费和违约使用电费、资料归档等。

图 6-2　违约用电及窃电查处的程序图

（二）窃电线索的发现

通过营业普查、专项检查、窃电举报、营销稽查监控、线损治理、业务信息系统预警等渠道，可以发现窃电线索。

处理 95598 渠道窃电举报时，应按照工单回复信息要求，填写现场检查人员、时间、地点，并上传现场照片、历史用电数据等证据，明确处理依据与结果；如未能在答复时限内完成处理，应说明原因和已采取的措施；对不属实举报要报送证明现场用电正常的图片等相关材料。

充分应用反窃电稽查监控、用电信息采集、营销业务应用等系统，持续完善数据分析模型，运用大数据技术开展窃电线索分析，精准定位窃电信息，确定检查对象。

（三）违约用电及窃电的检查方法

违约用电及窃电行为的查明，是供电企业用电检查人员的重要任务之一，是指供电企业的用电检查人员在执行用电检查任务时，发现用户违约用电及窃电行为并查获证据的行为。以下介绍几种主要的窃电检查方法：

（1）直观检查法。即通过人的感官，采用口问、眼看、鼻闻、耳听、手摸等手段，检查计量装置，从中发现窃电的蛛丝马迹。直观检查电能表外壳是否完好；安装是否正确与牢固；运转是否正常；铅封是否完好；检查有无改接、错接或绕越电能表接线；检查连接线有无开路、短路或接触不良；检查互感器的变比是否与用户档案一致。

（2）电量检查法。即根据用户用电设备及其构成，根据实际情况对照检查计量装置的实际电能数发现问题。通过核实用户用电设备的实际容量、运行工况、使用时间等对照容量查电量；通过实测用户负荷情况，计算用电量，然后与电能表的计量电能数对照检查；将用户当月电量与上月电量或前几个电量对照检查，分析用电量增加或减小的原因。

（3）仪表检查法。通过采用普通的电流表、电压表、相位表、电能表以及其他专用仪器等进行现场定量检测。用电流表检查电能计量装置电流回路是否正常，检查电流互感器有无开路、短路或极性接错等；用电压表检查电能计量装置电压回路是否正常，检查电压互感器有无开路或接触不良造成的失压或电压偏低及极性接错造成的电压异常；用相位表检测电能表接线的相位，根据测量的各元件相位数据画出相量图，然后导出功率表达式判断接线正确性；用标准电能表与被测电能表同时接入被测电路，在同一时间段共同计量电能，比较检查；近年来，国内市场上已出现许多多功能智能查窃电仪器，查电效果较好。

（4）经济分析法。即通过线损分析、单耗分析及功率因数分析等查窃电。通过管理线损异常分析，通过线损率的差异，发现窃电目标；通过了解掌握用户单位产品耗电量，对用户产量用电量进行分析检查，发现窃电情况；对装有无功电能表的用户，将其功率因数值与历史数据相比较分析，发现窃电目标。

（四）窃电行为的取证

证据是能够证明案件真实情况的事实，是行为人在一定的时空里，通过一定的行为，遗留在现场的痕迹、印象。同其他证据一样，用来定案的窃电证据，必须同时具备合法性、客观性和关联性，缺一不可。窃电证据具有证据的一般特征，即客观性与关联性，此外，由于电能的特殊属性所决定，窃电证据表现出不同于其他证据的独立特征，即窃电证据的不完整性和推定性。

窃电证据的客观性，是指证明窃电案件存在和发生的证据是客观存在的事实，而非主观猜测和臆想的虚假的东西。

窃电证据的关联性，是指证据事实与窃电案件有客观联系，两者之间不是牵强附会或者毫不相关。

窃电证据的不完整性，是指由于电能的特殊属性所致，只能获得窃电行为的证据，而无法直接获取窃得财物——电能的证据，即窃电案件无法人赃俱获。

窃电证据的推定性，是指窃电量无法通过用电计量装置直接记录，只能依赖间接证据推定窃电时间进行计算。

现场检查前，反窃电检查人员应严格按照现场作业安全规范要求，做好必要的人身防护和安全措施，携带摄影摄像仪器或现场记录仪、万用表、钳形电流表、证物袋等工具设备。填写《用电检查工作单》，履行审批程序，必要时联合当地电力管理部门、公安部门等共同检查。

现场检查时应主动出示证件，并应由客户随同配合检查。对于客户不愿配合检查的，应邀请公证、物业或无利益关系第三方等，见证现场检查。

窃电取证的手段和方法很多，证据的取得必须合法，只有通过合法途径取得的证据才能作为定案的依据。收集、提取证据要主动及时。主要包括以下几方面：拍照、摄像、录音（需征得当事人同意）、损坏的用电计量装置的提取、伪造或者开启加封的用电计量装置封印收集、使用电计量装置不准或者失效的窃电装置、窃电工具的收缴、在用电计量装置上遗留的窃电痕迹的提取及保全、制作用电检查的现场勘验笔录、经当事人签名的询问笔录、用户用电量显著异常变化的电费清单的收集、当事人、知情人、举报人的书面陈述材料的收集、专业试验、专项技术鉴定结论材料的收集、违章用电、窃电通知书、供电企业的线损资料、值班记录、用户产品、产量、产值统计表、该产品平均耗电量数据表等。

现场检查的取证应程序合法，证据链完整，实证清晰准确。可采取拍照、摄像、封存等手段，提取能够证明窃电行为存在及持续时间的物证、书证、影像资料等证据材料。

（五）违约用电及窃电金额的计算

1. 违约用电的违约责任

根据《供电营业规则》第一百条规定，对用户违约用电行为，应承担其相应的违约责任：

（1）在电价低的供电线路上，擅自接用电价高的用电设备或私自改变用电类别的，应按实际使用日期补交其差额电费，并承担二倍差额电费的违约使用电费。使用起讫日期难以确定的，实际使用时间按三个月计算。

（2）私自超过合同约定的容量用电的，除应拆除私增容设备外，属于两部制电价的用户，应补交私增设备容量使用月数的基本电费，并承担三倍私增容量基本电费的违约使用电费；其他用户应承担私增容量每千瓦（kVA）50 元的违约使用电费。如用户要求继续使用者，按新装增容办理手续。

（3）擅自超过计划分配的用电指标的，应承担高峰超用电力每次每千瓦 1 元和超用电量与现行电价电费五倍的违约使用电费。

（4）擅自使用已在供电企业办理暂停手续的电力设备或启用供电企业封存的电力设备的，应停用违约使用的设备。属于两部制电价的用户，应补交擅自使用或启用封存设备容量和使用月数的基本电费，并承担二倍补交基本电费的违约使用电费；其他用户应承担擅自使用或启用封存设备容量每次每千瓦（kVA）30 元的违约使用电费，启用属于私增容被封存的设备的，违约使用者还应承担本条第 2 项规定的违约责任。

（5）私自迁移、更动和擅自操作供电企业的用电计量装置、电力负荷管理装置、供电设施以及约定由供电企业调度的用户受电设备者，属于居民用户的，应承担每次 500 元的违约使用电费；属于其他用户的应承担每次 5000 元的违约使用电费。

（6）未经供电企业同意，擅自引入（供出）电源或将备用电源和其他电源私自并网的，除当即拆除接线外，应承担其引入（供出）或并网电源容量每千瓦（kVA）500 元的违约使用电费。

2. 窃电量及金额的计算

根据《供电营业规则》第一百零二条规定：供电企业对查获的窃电者，应予制止，并可当场中止供电。窃电者应按所窃电量补交电费，并承担补交电费 3 倍的违约使用电费。拒绝承担窃电责任的，供电企业应报请电力管理部门依法处理。窃电数额较大的，供电企业应提请司法机关依法追究刑事责任。据此，窃电量可按以下方法确定：

（1）在供电企业的供电设施上，擅自接线用电的，所窃电量按私接设备额定容量（kVA 视同 kW）乘以实际使用时间计算确定。

（2）以其他行为窃电的，所窃电量按计费电能表标定电流值（对装有限流器的，按限流器整定电流值）所指的容量（kVA 视同 kW）乘以实际用电的时间计算确定。窃电时间无法查明时，窃电日数至少以 180 天计算，每日窃电时间：电力用户按 12h 计算；照明用户按 6h 计算。

对现场能收集到相关证据的窃电行为，还可以按以下原则进行计算：

（1）采用单耗法计算。窃电量=选取同类型单位正常用电的产品单耗（或实测单耗）×窃电期间的产品产量+其他辅助电量−已抄见电量

（2）在总表上窃电的。窃电量=分表电量总和−总表的已抄见电量

（3）有关计算数据难以确定的。窃电量=历史上正常的相应月份的用电量×用电增长系数−窃电期间的抄见电量

（4）致使表计失准的。窃电量=抄见电量×（更正系数−1）

（5）执行峰谷电价的。窃电量按峰谷比分开计算。

（6）窃电金额=窃电量×窃电期间的电力销售价格+国家、省物价部门规定按电量收取的其他合法费用。

追补电费和违约使用电费应及时、足额，并录入营销业务应用系统，各单位不得擅

自减免应补交的电费。

对于窃电造成供电设施损坏的，应要求窃电者承担修复费用或进行赔偿；对于窃电导致他人财产、人身安全受到侵害的，应协助受害人要求窃电者停止侵害并赔偿损失。

（六）违约用电及窃电行为的处理

违约用电及窃电行为的处理是指供电企业对有充分证据证明的违约用电及窃电行为人，依法自行处理或提请电力管理部门或司法机关处理的过程。供电企业用电检查人员在赴用户现场进行日常检查工作时，应收集用户与用电量相关的资料，对有窃电嫌疑的可以同同类型单位进行产品单耗、用电量、产品销售价格及生产情况进行多方面的比对，从相关数据来综合判断该户是否有窃电行为。

用电检查人员发现用户有窃电行为时，应注意保护现场。查获窃电后，应及时收集好与计算窃电量有关的证据资料，对现场要采用拍照、录像等方面保留证据，并要有窃电户电工和负责人的签名。必要时，应通知公安部门赴现场提取证据。根据调查取证的结果，按照窃电处理的有关规定和不同的窃电行为，确定处理方案。按照拟定的处理意见填写《用户窃电（违约用电）处理通知单》，详细描述窃电事实、处理依据及意见，复述告知用户，听取用户的陈述意见，实行全过程录音。填写的《用户窃电（违约用电）处理通知单》一式两份，交给窃电用户本人或法定代理人签章。完成签章后，将《用户窃电（违约用电）处理通知单》一份交用户签收，一份由作业人员带回存档备查。对确认窃电行为的用户，应立即中止供电或通知相关部门中止供电，并向本单位领导汇报。中止供电时应事先通知客户，不影响社会公共利益或者社会公共安全，不影响其他客户正常用电。对于重要电力用户、重点工程的中止供电，应报本单位负责人及当地电力管理部门批准。

对于客户不配合签字、阻挠检查或威胁检查人员人身安全的，须现场提请电力管理部门、公安部门等依法查处，并配合做好取证工作。

完成现场检查后，反窃电检查人员应及时在营销业务应用系统发起窃电处理流程，并录入相关资料、证据等。

反窃电工作应落实"查处分离"要求，反窃电检查人员负责现场检查与取证，反窃电处理人员负责窃电处理。

对充电桩、分布式光伏接入、数字货币计算等新兴领域的窃电检查，对于发现的跨省作案、新型窃电、互联网传播窃电方法、规模制售窃电器材等线索，应第一时间将具体情况报送国网反窃电中心，由国网反窃电中心发布窃电预警。

窃电处理结束后，各单位应按档案管理要求对窃电查处全过程资料进行归档，并长期保存；未进入行政或司法程序的窃电案件原则上应于2个月内办结归档。

对于已经进入行政或司法程序的窃电案件，窃电处理应按行政或司法机关的生效法律文书执行；各单位应及时跟踪进入司法程序的窃电案件，按季度向反窃电归口管理部门上报案件的进展情况。

对于涉案金额超过100万元的窃电案件，应在查处完成后5个工作日内将案件情况报送国网反窃电中心，不得迟报、瞒报、漏报。

完成窃电处理及费用结清后，由反窃电检查人员组织开展复电、计量恢复等现场工作。

对于反复窃电的、拒不接受处理的、被行政管理部门处理的、被司法机关依法追究刑事责任的窃电单位和自然人，各单位应及时对其失信行为进行确认，并将其失信信息纳入相关征信系统；对于其他窃电，各单位结合实际情况将其失信信息纳入相关征信系统。

对于窃电数额较大、窃电情节严重或拒绝承担窃电责任的窃电者，各单位应报请当地电力管理部门、公安部门依法处理。

第四节　重要活动客户侧保供电

一、客户侧保电基本要求

重要活动客户侧保供电坚持"政府主导、客户主体、电力主动"的三位一体原则。政府主导重要活动保电工作，发布相关政策，协调督促各相关单位（部门）完成保电任务；客户承担主体责任，按照政府要求，做好隐患和缺陷的排查治理，确保安全、可靠用电；供电企业主动对接，提供技术支持，督导客户完成隐患和缺陷的排查治理，确保完成客户侧保电任务。

客户侧保电工作由营销部门牵头开展，运检、调控、信通等专业部门配合，采用"工作任务化、任务清单化、清单责任化"的模式，通过工作任务清单（以下简称任务清单）明确任务内容、工作要求、完成时限、责任部门和配合单位。工作联系和督办以重要活动保电专项工作联系（督办）单（以下简称工作联系单）的方式协调推进。

供电企业与客户的保电安全责任以双方签订的《供用电合同》约定为准，未尽事宜以《重要活动供用电安全责任书》的形式签订补充协议，客户产权范围内的电力保障工作由客户负责。供电企业应在政府主导下，按照"服务、通知、报告、督导"的原则开展客户侧保电工作。

供电企业应根据重要活动影响和对电力保障的依赖程度划分重要性等级并制定具体标准，重要性等级分为特别重大、重大、较大、一般四个等级。场馆重要性等级按场馆承担任务的最高级别确定，时段重要性等级按不同时段任务内容分别确定。

（1）特别重大保电任务是指满足下述条件之一的保电任务：

1）国家举办或承办且有党和国家领导人出席，具有特别重大影响和特定规模的政治、经济、科技、文化、体育等重要活动，需要公司系统提供电力保障的任务。

2）公司总部确定的特别重大保电任务。

（2）重大保电任务是指满足下述条件之一的保电任务：

1）各省承办且有党和国家领导人出席，具有重大影响和特定规模的政治、经济、科技、文化、体育等重要活动，需要公司系统提供电力保障的任务。

2）公司总部、各省公司确定的重大保电任务。

（3）较大保电任务是指满足下述条件之一的保电任务：

1）各省主办且承办，并有省委省政府领导出席，具有较大影响和特定规模的政治、经济、科技、文化、体育等重要活动，需要公司系统协调解决电力供应保障的任务。

2）各省公司确定的较大保电任务。

（4）一般保电任务是指满足下述条件之一的保电任务：

1）各省主办、市县政府承办，具有一定影响和规模的政治、经济、科技、文化、体育等重要活动，需要公司系统协调解决电力供应保障的任务。

2）各省公司、市县公司确定的一般保电任务。

场馆重要性等级按场馆承担任务的最高级别确定，根据客户（场所）在重要活动中所承担任务的重要程度，保电客户（场所）重要性等级分为特级、一级、二级和三级。

二、保电方案确定

客户侧电力保障方案（以下简称"保电方案"）是依据保电总方案编制的专业子方案，与其他专业方案相辅相成、互为关联，明确和总体部署客户侧保电全流程工作任务，指导客户侧保电工作开展。营销部门根据重要活动保电总方案，在总方案发布后 5 个工作日内完成本专业现状评估，在总方案发布后 10 个工作日内组织完成保电方案编制。保电方案编制完成后应经编制单位安监、运检、调控、信通等相关专业部门审核，并按照本单位的有关规定完成审核、批准及发布。

保电方案应包括组织机构及职责划分、保电范围、保电时间、阶段划分、重点工作安排、指挥网络和工作要求等内容。

三、客户侧隐患排查

重要活动开始前，举办地公司应依据国家、电力行业标准，在重要活动举办方或经信、安监、消防等政府相关部门的主导下，对重要活动保电场馆开展客户侧排查工作。

客户侧排查分为通用排查和深度排查。所有保电任务均须开展通用排查，对政府提前公布的特别重大保电任务应开展深度排查。应对与特级、一级保电场馆的同线路、同母线其他客户开展用电检查，并填写《同母线/线路客户重要活动供用电安全保障告知书》，交客户签收。

客户侧排查工作由举办地公司的营销部门负责牵头开展，通用排查工作，应在接到任务清单后半个月内完成；临时新增的保电场馆，时间允许的情况下，5 天内完成；时间受限的，活动开始前完成。深度排查工作，应在重要活动开始前三个月开展。

通用排查的主要内容包括：保电场馆的供电电源、应急电源、受电装置、运行维护、值班管理、应急管理、重要负荷等。

深度排查在通用排查基础上进行，对场馆红线处供电电源一直延伸至重要末端负荷处的高低压设备、重要末端负荷、不间断电源等开展安全隐患缺陷排查。

（1）排查主要内容包括：

1）追溯保电场馆内灯头、插座、话筒等末端重要负荷，梳理供电回路走向、预估接入负荷容量、不间断电源配置情况、供电回路的配置情况。

2）检查 UPS、EPS、自备发电机等自备应急电源系统的工作情况。

3）配置应急移动发电车（机）的保电场馆，应检查应急移动发电车（机）接口、停靠位置、临时电缆通道及所带负荷清单。

对通用与深度排查过程中发现的问题，检查人员应开具《缺陷隐患整改建议书》《客户受电装置及运行管理缺陷通知单》，交客户签收。对重大安全隐患或缺陷情况，应及时书面报送举办方、政府相关部门备案。

需供电企业支援应急移动设备（包括应急发电车、移动式箱变、应急照明等）的保电场馆，应由场馆方提交《应急移动设备支援申请单》，经供电企业审批同意后，双方共同完成《应急移动发电车（机）接入方案》编制。

对客户侧排查、电气设备专项试验、全负荷试验及日常检查工作中发现的隐患缺陷，应滚动更新保电场馆供用电安全隐患治理明细表，实行闭环管理。

（2）根据隐患缺陷的紧急程度，缺陷分为紧急缺陷、重大缺陷、一般缺陷。消缺要求如下：

1）紧急缺陷场馆方应立即进行消缺，并要求在 24h 内完成消缺。

2）重大缺陷场馆方应立即组织处理，限时消缺。

3）一般缺陷应按整改期限进行消缺。

因特殊原因一时无法消除的重大及以上缺陷，通过采取技术措施后，方可降低缺陷级别，必要时调整运行方式，减少负面影响。

（3）针对重要活动保电场馆排查中发现的隐患缺陷及整改情况，供电企业应定期向政府相关部门或举办方进行书面报告并内部存档。

1）供电企业应将隐患缺陷及整改情况定期向政府相关部门或举办方进行书面报告。距活动举办时间大于一个月的，每月上报隐患缺陷整改建议表；距重要活动举办时间小于一个月的，每周上报隐患缺陷整改建议表。

2）对未按期整改或整改不到位的重大及以上的缺陷，应及时向政府相关部门或举办方作出书面报告。必要时提请政府召开供电方、场馆方、政府相关部门的三方专题整改会议或进行当面约谈。

3）在重要活动举办前，对场馆方不能整改或不能限时整改的，供电企业应以书面形式告知政府相关部门或者举办方；若保电场馆不能达到保供电要求的，则供电企业应建议政府相关部门要求该场馆退出重要活动。

四、场馆保电手册的编制

特别重大保电任务，应根据保电场馆排查和试验的结果，按照实际情况和"一馆一册"的要求，编制场馆保电手册。

场馆保电手册包括场馆供用电保障方案、口袋书和保电卡。应在演练前完成审批及发布，并结合保电任务变化、演练暴露问题和临时负荷接入等情况持续滚动修编。

针对多人驻点值守的保电场馆，保电人员应以实用性、简洁性和指导性为原则，在场馆供电用电保障方案的基础上编制口袋书和保电卡。

口袋书应依照保电场馆值守人员部署图，针对不同岗位进行编制。主要包括保电任务、供电电源及运行方式、自备应急电源、保电重要负荷基本信息、外接应急电源、人员分布及通信设备表、现场保障、现场应急处置预案、备品备件及安全工器具清单等内容，要求"一岗一书、一人一份"。

保电卡应针对各岗位值守范围内主要电气设备的数据记录、应急操作等单一保电事项进行编制，主要包括人员分布及通信设备卡、值守设备范围卡、设备状态巡视检查卡、应急处置操作卡等内容，要求"一事一卡"。

五、保电演练

客户侧演练（以下简称"演练"），是指场馆方、供电企业共同组织保电相关人员，模拟保电值守或突发事件的可能情景，按照应急预案所规定的职责和程序，在特定的时间和地点，执行应急响应任务的演习和训练活动。

对政府提前公布的保电任务中的一级及以上保电场馆，供电企业应联合场馆方进行演练。演练遵循"立足实战、发现问题、促进整改、补足短板"的原则，检验应急处置预案的实效性、适用性和顺畅性，提升客户侧保电综合能力。

演练主要包括值守演练和应急演练两种类型。按实际设备操作情况，可分为桌面推演、实操演练两种方式；按脚本准备方式，可分为常规演练和无脚本演练。值守演练应模拟保电值守场景，覆盖所有值守岗位。主要包括各保电时段值守人员的巡视、工作交接、负荷监控及信息报送等实际工作情况。应急演练应按照事故预想的方式，模拟保电场馆可能出现的突发停电或异常事件，检验客户侧的应急处置能力。演练分为单路失电演练和单户失电演练。失电应急演练通过有脚本的常规演练或无脚本演练完成。

单路失电演练是指模拟保电场馆的单条线路失电情况，主要检验客户侧供电拓扑关系，检验 ATS、UPS 等装置工作情况。

单户失电演练是指模拟保电场馆的全部或部分高压供电线路失电情况，主要检验高压备自投、ATS、UPS 等装置动作情况与时序配合；故障情况下（如单线、单变供电）设备承载能力、供电用电两方人员的指挥协同情况、岗位人员的应急处理能力。

原则上客户侧演练应在重要活动开始前 15 天完成。

客户侧演练方案应包括演练科目及时间、场景、电气状态设置、事件模拟、处置流程等主要内容和安全要求，应明确演练导演（组）、演练指挥、演练人员、观察员等参演人员及其职责和拟邀请的观摩人员，明确耗用物资、工器具、通信工具、经费、后勤等保障措施，并提前准备记录和评价演练所用的表单。

客户侧演练由供电企业与场馆方共同参与进行，应明确危险点并做好安全防护措施，确保演练过程中不发生人员伤亡、财产损失、设备故障等异常情况。

演练前，演练负责人应根据演练方案组织完成演练人员、物资、装备、环境等各方面的准备，提前做好应急移动设备的就位，并组织专题培训；必要时可召开专题动员会。

参演人员根据演练指令，按照演练方案规定的程序开展演练，不得擅自增加或减少内容。演练观察员应进入演练主要地点观察演练流程执行情况。演练指令、汇报和反馈信息应使用规范专业术语或事先约定的略语。

演练期间发生突发停电、安全事件等意外情况时，立即终止演练，并向演练导演组汇报。

演练结束后，举办地公司应会同场馆方开展演练评估，并编制客户侧电力保障演练评估报告。主要评估演练基本情况、演练执行情况、应急指挥人员的指挥协调能力、参演人员的处置能力、演练所用设备装备的适用性、演练目标的实现情况，提出问题整改和完善预案的意见和建议。对发现场馆隐患缺陷的整改，供电企业应会同场馆方对场馆保电手册进行修订。演练观察员应参与演练评估和报告编写工作。

六、保电任务实施

重要活动期间，客户侧保电实施日任务管理机制，按照任务重要性等级要求实施现场保电工作。

重要活动开始前，营销部门根据官方的活动安排，预先制定日保电任务表、保电时段表，并初步制定现场保电日任务清单，明确任务名称与等级、保电时间等。

保电期间，任何单位和部门接到政府相关部门或活动主办方的临时性保电任务后，应第一时间将信息报送到现场指挥部。现场指挥部客户服务组通过分析研判，确定临时新增的保电任务、保电客户及其等级、设备范围和任务等级。应拒绝接收其他单位或部门提出的临时性任务，对有争议的，必要时报告政府和活动举办方裁定。

客户侧日保电任务按客户侧指挥体系下达至各场馆。

保电值守工作正式实施之前，举办地公司应做好人员、设备、物资等的各项准备工作。

根据保电时段等级，场馆应配置相应值守人员开展值守巡视工作。供电企业根据政府相关部门的委派或客户申请，合理安排保电人员参与场馆方的保电值守。保电值守期间，现场保电服务人员必须严格遵守值守巡视、交接班、缺陷管理、临时负荷接入管理、信息报送、现场安全、保密等相关制度要求。严禁擅自操作客户设备。

发生突发事件，现场保电服务负责人与场馆方负责人联动指挥，现场保电服务人员应立即协助场馆方按照应急预案开展应急处置。必要时申请调派应急设备及物资。在保证人身和设备安全的基础上，优先恢复重要负荷供电，同时第一时间向上级指挥部门汇报。

第七章 综合能源服务

随着新一轮电力体制改革的深入推进，面对新的工业革命、能源革命及"碳达峰、碳中和"带来的机遇与挑战，电力企业、其他能源企业以及第三方企业纷纷表示要向综合能源服务企业转型，向社会发声的既包括电网企业，也包括发电企业，甚至有互联网企业。在本轮电力体制改革"管住中间、放开两头"的总体架构下，电网企业和发电企业作为电力市场体系中的重要组成部分，其市场格局、业务界面定位比较清晰。电网企业核心业务为输配环节并可参与竞争性售电业务，发电企业除了发电领域，还可以介入售电侧及增量配电网业务，简单讲就是"大分工、小交集"的市场结构。当前能够搅动市场广泛关注的改革热点主要集中在"小交集"这部分，由于互联网、大数据、云计算等技术的应用，推动了"小交集"内产业形态、业务模式的创新，而这种变革正代表了能源生产和消费革命的方向。传统能源服务为迎接新的挑战，向综合能源服务转型成为各类企业共同的选择。

所谓综合能源服务是一种新型的、为满足终端客户多元化能源生产与消费的能源服务方式，涵盖能源规划设计、工程投资建设、多能源运营服务及投融资服务等方面。简单来说，就是不单销售能源商品，还销售能源服务，当然这种服务主要是附着于能源商品之上的。对于供电企业来说，就是由单一售电模式转为电、气、冷、热等多元化能源供应和多样化增值服务模式。下面将分别从光伏、电动汽车充电设施、储能、节能服务、电能替代以及需求响应几个方面来了解综合能源服务的各业务现状及相应政策。

第一节 光　伏

光伏是太阳能光伏发电系统的简称，是一种利用太阳电池半导体材料的光伏效应，将太阳光辐射能直接转换为电能的一种新型发电系统。光伏技术具备很多优势，如没有任何机械运转部件，不需其他任何"燃料"，在太阳光直射和斜射情况下都可以工作，此外从站址的选择来说，也十分方便灵活，城市中的楼顶、空地都可以被应用。1958 年，太阳能光伏效应以太阳能电池的形式在空间卫星的供能领域首次得到应用。时至今日，小至自动停车计费器的供能、屋顶太阳能板，大至面积广阔的太阳能发电中心，其在发电领域的应用已经遍及全球。

一、光伏发电基础知识

（一）光伏发电系统分类

光伏发电系统按照是否与电网连接可以分为两大类：离网（独立）光伏发电系统和并网光伏发电系统。

离网（独立）光伏发电系统主要应用在远离电网又需要电力供应的地方，如偏远农村、山区、海岛、广告牌、通信设备等场合，或者作为需要移动携带的设备电源、不需要并网的场合，其主要目的是解决无电问题。它一般由光伏阵列（或组件）、光伏控制器、储能单元、逆变器、交直流负载等组成，其结构示意图如图 7-1 所示。由于光伏发电属于间歇式能源，容易受到天气和周围环境的影响，在光伏阵列没有能量输出时，需要储能单元提供负载用电。

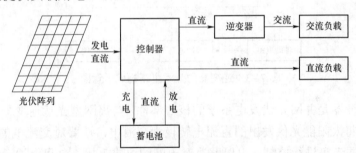

图 7-1　典型的离网光伏发电系统

目前常见的并网光伏发电系统，根据其系统功能可以分为两类：一种为不含蓄电池的不可调度式光伏并网发电系统；另一种是包括蓄电池组作为储能环节的可调度式光伏并网发电系统。

可调度式并网光伏发电系统设置有储能装置，通常采用铅酸蓄电池组，兼有不间断电源和有源滤波的功能，而且有益于电网调峰。但是，其储能环节通常存在寿命短、造价高、体积大而笨重、集成度低的缺点，因此这种形式应用较少。本书所述的并网光伏发电系统如无特别说明的话，均为不可调度式光伏并网发电系统。

并网光伏发电系统结构示意图如图 7-2 所示，光伏阵列输出电能，通过并网逆变器直接接入公共电网。并网光伏发电系统可以省去储能蓄电设备（特殊场合除外），而将电网作为储能单元，一方面节省了蓄电池所占空间及系统投资与维护，使发电系统成本大大降低；另一方面，发电容量可以做得很大并可保障用电设备电源的可靠性。并网光伏发电系统是太阳能光伏发电的发展方向。

图7-2 并网光伏发电系统原理图

从图7-2可以看出，并网型逆变器是并网光伏发电系统的核心部件。

（二）光伏逆变器

通常，将直流电能变换成为交流电能的过程称为逆变，完成逆变功能的电路称为逆变电路，实现逆变过程的装置称为逆变器。逆变器使转换后的交流电电压、频率与电力系统交流电电压、频率相一致，以满足为各种交流用电装置、设备供电及并网发电的需要。

逆变器的基本电路构成如图7-3所示，由输入电路、输出电路、主逆变开关电路（简称主逆变电路）、控制电路、辅助电路和保护电路等构成。

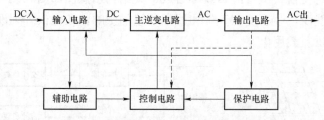

图7-3 逆变器的基本电路构成示意图

并网型逆变器是并网光伏发电系统的核心部件。与离网型光伏逆变器相比，并网型逆变器不仅要将太阳能光伏发出的直流电转换为交流电，还要对交流电的电压、电流、频率、相位与同步等进行控制，也要解决对电网的电磁干扰、自我保护、单独运行和孤岛效应以及最大功率跟踪等技术问题。

所谓孤岛是孤岛现象、孤岛效应的简称，是指电网失压时，（分布式）电源仍保持对失压电网中的某一部分线路继续供电的状态。

在有分布式光伏并网接入的电网中，当电网因人为或故障停止供电后，光伏电源若未能检测出该状况而继续给线路上的负荷供电，这时就形成了一个自给供电的孤岛。电力公司无法掌控的供电孤岛，将会危及供电线路维护人员和用户的安全，或者给配电系统及一些负载设备造成损害。从用电安全与电能质量考虑，孤岛效应是不允许出现的。

在逆变器中，检测出光伏系统处于孤岛运行状态的功能称为孤岛检测；检测出孤岛运行状态，并使光伏发电系统停止运行或与电网自动分离的功能就叫防孤岛保护。孤岛检测是防孤岛的前提。孤岛检测一般有被动检测和主动检测两种方法。目前并网逆变器的反孤岛策略通常采用被动式检测方案与至少一种主动式检测方案相结合的方法。

二、光伏发电并网政策

为支持光伏产业发展，我国已先后制定实施一系列促进光伏产业发展的政策，主要分为两类：一类是鼓励可再生能源发展的法律和政策；另一类是针对光伏产业发展中的突出问题而出台的政策措施。这一系列政策的出台，明确了国家光伏产业的战略地位、发展方向和应用规模，解决了在光伏产业发展中存在的相关问题，促进了我国光伏发电的应用推广。

近年来，在鼓励可再生能源发展方面，政府相继出台了《可再生能源法》《可再生能源发电价格和费用分摊管理试行办法》《可再生能源发电有关管理规定》等法律和政策，这些法律和政策确立了"费用分摊""全额收购""配额交易"等扶持可再生能源发展的原则。

同时针对光伏产业发展中的突出问题，国家还出台了一系列政策措施，主要包括：国务院颁布的《关于促进光伏产业健康发展的若干意见》（国发〔2013〕24号）、国家发改委印发的《关于发挥价格杠杆作用促进光伏产业健康发展的通知》（发改价格〔2013〕1638号）、国家发改委印发的《分布式发电管理暂行办法》（发改能源〔2013〕1381号）等。

（一）光伏发电运营定位

光伏发电运营模式主要以"自发自用、余量上网、电网调节"为原则。分布式光伏发电属于分布式新能源发电（电源），应该遵循分布式电源一般规律和规定。

（二）光伏上网标杆电价及补贴政策

光伏上网标杆电价政策是根据光伏发电的当前成本，并考虑合理利润后制定的电价，光伏项目开发商以这样的价格将光伏电量出售给电网企业，其中，高出当地脱硫机组上网电价的差额部分采取"全网分摊"的办法对电网企业进行回补。目前我国的政策只对在高压侧上网的大型电站采取"上网电价"方式进行回补。而对于用户侧上网的分布式光伏发电，则采用按发电量定额补贴的方式。

1. 标杆电价执行期限

根据《国务院关于促进光伏产业健康发展的若干意见》（国发〔2013〕24号）规定，标杆电价、电价补贴执行期限为20年（光伏发电项目自投入运营起，即240个月），因此电站计算周期为20年+建设期模式。

2. 上网标杆电价和补贴的确定及调整

2013年国家发展改革委印发的《关于发挥价格杠杆作用促进光伏产业健康发展的通知》（发改价格〔2013〕1638号）提出，根据各地太阳能资源条件和建设成本，将全国分为三类太阳能资源区，相应制定光伏电站标杆上网电价（见表7-1）。同时文件要求对光伏电站标杆上网电价高出当地燃煤机组标杆上网电价（含脱硫等环保电价）的部分，通过可再生能源发展基金予以补贴；对于分布式光伏发电，实行按照全电量补贴的政策，电价补贴标准为每千瓦时0.42元。

表 7-1 各类资源区光伏发电标杆上网电价 单位：元/kWh

太阳能资源区类别	光伏标杆上网电价	各资源区包括的地区
第Ⅰ类资源区	0.9	宁夏；青海海西；甘肃嘉峪关、武威、张掖、酒泉、敦煌、金昌；新疆哈密、塔城、阿勒泰、克拉玛依，内蒙古除赤峰、通辽、兴安盟、呼伦贝尔以外地区
第Ⅱ类资源区	0.95	北京；天津；黑龙江；吉林；辽宁；四川；云南；内蒙古赤峰、通辽、兴安盟、呼伦贝尔；河北承德、张家口、唐山、秦皇岛；山西大同、朔州、忻州；陕西榆林、延安；青海、甘肃、新疆除Ⅰ类外其他地区
第Ⅲ类资源区	1	除Ⅰ类、Ⅱ类资源区以外其他地区

注 西藏自治区光伏电站标杆电价另行制定。

2014 年 6 月 7 日，国务院办公厅印发《能源发展战略行动计划（2014—2020 年）》，提出"到 2020 年，风电装机达到 2 亿 kW，风电与煤电上网电价相当"；"光伏装机达到 1 亿 kW 左右，光伏发电与电网销售电价相当"的目标。2015—2018 年期间，国家先后印发了《国家发展改革委关于适当调整陆上风电标杆上网电价的通知》（发改价格〔2014〕3008 号）、《国家发展改革委关于完善陆上风电光伏发电上网标杆电价政策的通知》（发改价格〔2015〕3044 号）、《国家发展改革委关于调整光伏发电陆上风电标杆上网电价的通知》（发改价格〔2016〕2729 号）、《国家发展改革委关于全面深化价格机制改革的意见》（发改价格〔2017〕1941 号）、《国家发展改革委关于 2018 年光伏发电项目价格政策的通知》（发改价格规〔2017〕2196 号）、《国家发展改革委财政部国家能源局关于 2018 年光伏发电有关事项的通知》（发改能源〔2018〕823 号），文件指出集中光伏电站标杆上网电价和分布式光伏发电项目补贴标准逐年降低，实行退坡机制。

2019 年国家发展改革委印发的《关于完善光伏发电上网电价机制有关问题的通知》（发改价格〔2019〕761 号）规定："将集中式光伏电站标杆上网电价改为指导价""新增集中式光伏电站上网电价原则上通过市场竞争方式确定，不得超过所在资源区指导价""适当降低新增分布式光伏发电补贴标准"，开始推动光伏发电平价上网的实施。

2020 年国家发展改革委印发的《关于 2020 年光伏发电上网电价政策有关事项的通知》（发改价格〔2020〕511 号）要求，对集中式光伏发电继续制定指导价，降低工商业和户用分布式光伏发电补贴标准。

2021 年国家发展改革委印发的《关于 2021 年新能源上网电价政策有关事项的通知》（发改价格〔2021〕833 号）规定：对新备案集中式光伏电站、工商业分布式光伏项目和新核准陆上风电项目，中央财政不再补贴，实行平价上网。

根据国家能源局印发的《关于 2021 年风电、光伏发电开发建设有关事项的通知》（国能发新能〔2021〕25 号），已明确 2021 年新建户用分布式光伏项目国家财政补贴预算额度为 5 亿元。下一步，将进一步细化具体实施政策，确保全年新建户用分布式光伏项目并网规模达到 1500 万 kW 以上。

集中光伏电站上网电价补贴和分布式光伏电价补贴退坡机制实施情况具体见表 7-2、表 7-3。

表 7-2   **2013 年以后中国集中太阳能光伏发电标杆上网**

电价补贴退坡机制实施情况一览表   单位：元/kWh

太阳能资源区类别	2011 年 7 月 24 日规定全国统一		2013 年 8 月 26 日发布	2015 年年底发布	2016 年年底发布	2018 年 1 月 1 日后投运	2018 年 5 月 31 日发布	2019 年指导价	2020 年指导价
Ⅰ类资源区	7 月 1 日前核准并于当年年底前建成投产 1.15	7 月 1 日前核准当年年底未投产（除西藏）1.00	0.9	0.8	0.65	0.55	0.5	0.4	0.35
Ⅱ类资源区			0.95	0.88	0.75	0.65	0.6	0.45	0.4
Ⅲ类资源区			1	0.98	0.85	0.75	0.7	0.55	0.49

表 7-3   **2013 年以后中国分布式发电项目补贴**

退坡机制实施情况一览表   单位：元/kWh

分布式光伏发电项目类型	2013 年	2014 年	2015 年	2016 年	2017 年	2018 年	2019 年	2020 年
户用	0.42	0.42	0.42	0.42	0.37	0.32	0.18	0.08
工商业							0.1	0.05

三、光伏发电技术标准及服务规范

为更好落实国家扶持光伏产业健康发展的有关政策落地，进一步做好光伏发电并网服务工作，国家电网公司相继发布了一系列制度和标准，涉及光伏并网技术标准、服务规范等内容，为统一分布式电源并网管理、技术要求、工作流程和服务规范打下基础。

（一）技术类相关标准

随着光伏发电项目的增多，一些技术标准开始显得参差不齐，对于电网的运行造成了一定的影响，也很容易留下安全隐患。为此，从电网管理以及电网安全的层面，国家电网公司相继出台了《分布式电源接入电网技术规定》（Q/GDW 480—2010）、《光伏电站接入电网技术规定》（Q/GDW 617—2011）、《小型户用光伏发电系统并网技术规定》（Q/GDW 1867—2012）、《分布式电源接入配电网相关技术规范（修订版）》（国家电网办〔2013〕1781 号）等一系列企业标准和技术规范。

1. 光伏发电项目并网连接方式

根据国家电网公司《光伏电站接入电网技术规定》（Q/GDW 617—2011-4.2）规定，按不同的并网连接方式，可将光伏发电项目区分为：专线接入公用电网、T 接于公用电网以及通过用户内部电网接入公用电网。

光伏发电消纳方式有三种，即：全部上网；自发自用、余电上网；全部自用。其接线方式为：全部上网接入公共电网；自发自用、余电上网和全部自用通过用户内部电网接入公用电网。

2．电能质量要求

根据《光伏电站接入电网技术规定》（Q/GDW 617—2011）、《分布式电源接入配电网相关技术规范（修订版）》（国家电网办〔2013〕1781 号）、《分布式电源接入电网技术规定》（Q/GDW 480—2010）要求，光伏发电站接入电网环节中，电能质量参数主要包括谐波、间谐波、高频分量、电压波动和闪变、电压不平衡度、直流分量。其中谐波、间谐波、电压偏差、电压波动和闪变、电压不平衡度分别参照对公用电网的相应国标。

3．分布式光伏接入 10kV 配电网技术要求

根据《分布式电源接入配电网相关技术规范（修订版）》（国家电网办〔2013〕1781 号）规定，逆变器类型分布式电源接入 10kV 配电网技术要求：

（1）并网点应安装易操作、可闭锁、具有明显开断点、带接地功能、可开断故障电流的开断设备。

（2）逆变器应符合国家、行业相关技术标准，具备高/低电压闭锁、检有压自动并网功能。

（3）分布式电源采用专线方式接入时，专线线路可不设或停用重合闸。

（4）公共电网线路投入自动重合闸时，宜增加重合闸检无压功能；条件不具备时，应校核重合闸时间是否与分布式电源并、离网控制时间配合（重合闸时间宜整定为 $2+\delta t$ 秒，δt 为保护配合级差时间）。

（5）分布式电源功率因数应在 0.95（超前）～0.95（滞后）范围内可调。

4．分布式光伏接入 220/380V 配电网技术要求

根据《分布式电源接入配电网相关技术规范（修订版）》（国家电网办〔2013〕1781 号）规定，逆变器类型分布式电源接入 220/380V 配电网技术要求：

（1）并网点应安装易操作，具有明显开断指示、具备开断故障电流能力的低压并网专用开关，专用开关应具备失压跳闸及检有压合闸功能，失压跳闸定值宜整定为 $20\%U_N$、10s，检有压定值宜整定为大于 $85\%U_N$。

（2）逆变器应符合国家、行业相关技术标准，具备高/低电压闭锁、检有压自动并网功能。

（3）分布式电源接入容量超过本台区配变额定容量 25%时,配变低压侧刀熔总开关应改造为低压总开关，并在配变低压母线处装设反孤岛装置；低压总开关应与反孤岛装置间具备操作闭锁功能，母线间有联络时，联络开关也应与反孤岛装置间具备操作闭锁功能。

（4）分布式电源接入 380V 配电网时，宜采用三相逆变器；分布式电源接入 220V 配电网前，应校核同一台区单相接入总容量，防止三相功率不平衡情况。

（5）接有分布式电源的 10kV 配电台区，不得与其他台区建立低压联络（配电室、箱式变低压母线间联络除外）。

（6）分布式电源功率因数应在 0.95（超前）～0.95（滞后）范围内可调。

5．光伏发电项目运行维护规范要求

根据《分布式电源接入配电网相关技术规范（修订版）》（国家电网办〔2013〕1781

号）规定。

（1）接入 10kV 配电网的分布式电源

1）调度运行管理按照电源性质实行。

2）系统侧设备消缺、检修优先采用不停电作业方式。

3）系统侧设备停电检修工作结束后，分布式电源用户应按次序逐一并网。

（2）接入 220/380V 配电网的分布式电源

1）系统侧设备消缺、检修优先采用不停电作业方式。

2）系统侧设备停电消缺、检修，应按照供电服务相关规定，提前通知分布式电源用户。

（3）接有分布式电源的配电网电气设备倒闸操作和运维检修，应严格执行《电力安全工作规程》等有关安全组织措施和技术措施要求。

（4）系统侧设备运行巡视、消缺维护、技术监督、资料管理等工作，按照《配电网运维检修管理标准和工作标准》（国家电网运检〔2012〕770 号）执行。

（二）服务类相关规范

2013 年 11 月，国家电网公司印发了《分布式电源并网相关意见和规范（修订版）的通知》（国家电网办〔2013〕1781 号），出台了《关于做好分布式电源并网服务工作的意见》（修订版）、《关于促进分布式电源并网管理工作的意见（修订版）》《分布式电源接入配电网相关技术规范（修订版）》。同时，地方省市公司也出台了相关并网服务管理实施细则。这一系列服务规范的制定和实施，简化了并网流程，提供了优惠并网条件，支持光伏产业的可持续发展。

四、光伏发电并网业务管理

分布式光伏对优化能源结构、推动节能减排、实现经济可持续发展具有重要意义。2012 年以来分布式光伏在我国蓬勃发展，国家电网公司根据《中华人民共和国电力法》《中华人民共和国可再生能源法》等法律法规，适时出台了《国家电网公司关于印发分布式光伏发电并网方面相关意见和规定的通知》（国家电网办〔2012〕1560 号）、《国家电网公司关于印发分布式电源并网相关意见和规范（修订版）的通知》（国家电网办〔2013〕1781 号）、《国家电网公司关于印发分布式电源并网服务管理规则的通知》（国家电网营销〔2014〕174 号）等一系列文件，全力支持分布式光伏并网服务工作。

（一）受理申请

光伏项目业主可通过项目所在地的电网企业营业窗口、"网上国网"App、95598 客户服务电话和 95598 智能互动服务网站等多种渠道提出并网申请。电网企业营业受理人员受理并网申请后，应主动为客户提供并网咨询服务，履行"一次性告知"义务，接受并查验客户并网申请资料，审核合格后正式受理并网申请，协助用户填写并网申请表。对于申请资料欠缺或不完整的，电网企业将一次性书面告知客户需补充完善的相关资料。受理并网申请后，电网企业地市公司或者县公司营销部门应在 2 个工作日内将相关申请信息以联系单形式发送至发展部门、运检部门、经研所、调度部门、信通公司、快速响应服务班等部门（单位）、班组。

1. 非居民分布式光伏项目所需申请资料

（1）分布式电源并网申请单；

（2）法人代表（或负责人）有效身份证明，包括：身份证、军人证、护照、户口簿或公安机关户籍证明等，只需其中一项即可；

（3）法人或其他组织有效身份证明，包括：营业执照或组织机构代码证；宗教活动场所登记证；社会团体法人登记证书；军队、武警后勤财务部门核发的核准通知书或开户许可证，只需其中一项即可；

（4）土地合法性支持文件，包括：

1）《房屋所有权证》《国有土地使用证》或《集体土地使用证》；

2）《购房合同》；

3）含有明确土地使用权判词且发生法律效力的法院法律文书（判决书、裁定书、调解书、执行书等）；

4）租赁协议或土地权利人出具的场地使用证明。

上述四项资料中，第 1）～3）项提供其中一项即可，如租赁第三方屋顶时，还需提供第 4）项。

（5）如委托代理人办理，则需提供经办人有效身份证明文件及委托书原件；

（6）如需核准项目，则需提供政府主管部门同意项目开展前期工作的批复；

（7）多并网点 380/220V 接入或 10kV 及以上接入项目应提供发电项目前期工作及接入系统设计所需资料；

（8）如为接入专变用户，则需提供用电相关资料，如一次主接线图、平面布置图、负荷情况等；

（9）合同能源管理项目或公共屋顶光伏项目需提供"建筑物及设施使用或租用协议"；

（10）住宅小区居民使用公共区域建设分布电源需提供"物业、业主委员会或居民委员会的同意建设证明"。

2. 居民分布式光伏项目所需申请资料

（1）居民家庭分布式光伏发电项目并网申请表；

（2）若项目建设在公寓等住宅小区的共有屋顶或场所地，还应提供：

1）关于同意××居民家庭申请安装分布式光伏发电的项目同意书；

2）关于同意××居民家庭申请安装分布式光伏发电的项目开工的同意书；

3）居民光伏项目的项目同意书。

（3）自然人的有效身份证明：身份证、军人证、护照、户口簿或公安机关户籍证明，只需其中一项即可；

（4）房屋产权证明或其他证明文书：

1）《房屋所有权证》《国有土地使用证》《集体土地使用证》；

2）《购房合同》；

3）含有明确房屋产权判词且发生法律效力的法院法律文书（判决书、裁定书、调解书、执行书等）；

4）若属农村用房等无房产证或土地证的，可由村委会或居委会出具房屋归属证明。

上述四项房屋产权证明资料只需其中一项即可。

（5）如委托代理人办理，则需提供经办人有效身份证明文件及委托书原件。

（二）现场勘查

电网企业在正式受理客户并网申请后，将受理信息传递到服务调度班组，服务调度班组通过电话等方式与用户预约上门勘查的具体时间，预约工作在受理客户并网申请后1个工作日内完成。预约完成后，由服务调度班组填写相关预约信息，并根据客户申请项目的地址区域信息，选择相应的营销部门，完成服务调度预约的人工服务派工。

电网企业勘查人员在收到相关的服务调度预约信息后，按时组织公司运检部门、调度部门、信通部门（班组）、经研所等部门（单位）或者班组人员开展现场勘查工作。现场勘查前，勘查人员应预先了解待勘查地点的现场供电条件，对申请并网的光伏客户，应查阅客户的相关用电档案等信息资料。

现场勘查主要内容：核实分布式电源项目建设规模（本期、终期）、开工时间、投产时间、意向并网电压等级、消纳方式等信息，勘查用户用电情况、电气主接线、装机容量等现场供用电条件。结合现场供用电条件，初步提出并网电压等级、并网点设置、计量方案、计费方案、产权分界点、接入点等接入系统方案各项关键要素，对业主并网申请的各项要素的合理性进行分析。如业主并网申请的相关要求与实际不符，应在勘查意见中说明原因，并向客户做好解释工作，提出相关的修改建议。

现场勘查结束后，勘查人员将根据实际情况填写《现场勘查单》，并由客户签字确认。

受理申请后，电网企业应积极开展现场勘查工作，现场勘查工作应在受理并网申请后2个工作日完成。

（三）分布式光伏接入系统方案编制

电网企业地市公司经研所负责按照国家、行业、地方及企业相关技术标准，依据国家电网公司《分布式电源接入系统典型设计—光伏发电典型设计方案》（国家电网发展〔2013〕625号）所列的8种光伏发电单点接入系统典型设计方案和5种光伏发电组合接入系统典型设计方案，结合现场勘查结果、项目业主相关光伏组件、逆变器设备选型，确定并网电压等级和导线截面选择，明确具体接入方案，确定继电保护、系统调度及自动化、系统通信、电能计量、断路器类型、避雷及接地保护装置等系统一次和二次方案及设备选型，明确设备清单及各项设备投资人，完成接入系统方案编制。

（四）光伏接入系统方案评审

380（220）V接入电网的光伏项目，接入方案由电网企业地市公司或县公司营销部门组织发展部门、运检部门、调度部门、信通部门（班组）、经研所等部门、班组评审，出具评审意见。10（20）kV接入电网的光伏项目，接入方案由电网企业地市公司或县公司发展部门组织营销部门、运检部门、调度部门、信通部门（班组）、经研所等部门、班组评审接入系统方案，出具评审意见和接入电网意见函。35kV 接入电网的光伏项目，接入方案由电网企业地市公司发展部门组织营销部门、运检部门、调度部门、信通部门（班组）、经研所等部门、班组评审接入系统方案，出具评审意见和接入电网意见函。对于多点并网项目，按并网点最高电压等级确定组织审查部门，评审意见和接入电网意见函均应在经研所提交接入方案后 5 个工作日内出具。

（五）分布式光伏接入系统方案确认及答复

电网企业地市公司或县公司营销部门负责在 3 个工作日内将 380（220）V 接入电网的光伏项目接入方案确认单（附接入方案），35kV、10（20）kV 及以上电压等级接入的光伏项目接入方案确认单（附接入方案）、接入电网意见函告知项目业主。

（六）并网工程设计与建设

项目业主投资建设的光伏本体电气工程（简称并网工程）设计，由项目业主委托有相应资质的设计单位按照答复的接入方案开展。

380（220）V 多点并网项目，35kV、10（20）kV 电压等级接入的光伏项目，应由电网企业组织设计文件审查。项目归属地营销部门接受并查验项目业主提交的设计资料，组织发展部门、运检部门、建设部门、经研所、调度部门、信通公司等部门（单位），依照国家、行业等相关标准以及批复的接入方案，审查初步设计文件，并在受理项目业主申请后 10 个工作日内出具审查意见。

（七）受理并网验收申请

光伏项目并网工程施工完成后，项目业主向电网企业地市公司或县公司营销部门提出并网验收与调试申请，受理人员接受并查验项目业主提交的相关资料，审查合格后方可正式受理。受理申请后，地市公司或县公司营销部门在 2 个工作日内将相关申请信息抄送发展部门、运检部门、调度部门、信通公司等相关部门（单位）。

（八）合同与协议签订

并网验收及并网调试申请受理后，电网企业地市公司或县公司营销部门负责与项目业主办理 380（220）V 接入项目的购售电合同签订工作，工作时限为 5 个工作日，签订的合同抄送本单位财务部门。电网企业地市公司或县公司营销部门负责与项目业主办理 35kV、10（20）kV 接入项目的购售电合同签订的工作，工作时限为 10 个工作日，签订的合同抄送本单位财务部门、调度部门。

非居民光伏合同签订暂参照《国家能源局国家工商行政管理总局关于印发风力发电场、光伏电站购售电合同示范文本的通知》（国能监管〔2014〕331 号）执行。

纳入调度管辖范围的项目，电网企业地市公司或县公司调度部门应同步完成并网调度协议的签订工作，工作时限为 10 个工作日。未签订并网相关合同协议的，不得并网接电。

（九）计量与收费

光伏项目所有的并网点以及与公共电网的连接点均应安装具有电能信息采集功能的计量装置，以分别准确计量光伏项目的发电量和用电客户的上、下网电量。与公共电网的连接点安装的电能计量装置应能够分别计量上网电量和下网电量。与电网企业有贸易结算的关口电能计量装置由电网企业出资采购安装。

（十）并网验收与调试

项目业主投资建设的并网电气工程及接入工程，由电网企业地市公司或县公司营销部门组织并网验收与调试，发展部门、运检部门、调度部门、信通公司等相关部门（单位）参与验收与调试，并负责各自专业领域内的验收与调试。电网企业投资建设的光伏接入配套工程，由电网企业地市公司或县公司运检部门组织验收与调试。

（十一）电费结算

上、下网电量按国家规定的上网电价和销售电价分别计算购、售电费。

分布式光伏客户应与用电户设在同一抄表区，电网企业地市公司或县公司营销部门负责按合同约定的结算周期抄录分布式光伏发电项目上网电量和发电量，计算应付上网电费和补贴资金。居民分布式光伏发票由电网企业代开；非居民分布式光伏项目电费发行后，应及时将结算数据告知客户，并通知、指导客户按时规范开具发票。

财务部门按月支付居民分布式光伏项目和非居民分布式光伏项目的上网电费和补助资金。支付成功后，财务部门应每月将上网电费和补助资金的支付情况反馈营销部门。

第二节 电动汽车充电设施

2020 年，我国汽车产销分别完成 2522.5 万辆和 2531.1 万辆，同比分别下降 2.0% 和 1.9%，降幅比上年分别收窄 5.5 和 6.3 个百分点，年产销量连续 12 年全球第一。这些汽车主要以化石燃料为能源。燃油汽车在提供便利的同时，消耗了大量宝贵的不可再生资源，也造成严重的环境问题。在资源与环境的双重压力下，发展清洁能源汽车是必经之路，其中汽车电动化（纯电汽车、插电式混合动力）是重要的一个发展方向。而电池具有强大的续航性能，能够方便高效且稳定地充电是电动汽车产业健康发展的重要前提和保障基础。因而，规划制定充电设施发展战略，是电动汽车实现广泛推广和应用的条件。

一、电动汽车充电设施发展现状

车载电池作为电动汽车的关键部分，充电效率、续航里程和使用寿命三大指标直接影响到电动汽车的发展。目前，车载电池主要有铅酸蓄电池、镍氢电池和锂离子电池（磷酸铁锂电池和三元锂电池）三类。除少数短途公交车与景点观光车外，绝大部分电动汽车采用锂离子电池作为动力，故配套充电设施也基本服务于此。充电设施主要以充电站、换电站两种形式为主，零散安装的充电桩作为补充。其中，充电站提供包含不同功率的交直流充电桩，服务于不同类型的汽车；换电站提供更换电池包服务，但需要专人操作，发展相对缓慢；充电桩数量最多，安装密度最大，最贴近用户需求。纵观近年来充电设施的发展，大体呈现以下特点：

（一）电动汽车及其充电基础设施多层次、宽领域、蓬勃发展的格局基本形成

据统计，2020 年全年，国内充电基础设施增量为 46.2 万台，公共充电基础设施增量同比增长 12.4%，但随车配建充电设施增量依然不高，同比下降 24.3%。截至 2020 年 12 月，全国充电基础设施累计数量为 168.1 万台，同比增加 37.9%。其中大部分为公共充电桩，截至 2020 年底，全国新能源汽车保有量达 492 万辆，若按照这一数据计算，目前的车桩比约为 3:1。

在电动汽车推广的大环境下，京、沪、广、深等一线城市以及杭州、合肥、济南等二线城市已经初步形成了规模较大、相对成熟的城市充电网络；沪宁杭与珠三角地区大力发展城际充电网络；京沪、京港澳等高速服务区建成了高速路网省际充电系统。随着城市、城际、省际多层级的充电网络逐渐形成，充电基础设施网络正走向成熟。

（二）充电设施技术水平不断提高

目前，交直流充电桩、V2G、电池快速更换设备等已经实现国产化，且产品性能不断提高，已投入运营的交直流充电桩普遍在 60～120kW 之间，具有电池快充能力，极大地缩短了充电时间。充电设施的实时监控、计算、统计与检测报警等技术日趋成熟；此外，充电基础设施与互联网＋、智能电网、云（e）快充等跨领域新技术的交叉结合也在试点运行。

（三）行业标准逐步完善

目前，国家已制定充电系统及设备、电池包、充电设施、充放电接口等部分约 60 余项技术标准，基本建立了电动汽车充电行业标准体系，增大了我国在电动汽车行业发展的主动性与影响力。

（四）国家配套支持、补贴政策陆续出台

近年来，各级政府和有关部门，贯彻落实相关决策部署，为电动汽车的推广和充电基础设施行业的发展制定和出台了一系列多方位的配套支持政策，包括购车补贴、充电服务指导价格和充电基础设施建设财政补贴等，为促进电动汽车产业的蓬勃发展提供了不竭动力。

2012 年 6 月，国务院印发了《节能与新能源汽车产业发展规划（2012—2020 年）》，提到关于充电基础设施的规划。随后，我国相继出台了 12 项涉及到充电基础设施的政策。

在 2014 年之前，国家关于充电基础设施的政策基本都是规划建设充电桩、换电站，而自 2014 年起，我国政策开始了对加氢站的规划，这同时意味着我国开始进入燃料电池汽车的研发。

2015 年在规划中提出了电动汽车智能充换电服务的概念，将"互联网＋"与充电基础设施结合在一起形成新的充电基础设施业态。此后，我国在充电基础设施方面的政策将重点放在了私人充电基础设施以及公共交通、物流、环卫等商用车充电配套设施领域。

2020 年 10 月，国务院办公厅出台了《新能源汽车产业发展规划（2021—2035 年）》，其中提到依托"互联网＋"智慧能源，提升智能化水平，加快充换电基础设施建设。

2021 年 2 月，《国务院关于加快建立健全绿色低碳循环发展经济体系的指导意见》和《商务部办公厅印发商务领域促进汽车消费工作指引和部分地方经验做法通知》要求，加强充换电服务，支持依托加油站、高速公路服务区等建设充换电基础设施，引导事业单位按一定比例建设充电设施。

截至 2021 年 2 月，全国共有 30 个省份出台了充电配套设施相关政策的规划。地方响应国家号召，各地推出的各项与电动汽车充电配套设施相关的政策与补贴，将充电配套设施的发展从地方向中央推进。而上海、北京、广东、浙江和江苏等充电桩数量较多的城市在充电桩新政的发布上较为积极，已发布针对性政策，且北上广等地已提及对加氢站的建设。

二、充电基础设施存在的问题与挑战

纵观国内外，充电基础设施建设起步较晚，实现行业发展与完善还需迎接挑战与克服困难，推进难度依然较大。

（一）充电基础设施建设难度大

近年来，尽管电动汽车质量和规模显著提升，但是相较于传统燃油汽车，比例仍然较低。主要原因是消费者对电动汽车续航里程、电池寿命和充电便捷性存在顾虑。这一方面需要政府和行业专家引导消费者扭转消费观念，使其认识到电动汽车节能环保与行程成本低等优点；另一方面要打消消费者的顾虑，相关企业应当加大投入充电技术研发及基础设施建设。然而，设施建设涉及规划、施工、用电等诸多领域，在具体施行过程中，涵盖多个政府部门、用户群体和企业，利益主体多，诉求各不相同，其中存在利益冲突。只有解决了这些问题，电动汽车才能迎来发展的新格局。比如，充换电站占地面积广，用电需求大，现有站点布点偏僻，用户使用不便；社会公共停车场和小区私人车位充电桩建设涉及利益主体多而分散，难以统一协调。

（二）充电设施对电网运行的影响

目前，我国电动汽车及其相关行业进入高速推广发展阶段，充电基础设施数量与质量大幅提高。大量电动汽车充电所产生的集聚效应给配电网增加了较大的负荷压力；快充与慢充等不同的充电模式，对电网产生影响的强度与时间不同，需要分阶段、分类型将充电设施对电网运行的影响进行分析处理，妥善解决。

（三）电动汽车推广与充电基础建设不协调

电动汽车行业发展普遍着眼于汽车推广而忽视了充电设施完善，导致车桩配比失衡。截至 2020 年底，车桩配比从 2016 年 4.75：1 提升到 3：1，但有车无桩的问题依然突出；另一方面，因为充换电站布局不合理、充电桩通用性差，加之消费者对电动汽车认可度不高等原因，部分地区也存在有桩无车的现象。

（四）充电基础设施标准化建设尚未健全

国家已颁布的相关技术标准尚未得到企业充分重视，部分领域技术标准存在漏洞与缺陷，导致不同品牌的电动汽车与不同厂家生产的充电设备难以兼容匹配。通信协议、结算方式不统一，在缴费、电量查询、空余充电桩位置数量查询等方面服务未能充分满足用户需求，加大了用户对电动汽车的顾虑。故此，充电基础设施技术标准化亟须成熟与完善。

（五）配套政策不完善以及落实不到位

尽管目前各级政府与有关部门已出台了包括财税政策在内的一系列配套支持与管理政策，但是仍存在政策不完善或落实不到位、政策支持促进力度不够、充电基础设施发展要求与电动汽车政策不平衡与不匹配等问题。同时由于初期投入高，盈利缓慢，吸引社会资本参与建设难度大；价格机制不健全，与居民区、单位和社会停车场协调加装、新建充电设备的推动力度不够等诸多壁垒。

三、电动汽车充电网络建设

电动汽车具有显著的节能减排和环保优势，对于减少石油对外依赖，保障国家能源安全，促进节能减排，防治大气污染，实现经济社会可持续发展具有重要意义。电动汽车要发展，完善的充电基础设施体系是基础。大力推进充电基础设施建设，是当前加快电动汽车推广应用的紧迫任务，也是推进能源消费革命的一项重要战略举措。

（一）新能源汽车产业发展已经成为汽车产业转型升级的主流趋势

节能与新能源汽车已经成为国际汽车产业的发展方向，未来将迎来全球汽车产业转型升级的重要战略机遇期。我国汽车产销规模已居世界首位，今后较长一段时间汽车需求量仍将保持增长势头，由此带来的能源紧张和环境污染问题将更加突出。按照国务院关于发展战略新兴产业和加强节能减排工作的决策部署，必须加快培育和发展节能与新能源汽车产业，促进汽车产业优化升级，增强汽车工业的整体竞争能力。积极发展新能源汽车产业，既是保障国家能源安全，有效缓解能源和环境压力，推动汽车产业可持续发展的紧迫任务，也是加快汽车产业转型升级、培育新的经济增长点和国际竞争优势的战略举措。

（二）电动汽车充电基础设施是新能源汽车产业发展的重要保障

按照国务院决策部署，坚持以纯电驱动为新能源汽车发展的主要战略方向。充电基础设施是新型的城市基础设施，完善的充电基础设施体系是电动汽车发展的基础，是当前加快电动汽车推广应用的紧迫任务，也是推进能源消费革命的一项重要战略举措。大力推进电动汽车充电基础设施建设有利于解决电动汽车充电难题，促进电动汽车产业的快速发展，是新能源汽车产业发展的重要保障，对于打造大众创业、万众创新和增加公共产品、公共服务"双引擎"，实现稳增长、调结构、惠民生具有重要意义。

（三）电动汽车充电基础设施发展建设已经上升为国家发展战略

为全面贯彻国家新能源汽车发展战略部署，《国务院办公厅关于加快电动汽车充电基础设施建设的指导意见》（国办发〔2015〕73号）和《电动汽车充电基础设施发展指南（2015—2020年）》中明确提出将充电基础设施建设放在更加重要的位置，从发展全局的高度进行整体统筹，系统科学地构建高效开放、与电动汽车发展相适应的充电基础设施体系，建立政府有关部门与相关企业各司其职、各尽所能、群策群力、合作共赢的系统推进机制，按照"桩站先行"的原则，适度超前建设，推进充电基础设施科学发展。

（四）电动汽车充电基础设施将呈现标准化、智能化的发展趋势

电动汽车充电基础设施的健康发展，需要充电系统具有更强的适应性和匹配性，坚持按照国家标准建设充电基础设施，并不断完善相关标准体系是未来充电基础设施建设的必然选择。同时，大力推进"互联网＋充电基础设施"，构建充电基础设施信息服务平台，促进不同充电服务平台互联互通，提升充电服务智能化水平，并将充电基础设施积极融入能源互联网建设，促进电动汽车与能源互联网间能量和信息的双向互动是未来充电基础设施建设的必然趋势。

四、电动汽车充电设施运维管理

充电设施运维管理是指对电动汽车充换电设施进行日常运维服务，保证充换电设施各项业务运转有序、运行稳定、服务规范，不断提升充换电设施管理水平，包括充换电设施业务描述、运行管理、设备管理、资料管理、检修管理、充换电设施基建、验收及投运阶段的管理七个方面的工作内容。

运维服务管理的主要业务包括：电动汽车动力电池更换及充电；充换电设施运行状况的实时监控，运行数据采集、统计及报送；充换电设施巡视检查，设备缺陷及故障信息的记录及现场处置；充换电设施维护、检修、改造，工作现场协调配合及投运验收；客户报修与服务咨询业务受理；客户服务需求意见及建议定期征询；充换电设施卫生、清洁、消防及安全保卫等工作。

（一）运行管理

智能充换电服务网络设施应以计量控制单元方式接入车联网运营平台，充换电设施的运行状态，由车联网运营平台进行实时在线监测，设备故障信息可自动生成检修工单，推送给运维和检修人员。运行管理应有完备的运行值班制度、交接班制度、信息报送制度、巡视检查制度、充换电设施记录等内容，并明确工作内容、质量标准、工作流程等技术细节。

（二）设备检修

检修单位应结合设备技术说明书、技术标准、试验报告等资料，编制设备《现场检修规程》和《检修作业指导书》，检修人员应熟悉设备工作原理性能、使用说明、检修检测方法、现场检修规程、检修作业指导书等，应经过专业培训和考试后方可上岗。设备检修应严格执行《电力安全工作规程》要求，执行工作票制度和工作许可制度，做好安全措施（停电、验电、挂地线，设置围栏、标示牌等），并检查无误后方可进行检修工作。

检修单位应备有充足的备品备件，并及时进行补充，建立备品备件管理台账。

（三）设备管理制度

应建立设备定期维护与评价制度，应包括：1. 充换电设施投产前或设备检修后应进行验收并建立健全设备台账，备齐各种技术资料。2. 充换电设施设备除按有关专业规程的规定进行试验和检修外，还应进行必要的维护工作。3. 换电站充换电设施设备室的通风设备、照明设备应运行良好。4. 按季节性特点及时做好设备防尘、防潮、防污、防汛等各项工作。5. 要加强评价工作组织领导，制定相关制度要求，深入开展设备评价（评级）工作。6. 应建立检查和考核制度，加强各项责任制的落实，定期对设备评价工作执行情况进行检查和考核，提出整改措施，不断提高设备评价（评级）工作水平。

五、电动汽车充电设施业务管理

电动汽车充电设施用电报装业务分为以下两类：第一类：居民客户在自有产权或拥有使用权的停车位（库）建设的充电设施。第二类：其他非居民客户（包括高压客户）在政府机关、公用机构、大型商业区、居民社区等公共区域建设的充换电设施。

其中，客户充换电设施受电及接入系统工程由客户投资建设，其设计、施工及设备材料供应单位由客户自主选择；电网经营企业在充换电设施用电申请受理、设计审查、装表接电等全过程服务中，不收取任何服务费用，并投资建设因充换电设施接入引起的公共电网改造。对应用覆盖率达到一定规模的居住区，新建低压配电网，保证电动汽车充换电设施用电需求。分散式充电桩要加装逆功率保护，不允许倒送电；充换电站如需通过利用储能电池向电网送电，必须按照电网经营企业分布式电源要求办理相关手续，并采取专用开关、反孤岛装置等措施。

（一）受理申请

受理客户报装申请时，电网经营企业主动为客户提供用电咨询服务，接收并查验客户的申请资料。对于居民低压客户，由电网经营企业各单位编制供电方案模板，在受理申请时直接答复供电方案；对于其他客户，应与客户预约现场勘查时间；对于非电网经营企业营业厅受理的，由属地电网经营企业在现场勘查时答复方案。

客户提供资料如下：居民低压客户需提供居民身份证或户口本、固定车位产权证明或产权单位许可证明、物业出具同意使用充换电设施的证明材料；非居民客户需提供身份证、固定车位产权证明或产权单位许可证明、停车位（库）平面图、物业出具允许施工的证明等资料，高压客户还需提供政府职能部门批复文件等证明材料。

（二）现场勘查

现场勘查时，电网经营企业应重点核实客户负荷性质、用电容量、用电类别等信息，结合现场供电条件，确定电源、计量、计费方案，并填写《现场勘查工作单》。

现场勘查工作时限：受理申请后 1 个工作日内完成。

（三）供电方案答复

根据国家、行业相关技术标准，电网经营企业组织确定供电方案，并答复客户。同时告知客户委托设计的有关要求及注意事项。

答复供电方案工作时限：自受理之日起低压客户 1 个工作日，高压客户 15 个工作日内完成。

（四）设计审查

在受理客户设计审查申请时，电网经营企业接收并查验客户设计资料，审查合格后正式受理，并组织电网经营企业的运维检修部（检修公司），按照国家、行业标准及供电方案要求进行设计审查。

答复客户设计审查结果的同时，告知客户委托施工有关要求及注意事项。设计审查工作时限：受理设计审查申请后 10 个工作日内完成。

（五）竣工验收

电网经营企业在受理客户充换电设施竣工检验申请后，组织进行工程验收，并出具验收报告。验收过程应重点检查是否存在超出电动汽车充电以外的转供电行为，充换电设施的电气参数、性能要求、接口标准、谐波治理等是否符合国家或行业标准。若验收不合格，提出整改意见，待整改完成后复检。其中，对于居民客户，若验收合格并办结有关手续，在竣工检验时同步完成装表接电工作。

竣工检验工作时限：在受理竣工检验申请后，低压客户 1 个工作日，高压客户 5 个工作日内完成。

（六）合同签订及装表送电

根据要求，电网经营企业与客户《供用电合同》的签订工作，其中居民低压客户采取背书方式；其他客户签订《供用电合同》。

在验收合格，且客户签订合同并办结相关手续后，完成装表接电工作。

装表接电工作时限：非居民低压客户 1 个工作日，高压客户 5 个工作日内完成。

六、电动汽车充电设施价格政策

根据《国家发展改革委关于电动汽车用电价格政策有关问题的通知》（发改价格〔2014〕1668 号）要求：

（一）对电动汽车充换电设施用电实行扶持性电价政策

（1）对向电网经营企业直接报装接电的经营性集中式充换电设施用电，执行大工业用电价格。2020 年前，暂免收基本电费。

（2）其他充电设施按其所在场所执行分类目录电价。其中，居民家庭住宅、居民住宅小区、执行居民电价的非居民用户中设置的充电设施用电，执行居民用电价格中的合表用户电价；党政机关、企事业单位和社会公共停车场中设置的充电设施用电执行一般工商业及其他类用电价格。

（3）电动汽车充换电设施用电执行峰谷分时电价政策。鼓励电动汽车在电力系统用电低谷时段充电，提高电力系统利用效率，降低充电成本。

根据国家发展改革委印发的《关于创新和完善促进绿色发展价格机制的意见》（发改价格规〔2018〕943 号）规定：2025 年底前，对实行两部制电价的污水处理企业用电、电动汽车集中式充换电设施用电、港口岸电运营商用电、海水淡化用电，免收需量（容量）电费。

（二）对电动汽车充换电服务费实行政府指导价管理

（1）充换电设施经营企业可向电动汽车用户收取电费及充换电服务费两项费用。其中，电费执行国家规定的电价政策，充换电服务费用于弥补充换电设施运营成本。

（2）2020 年前，对电动汽车充换电服务费实行政府指导价管理。充换电服务费标准上限由省级人民政府价格主管部门或其授权的单位制定并调整。

（3）制定充换电服务费标准应遵循"有倾斜、有优惠"的原则，在国家及地方政府通过财政补贴、无偿划拨充换电设施建设场所等方式降低充换电设施建设运营成本的基础上，确保电动汽车使用成本显著低于燃油（或低于燃气）汽车使用成本，增强电动汽车在终端市场的竞争力。

（4）当电动车发展达到一定规模并在交通运输市场具有一定竞争力后，结合充换电设施服务市场发展情况，逐步放开充换电服务费，通过市场竞争形成。

第三节 储　能

近十几年来，随着能源转型的持续推进，作为推动可再生能源从替代能源走向主体能源的关键，储能技术及其应用受到了各界的高度关注。2019年，全球储能增速放缓，呈理性回落态势，为储能未来发展留下了调整空间。很多企业和专家认为，未来能源的焦点在能效、可再生能源、储能和可插入电动汽车。可再生能源发电和电动汽车的快速发展，也给储能产业带来了新的发展机遇。与此同时，能源互联网被定义为广义的优化能源链的解决方案，是未来可支撑能源的基础，是新能源经济的实施者。而随着"碳达峰、碳中和"成为全球共识，新能源在整个能源体系中的比重将快速增加，储能将迎来爆发式增长。国家以及各省级能源主管部门密集出台一系列储能利好政策，国内外大规模储能项目陆续启动，储能技术呈现出抽水蓄能、锂离子电池、压缩空气储能、钠离子电池、液流电池、飞轮储能等"百家争鸣"局面，与此同时，越来越多的企业投身储能，或扩产或跨界合作，储能产业也呈现出蓬勃发展的良好局面。

一、储能技术定义及分类

所谓储能技术是指将能量转化为在自然条件下比较稳定的存在形态，再通过介质或者设备把能量存储起来以备在需要时利用的技术。

储能技术作为未来推动新能源产业发展的前瞻性技术，目前已发展出十数种技术类型。储能技术按照储存介质进行分类，可以分为机械类储能、电气类储能、电化学类储能、相变储能和化学类储能五大类型。

（一）机械类储能

机械储能是电能与机械能之间的相互转换。机械储能寿命一般较长，容量较大。目前机械储能技术主要包括：抽水储能、飞轮储能、压缩空气储能等。不同机械储能有着较明显的技术特性上的差别。

（二）电气类储能

电气类储能又称为电磁储能，是利用电容器或超导体线圈等电力器件将电能进行电荷或者磁场能量储存的技术。由于电气类储能不需要进行能量形式转换，较其他储能技术具有响应快、效率高的天然优势。电气类储能主要包含超级电容器储能和超导磁储能。

（三）电化学类储能

电化学类储能是通过各类化学电池将电能储存的方式，主要包括各种二次电池，有铅酸电池、锂离子电池、钠硫电池和液流电池等，这些电池多数技术上比较成熟，近年来成为关注的重点，并且还获得许多实际应用。

（四）相变储能

相变储能是利用相变材料在物态变化时，吸收或放出大量潜热而实现。它可以利用电热蓄能（冷和热）来实现对电力系统的削峰填谷，也可用于新能源、工业余热利用、新型家用电热电器的开发等。在风能、太阳能等间歇性新能源的应用方面，储能技术也可发挥重要的作用。相变储能技术同时对提高我国能源的利用效率可起到作用。

相变材料主要包括无机 PCM、有机 PCM。其中，无机类 PCM 主要有结晶水合盐类、熔融盐类、金属或合金类等；有机类 PCM 主要包括石蜡、醋酸和其他有机物。

相变蓄能包括蓄冷和蓄热技术。蓄冷、蓄热技术是电力需求侧最优秀的蓄能技术之一。蓄冷技术中最常用的是冰蓄冷技术，蓄热技术主要光热发电技术等。

（五）化学类储能（氢储能）

化学类储能是利用氢或合成天然气作为二次能源的载体，利用多余的电制氢，可以直接用氢作为能量的载体，也可以将其与二氧化碳反应成为合成天然气（甲烷），因为氢或者甲烷作为能量载体可储存的能量很大，可达 TWh 级，而且储存的时间也很长，氢或者合成天然气除了可用于发电外，还有其他利用方式如交通等。化学类储能的缺点是它的全周期效率较低，制氢效率仅 40%，合成天然气的效率不到 35%。

二、近年储能产业政策

（一）"新能源+储能"政策

2020 年是我国"十三五"收官之年，也是谋划"十四五"发展的开局之年，为实现风电、光伏发电平稳有序发展，国家能源局下发了《关于 2020 年风电、光伏发电项目建设有关事项的通知》，要求各省根据国家可再生能源发展"十三五"相关规划和本地区电网消纳能力，合理安排新增核准（备案）项目规模，首次将新型储能作为市场化落实并网条件之一。

2021 年，国家发展改革委、国家能源局联合发布了《关于鼓励可再生能源发电企业自建或购买调峰能力增加并网规模的通知》（发改运行〔2021〕1138 号），首次从国家层面明确了保障性并网以外的可再生能源配置储能的比例，通过市场化的方式推动调峰资源的合理配置，为新型储能与抽水蓄能、火电灵活性机组、气电、光热电站等灵活性调节资源建立合理的布局空间。

（二）"风光水火储一体化""源网荷储一体化"政策

2020 年 8 月，国家发展改革委、国家能源局发布："关于公开征求对《国家发展改革委 国家能源局关于开展"风光水火储一体化""源网荷储一体化"的指导意见（征求意见稿）意见的公告"。

意见稿指出，开展"区域（省）级源网荷储一体化"建设，依托区域（省）级电力辅助市场、电力中长期和现货市场等体系建设，以完善区域（省）级主网架为基础，公平、无歧视引入电源侧、负荷侧、独立储能等市场主体，全面开放市场化交易，通过价格信号引导各类电源、电力用户、储能和虚拟电厂灵活调节、多向互动，推动建立可调负荷参与承担辅助服务的市场交易机制，培育用户负荷管理能力，提高用户调峰积极性。

（三）"源网荷储一体化＋多能互补"政策

2021 年 3 月，国家发展改革委、国家能源局联合发布了《关于推进电力源网荷储一体化和多能互补发展的指导意见》。

《指导意见》指出，源网荷储一体化和多能互补作为电力工业高质量发展的重要举措，旨在"积极构建清洁低碳安全高效的新型电力系统，促进能源行业转型升级"。源网荷储一体化和多能互补是实现电力系统高质量发展、促进能源行业转型和社会经济发展的重要举措。

（四）"推动新型储能发展"政策

2021 年 3 月，国家发展改革委、国家能源局联合发布了《关于加快推动新型储能发展的指导意见》（发改能源规〔2021〕1051 号）。

指导意见指出，落实"四个革命、一个合作"能源安全新战略，以实现"碳达峰、碳中和"为目标，将发展新型储能作为提升能源电力系统调节能力、综合效率和安全保障能力，支撑新型电力系统建设的重要举措，以政策环境为有力保障，以市场机制为根本依托，以技术革新为内生动力，加快构建多轮驱动良好局面，推动储能高质量发展。

（五）储能项目管理政策

2021 年 9 月，国家能源局印发了《新型储能项目管理规范（暂行）》的通知（国能发科技规〔2021〕47 号）。《新型储能项目管理规范（暂行）》中明确，新型储能项目管理坚持安全第一、规范管理、积极稳妥原则，包括规划布局、备案要求、项目建设、并网接入、调度运行、监测监督等环节管理。也就是说明确了储能从项目准入、备案、建设、并网、运行、退役等全流程的管理规范，明确项目管理职责，破解储能管理困局。

（六）储能价格政策

2021 年 4 月，针对抽水蓄能价格，国家发展改革委发布了《关于进一步完善抽水蓄能价格形成机制的意见》（发改价格〔2021〕633 号），为制定新型储能电价机制给予了有益指导。

2021 年 5 月，国家发展改革委发布了《关于"十四五"时期深化价格机制改革行动方案的通知》（发改价格〔2021〕689 号）。本次中央文件中首次明确了建立新型储能价格机制。通知里提到：持续深化燃煤发电、燃气发电、水电、核电等上网电价市场化改革，完善风电、光伏发电、抽水蓄能价格形成机制，建立新型储能价格机制。

2021 年 7 月，国家发展改革委发布了《关于进一步完善分时电价机制的通知》（发改价格〔2021〕1093 号），对储能在用户侧发展营造了良好的电价政策环境。文件中明确要求拉大峰谷差价，为新能源配套储能提供了更大利润空间和机会。

三、储能的应用发展

（一）发展储能是能源生产消费革命的必然要求

国家发改委、国家能源局在《能源生产和消费革命战略（2016—2030 年）》中提到，中国将在 2020 年全面启动能源革命体系布局，推动化石能源清洁化，从根本上扭转能源消费粗放增长方式。大力发展风能、太阳能，不断提高发电效率，降低发电成本。

以浙江为例，数据显示，浙江省内拥有火电、风电、水电等13类电源，其中，风电、光伏发电起到重要作用。但长久以来，需求侧联动手段匮乏，海量资源仍处于沉睡状态，风电、光伏等清洁能源因不参与系统调峰、随机波动和间歇性等特征，消耗大量系统调节资源，造成系统调节能力下降，给规划设计和调度运行带来巨大压力，亟待通过配套储能将清洁能源由调节负担转变为调节资源。

储能产业的发展，将有效解决这一难题，并且助力清洁能源消纳。在电网侧、电源侧、用户侧配套建设储能设施，聚合分布式电源、充电站和储能等负荷侧资源组成虚拟电网，参与负荷调节，将实现削峰填谷，推动电力供需平衡。

（二）新基建战略拓展了储能行业发展前景

2020年初，国家推出了"新基建"战略，将5G、大数据中心、充电桩、人工智能和工业互联网等列为新型基础设施建设的重点。

新冠肺炎疫情之下，国家层面提出发展新基建，是具有战略意义的。储能在城际快速轨道人工智能、大数据中心、5G等领域效果已然显现，并也已见证其有效性。

（三）电力市场深化改革推动储能产业发展

随着新能源发电成本的降低，参与电力市场的竞争力也在不断增强，未来保量保价的交易模式也将被打破。储能具有多重功能，可满足电力系统不同时间尺度的调节需求，未来成本回收的途径以及参与市场的类型是多样的，主要包括：参与电网系统级调峰，实现共享，相关费用在全网收益电量中分摊；参与电力系统快速调频；参与现货市场；作为备用或需求侧响应资源，提升电网安全稳定运行水平。

第四节　节　能　服　务

节能服务是指由专业的第三方机构（能源管理机构）帮助自身机构解决节能运营改造的技术和执行问题的服务。其服务对象一般是企业机构。接受节能服务的目的在于减少能源消耗、提高能源使用效率、降低污染排放等问题。据统计，2017年，节能服务产业产值达4148亿元，全国从事节能服务的企业6137家，行业从业人数68.5万人，合同能源管理投资形成年节能能力超过3800万吨标准煤，年减排二氧化碳突破1亿吨，节能服务产业继续保持了良好发展势头。节能服务产业不仅在我国节能技术应用和节能项目投资等方面发挥着至关重要的推动作用，而且对推动节能改造、减少能源消耗、增加社会就业、促进经济发展发挥了积极的作用，成为我国转变发展方式、经济提质增效、建设生态文明的重要抓手之一。节能服务涉及的领域主要包括居民、商业、工业、市政以及农业等。尽管不同国家的ESCO（能源服务公司）主攻的节能领域有所侧重，但是在很多国家，工业领域的节能服务是ESCO的主要服务。

一、绿色照明

（一）基本概念

绿色照明是指以提高照明效率、节约电力、保护环境为主要目的的照明设计、设备选型及控制方法。

（二）绿色照明的工作内容及指标

1. 主要内容

（1）开发并应用高光效光源。

（2）选择高效率节能照明器具替代传统低效的照明器具，使用先进（如智能化）的控制系统，提高照明用电效率和照明质量。

（3）采用合理的照明设计。

（4）充分利用天然光。

（5）加强照明节能管理。

2. 主要指标

（1）高效：以消耗较少的电能获得足够的照明。

（2）环保：减少光污染和大气污染排放。

（3）安全：不产生紫外线、眩光等有害光照。

（4）舒适：光照清晰、适度、柔和。

二、集中空调系统

（一）集中空调系统运行管理的重要性

目前集中空调系统大多管理不善，因而能耗大、室内空气污染严重，影响身体健康。建筑能耗已超过全国能源消耗总量的25%以上，其中暖通空调的能耗约占建筑能耗的50%。全国每年新增空调机组装机容量与新增发电机组装机容量基本持平，全国各电网暖空调负荷共达45万kW，相当于2.5个三峡电站满负荷出力。与国际先进水平相比，国内空调系统运行平均效率低20%。因此，要完成"十四五"规划要求的全国单位国内生产总值能源消耗比2020年下降13.5%，必须重视运行管理，大力降低现有建筑空调能耗。

随着生活水平的提高，人们对室内装饰的要求越来越高，所选用装饰材料的种类日益增多，材料在室内所散发的有害物质和菌类与日俱增，这对空调通风系统提出了更高的要求。长期以来，由于室内空气中新风量不足，同时由于室内空气中存在大量有害气体和细菌，如混凝土、大理石中的氡，涂料和胶黏剂中的苯、甲醛和挥发性有机物，住宅中散发的一氧化碳、氨以及家用电器的电磁波等几十种低浓度污染都危害着人体健康。长期生活在这种封闭式的空调环境中，使人们感到疲劳、头昏、胸闷精神不佳、烦躁、注意力不集中。这种长期低浓度污染，使许多人患了"病态建筑综合症"。近年来，国内外作了大量调查，发现在空调建筑中的工作人员，不少人不同程度地患上"病态建筑综合症"。全美国只有60%的商业建筑被认为是健康或基本健康。全香港因室内空气品质而导致的损失，每年高达港币176亿元。据粗略推算，上海有近20万人患"病态建筑综合症"。世界卫生组织（WTO）已确认不良的室内空气品质会诱导"病态建筑综合症"，并估计全世界有近30%的空调建筑和20%~30%的工作人员不同程度地患"病态建筑综合症"。所以要改善空气品质、尽量减少污染物的产生，必须从工程设计和运行管理着手，要统筹考虑热舒适、室内空气品质和节能的综合要求。

为了加强集中空调系统运行管理工作,建设部和国家质量监督检验检疫总局于2005年月30日发布了国家标准 GB 50365—2005《空调通风系统运行管理规范》,并于 2006 年 3月1日开始实施。同时卫生部发布了 4 项规范:《公共场所集中空调通风系统卫生管理办法》《公共场所集中空调通风系统卫生规范》《公共场所集中空调通风系统卫生学评价规范》《公共场所集中空调通风系统清洗规范》,也于 2006 年 3 月 1 日开始实施。

（二）集中空调系统运行管理的基本要求及内容

集中空调系统运行管理包括制度管理、节能运行管理、卫生运行管理、安全运行管理以及突发事件的应急措施。通过运行管理的加强,保证空调系统的正常运行,达到运行能耗的较大降低,确保室内空气品质达到卫生标准,延长系统的使用寿命,快速有效的应对突发事件。

三、热泵技术

（一）热泵的定义

热泵是将低位热能转化为高位热能的设备。当今,以再生能源替代暖通空调中传统的碳能源是暖通空调发展的必然趋势。热泵技术将是利用低温再生能源的有效技术之一。热泵的快速发展是为了节能,也是为了改善环境,以热泵的应用与发展,推动暖通空调的可持续发展,实现暖通空调的生态化。

（二）热泵分类

（1）按低温热源种类分可分为空气源热泵、水源热泵、地埋管地源热泵。

1）空气源热泵,利用空气作为低温热源,从周围空气中吸取热量。据其低温侧和高温侧所使用的载热介质,型式有空气–空气热泵和空气–水热泵。

2）水源热泵,利用水作为低温热源,从水中吸取热量。据水源不同,分为地下水、地表水（江、湖、河、海）、生活与工业废水热泵等。按吸热与供热的载热介质,型式有水–空气热泵和水–水热泵。

3）地埋管地源热泵（亦称土壤源热泵、地耦合热泵）,利用土壤中的低温热源,通过埋地管道从土壤中吸取热量或释放热量。按吸热与供热的载热介质,型式有水–空气热泵和水–水热泵。

（2）按热泵的驱动方式分可分为电驱动热泵、热能驱动热泵、燃料发动机驱动热泵。

1）电驱动热泵,利用电能驱动压缩机工作的蒸汽压缩式热泵或气体压缩式热泵最为常用,后者以气态进行循环而不发生相变。

2）热能驱动热泵,以消耗较高品位的热能来实现将低品位的热能向高品位传送的目的,如吸收式热泵和蒸汽喷射式热泵。

3）燃料发动机驱动热泵,是以燃气（油）发动机和蒸汽汽轮机驱动压缩机工作的机械压缩式热泵。

（3）按热泵的供热温度分可分为低温热泵、高温热泵。

1）低温热泵,供热温度<100℃;

2）高温热泵,供热温度>100℃。

（4）按热泵用途分可分为建筑物空调系统供热（冷）热泵、建筑物热水供应热泵、工业用热泵。

四、高效加热技术

（一）高效电加热技术

加热是生产工艺过程中必不可少的步骤，方法很多。其中电磁能加热以其加热定向性好、加热效率高、节能效果好等优点，在加热工艺分类越来越细、要求越来越高的今天，得到了越来越广泛的应用。

电磁能加热按频率划分，主要有低频、工频、中频、高频、微波、红外等数种。随着技术的进步，不少高耗能的电磁能加热装置已被淘汰。而节能效果好，适用范围广泛的远红外加热，微波加热，中、高频感应加热等技术，目前在生产实践中作为主要高效电加热技术，发展很快。如红外加热技术广泛应用于机械制造与冶金工业、化学与橡胶工业、陶瓷与建筑耐料工业、纺织工业、制革和制鞋行业、造纸、印刷、医学与制药、食品工业、建筑物采暖等领域；微波加热技术广泛应用于纺织与印染、造纸与印刷、烟草、药物和药材、木材、皮革、陶瓷、煤炭、橡胶、化纤、化工产品、医疗等行业；中、高频感应加热技术则在冶金、机械加工、高熔点氧化物的制备、食品等行业中得到广泛应用。

此外，为适应一些工艺对加热的更高要求，还出现了其他一些高效电加热技术，如等离子体加热技术（等离子切割、电弧冶炼）等。

（二）电加热高效节能评价

电加热是将电能转化成热能，相当于火力发电的一种逆转化，单纯从能量转化的角度，是很不经济。

因此评价电加热是否高效节能，要根据加热对象不同、能否实现定向加热、减少热损耗及电加热目的不同来综合进行。如：是否能达到需要的目的；是否能减少被加热物的损耗；是否能提高劳动效率；是否环保以及减少资源的消耗；是否能提高产出率，使资源的利用最大化；是否采用其他方法无法实现；投资回报高低；可控制性高低等。

五、余热利用

（一）分布式发电与热电冷联产

1. 集中式发电和分布式发电

目前世界各国的供电系统以大机组发电，大电网、远距离、高电压输电为主要特征。所谓集中式发电，就是将一次能源在远离使用场所的地方通过大型发电设备转换成二次能源（电力），然后通过大电网输送到用户端。虽然全世界约 90% 的电力负荷都由这种集中单一的大电网供电，但当今社会对电力供应质量、安全可靠性及能源利用效率的要求越来越高。大电网自身的主要不足是：① 远离负荷中心的大型机组，其余热被浪费，加上线损，能源总利用效率低；② 超远距离时高电压输电成本较高，且稳定性较差。分布式发电则是将便于输送的一次能源输送到用户现场或靠近用电现场，并在用户现场配置较小的发电机组（一般低 30MW），以满足特定用户或区域的供电、供热（供冷）需要。根据发达国家的经验，大网系统和分布式发电系统相结合是节省投资、降低能耗、优势互补，提高系统安全和灵活的主要方法。

2. 热电联产

分布式发电系统中的发电机组多以清洁燃料（主要是天然气）为能源，由于发电机组功率较小，发电效率一般低于发电厂中的大型发电机组。伴随着发电过程的进行，燃料的大部分能量以废热的形式从发电系统中排放出来。如何回收利用发电系统中排放出来的热量，变废为宝，提高能源综合利用率，是建造和应用分布式发电系统的关键。在分布式发电系统配置换热器或余热回收装置，将发电系统中排放的废热转换成蒸汽或热水，使分布式发电系统成为热电联产系统，是提高能源综合利用率的有效措施。

3. 热电冷联产

空调设备是满足生产工艺性要求和人们生活舒适性要求的必须产品，随着国民经济建设的快速发展和人民生活水平的不断提高，空调设备的安装使用日益普及，空调设备所消耗能量占能源总耗量的比例越来越大。

在集中式空调系统中，空调制冷（供热）主机既可采用电力驱动的冷水（热泵）机组，如电力螺杆式冷水机组、电力离心式冷水机组、风冷热泵组等，也可采用热能驱动的冷（热）水机组（设备），如溴化锂吸收式冷（热）水机组等。所以，利用分布式发电系统排放的余热来驱动空调冷（热）水机组或余热锅炉进行冷（供热）运行，实现热电冷联产，同时满足系统的供热（供冷）和供电需要，是发展和利用分布式发电系统的最佳技术方案。这一概念在 1978 年美国公共事业管理政策法公布后，正式在美国得到推广，然后逐渐被其他国家所接受。由于城市对环保的严格要求以及天然气输送管网的广泛应用，分布式发电系统的能源以天然气为主。所以，简单地说来，热电冷联产（CCHP：Combined Cooling Heating and Power）系统就是以天然气作为能源，同时满足区域或建筑物内的供热（冷）和供电需求的分布式能源供应系统。

（二）热电（冷）联产系统类型

1. 大型区域热电联产（DHP，District Heating and Power）

一般由大型热电厂向城镇范围供应蒸汽和高温热水，管网半径可达 5–10km。由于大型电厂的输电线路都是区域间（甚至全国和国际）联网的，所以很难分出其供电半径。其发电能力都在 10～100MW。

2. 小型区域热电联产或热电冷联产（DCHP，District Cooling Heating and Power）

一般以小型热电联产机组向一个区域，如住宅区、工业商业建筑群或大学校园供应蒸汽或高温水，用于工业或采暖。有时在热电站直接利用热能，通过吸收式制冷机产生空调冷热水、通过余热锅炉或汽水换热器产生低温（<100℃）热水，再通过管网供应给用户。其发电能力在 1～10MW。

3. 建筑（楼宇）热电冷联产（BCHP，Building Cooling Heating & Power）

一般以小型或微型发电机组，加上吸收式制冷机或余热锅炉，直接向建筑物或小规模建筑群供电、供冷、供热（包括供应生活热水）。其发电能力用于住宅的从 10kW（或以下）级到 100kW 级，用于大型楼宇的也有 1MW（或以上）级。

（三）热电冷联产的优点

以天然气为能源大型发电厂的发电效率一般为 35%～55%（含联合循环机组），扣除电厂用电和输变电损耗，终端的利用效率只能达到 30%～47%。而热电冷联产方式没有输电损耗，通过不同循环的有机整合，使系统内的中低温热能得以合理利用，在满足用户需求的同时实现能量的综合利用，能源综合利用率可达 80%以上（最高可达 90%），对节约能源和促进国民经济可持续发展具有重要意义，用户也可大幅度节省能源费用。

1. 缓解供电高峰负荷压力

受传统习惯的影响和应用条件的限制，目前家用空调仍以电空调为主，电力驱动的冷（热）水机组在集中式空调系统中的装机数量、容量也远高于以热能驱动的冷（热）水机组。随着空调设备安装使用的日益普及，空调耗电所占比例越来越大，不少大中城市在夏季高温季节的空调负荷占到 30%～40%，且主要集中在负荷高峰时段，极大地加剧了供电紧张和供电峰谷差。为了短时的高峰负荷而建造大型发电厂花费巨大，利用小时少，经济效益较低。热电冷联产系统可同时供电、供冷（供热），不但可减少空调用电，还可为建筑物提供全部或部分用电，从而减小供电峰谷差，缓解电网在供电高峰负荷时的压力。

2. 提高电网的供电安全性和用户的用电保障

大电网中任何一点的故障所产生的扰动都会对整个电网造成较大影响，严重时可能引起大面积停电甚至是全网崩溃，造成灾难性后果。直接安置在用户近旁的热电冷联产系统与大电网配合，可大大提高供电可靠性，在意外灾害（例如地震、暴风雪、人为破坏、战争）使电网崩溃的情况下，可确保重要用户的供电和空调需求。

3. 缓解环境保护压力

热电冷联产系统以天然气作为能源，排放物对环境污染影响小，对保护环境具有积极作用。此外，由于热电冷联产系统的一次能源利用率高和输送能耗低，使得在产生相同终端量的情况下所消耗的燃料比传统的集中式发电所消耗的要少，相应地降低了排出的污染物和温室效应气体。

4. 平衡能源消费

长期以来，我国的能源消费以煤炭为主，随着我国陆上气田及海上气田的不断探明和开发，一系列输气工程（如西气东输、陕气进京、春晓油气田的开发、进口 LNG 上岸等）的实施和建成，天然气的供应能力正在快速提高，能源结构已发生重大变化。热电冷联产的推广应用可同时减少空调用电需求和增加天然气消费，使煤、气的供应比例和消费比例趋于合理。

六、建筑节能

（一）建筑节能的基本概念与意义

建筑节能是指建筑物在使用和建造过程中，合理地使用和有效地利用能源，提高建筑使用过程中的能源效率，主要包括采暖、通信、空调、照明、炊事、家用电器和热水供应等的能源效率，以便在满足同等需要或达到相同目的条件下，尽可能降低能耗。

由于通过建筑围护结构散失的能量和供暖制冷系统的能耗在整个建筑能耗中占很大一部分，因此，现在世界各国建筑节能的重点都放在节约采暖和降温能耗上，并且把建筑节能工作同提高热舒适性，降低采暖和空调费用以及减轻环境污染结合起来。也就是说建筑节能的技术途径，主要依靠减少围护结构的散热以及增进供热、制冷系统的热效率。前者要求加强门窗、外墙、屋顶和地面的保温隔热，后者要求系统设备合理配套，运行控制调节灵活，并设有能量计量装置。同时，在建筑物建造过程中，要重视采用节能技术和节能产品，以降低能源消耗。过去，由于节能观点淡薄，房屋设计不合理，建筑能耗高的问题长期被忽视，加上使用管理不善等原因，造成了严重的能量流失和浪费。

据统计，我国每年大约有几百万幢建筑拔地而起，建筑面积约 10 亿平方米左右的住宅，商业等民用建筑投入使用，建筑能耗占总能耗的比例已从 1978 年的 10%上升到 2021 年的 46%，而且根据发达国家的经验，随着人民生活质量和工作环境的改善，这个比例还将上升。所以，建筑将可能超越工业、交通、农业等其他行业成为最大的高耗能行业。建筑节能将成为全社会提高能源使用效率的重要组成部分。

（二）国外建筑节能的发展

20 世纪 70 年代石油紧缺导致的危机，迫使发达国家重视能源问题，并采取各种应对措施。目前已有近百个国家和地区从事节能技术研究，开发新能源，利用再生能源，建造节能住宅，建筑节能技术不断进步，并取得一定成果。具体的可归纳为：① 减少建筑物的耗能量，加强保温隔热措施；② 有效利用可再生能源；③ 建筑物采用高效节能设备与技术；④ 加强节能管理工作，加强节能意识；⑤ 关注居住环境的水平。同时，各国都结合本国实际，从行政、经济和技术等多方面采取措施，关注建筑节能的科学性，制订相应法规和标准，保证了节能工作的顺利进行。如：美国在 20 世纪 70 年代就制订了一系列建筑节能法规如《新建筑节能暂行标准》《新建筑节能设计及评价标准》；法国于 1974 年和 1976 年先后颁布了《住宅建筑节能法规》；瑞典从 20 世纪 70 年代起就实行了强制性的《节能法》；日本政府于 1979 年 6 月通过《能源法》；东欧国家也在近 10 年颁布并执行了相应的法律。这些政策、法规、标准，有效地减少了建筑能耗，使政府和各建筑业主受益。

（三）我国建筑能耗与能效现状

我国的建筑节能工作起步较晚，建筑用能耗要比发达国家高很多。如果与气候条件接近的发达国家相比，我国建筑采暖耗热量，外墙大体为他们的 4–5 倍，屋顶为他们的 2.5–5.5 倍，外窗为 1.5–2.2 倍，门窗透气性为 3–6 倍。总的情况，我国单位建筑面积的采暖能耗，为同等条件发达国家的 3 倍左右。据了解，我国一年里（集中在冷天）建筑采暖大约要消耗燃煤 4000 万吨，能耗之高，浪费之严重，世界少见。

我国建筑能耗高的原因，主要是室内的热量没能蓄住，散失太多太快。在围护结构的构造方面，过去南方地区外墙普遍采用 240mm 实心砖墙，而北方寒冷地区一般采用 370mm 厚的实心砖墙，严寒地区大多采用 490～620mm 厚的实心砖墙，保温隔热效果很差，屋内的保温性能更差。此外，我国既有建筑多数为非节能型门窗，且窗墙比、体形系数存在不合理的现象，这些都有待于进一步的研究解决，以提高建筑的能源利用效率。

七、节能服务产业政策

我国宣布力争 2030 年前实现碳达峰、2060 年前实现碳中和，这是我国基于推动构建人类命运共同体的责任担当和实现可持续发展的内在要求作出的重大战略决策。需要看到，我国承诺实现从碳达峰到碳中和的时间，远远短于发达国家所用时间，需付出艰苦努力。在这一进程中，要切实发挥节能工作的重要作用，进一步提升节能能级、壮大节能产业。

实现"碳达峰、碳中和"目标，既涉及能源结构的优化调整，又涉及能源利用效率的提升与化石能源使用规模的减量，还与节能等减碳技术的发展应用密切相关。节能具有贯穿经济社会发展全过程和各领域的功能优势，其减排降碳的作用更为显著和直接，通过节能工作持续提高能效、降低碳排放量，应是我们实现"碳达峰、碳中和"目标的一个重要手段。而随着节能环保产业战略地位的提高，节能服务产业已上升为我国战略性新兴产业，相关扶持政策频频出台。自 2010 年以来，国务院、国家发展改革委、财政部、国家税务总局、人民银行等相继颁发和出台有关政策，提出要深入推进节能环保服务模式创新，培育新业态，拓展新领域，凝聚新动能，提高服务专业化水平，充分激发节能环保市场活力。做大做强节能服务产业，创新合同能源管理服务模式，健全效益分享型机制，推广能源费用托管、节能量保证、融资租赁等商业模式，满足用能单位个性化需要，预计到 2025 年，节能服务业总产值有望达到 1 万亿元。

第五节　电　能　替　代

电能替代是在终端能源消费环节，"以电代煤、以电代油、电从远方来、来的是清洁电"，用电能替代煤、石油等化石能源，以减少污染物排放，进而达到改善终端能源消费结构、促进环境保护的目的。这里的"以电代煤"，主要是在终端消费环节以电代煤，减少直燃煤和污染排放，减轻煤炭使用对环境的破坏。在城市集中供暖、商业、工农业生产领域大力推广热泵、电采暖、电锅炉、蓄冷、蓄热等电能替代技术；"以电代油"，主要是在铁路、城市轨道交通、汽车运输领域以电代油，提高交通电气化水平可减少石油消费，调整能源消费结构，促进交通行业能源高效利用，减少环境污染；而"电从远方来、来的是清洁电"，则是建设特高压电网，把西部、北部的火电、风电、太阳能发电和西南水电远距离、大规模输送到东部，在终端实施电能替代，解决东中部能源消费瓶颈问题。

经过多年发展，电能替代技术已由早期的 5 大类、18 种拓展到现在的 21 大类、50 余个应用领域，其中工业制造领域占比最高。2016—2019 年，全社会电能替代电量分别为 1079 亿 kWh、1286 亿 kWh、1353 亿 kWh 和 2066 亿 kWh，2020 年全国电能替代电量超过 2171 亿 kWh，"十三五"期间累计实现电能替代电量超过 8000 亿 kWh。从实施情况来看，"十三五"期间电能替代电量远超规划目标，对全社会用电增量的贡献度达 43.8%，有力拉动了用电需求增长，相当于减少终端用户燃煤 4.45 亿 t，对治理大气污染、改善空气质量具有明显成效，提升了终端用能结构清洁化水平。

国家能源局印发的《2022 年能源工作指导意见》提及，2022 年预期新增电能替代电量 1800 亿 kWh 左右。根据国家有关政策和国家电网公司的行动计划，预计"十四五"期间我国年均电能替代量保持在 1500 亿～2000 亿 kWh，将持续抬高电力消费，推动提升我国 2025 年终端电气化率至 30%～31%。

一、电能替代重点领域

电能替代方式多样，涉及居民采暖、工业与农业生产、交通运输、电力供应与消费、家庭电气化等众多领域，以分布式应用为主。

（一）居民采暖领域

在北方刚性采暖需求地区和长江沿线有采暖需求地区，在学校、商场、办公楼等热负荷不连续的公共建筑，加大与燃气（热力）管网的竞争，大力推广碳晶、石墨烯发热器件、发热电缆、电热膜等分散电采暖替代集中供暖。

在供热（燃气）管网无法达到的老旧城区、城乡结合部或生态要求较高区域的居民住宅，推广蓄热式电锅炉、热泵、分散电采暖。

在农村地区有计划推进散煤清洁化替代，大力推广以电代煤。

在西南水电、三北风电富集和特高压落点地区，利用低谷富余电力，实施蓄能供暖、风电供暖和清洁替代。

（二）生产制造领域

在生产工艺需要热水（蒸汽）的各类行业，逐步推进蓄热式与直热式工业电锅炉应用。重点在服装纺织、木材加工、水产养殖与加工等行业，试点蓄热式工业电锅炉替代集中供热管网覆盖范围以外的燃煤锅炉。

在金属加工、铸造、陶瓷、岩棉、微晶玻璃等行业，以及产品具有高附加值的行业，积极推广电窑炉。

在采矿、食品加工等企业生产过程中的物料运输环节，以及港口船舶散货运输码头，推广电驱动皮带传输。

在经济作物特色种植区，推广电制茶、电烤烟、电烤槟榔等。

在农业大省，结合高标准农田建设和推广农业节水灌溉等工作，加快推进机井通电。

在农业生产、农副产品加工、蔬菜大棚养殖等领域，大力推广电供暖、热泵、光热供暖等技术。

（三）交通运输领域

落实电动汽车充换电设施发展规划，加快建设公共充电网络，推动电动汽车普及应用。

在沿海、沿江、沿河等重点港口码头，大力推广靠港船舶使用岸电和电驱动货物装卸，推动岸电入海应用。

支持空港陆电等新兴项目，在机场廊桥和停机坪机位，推广应用机场桥载设备替代APU 和陆电入机供电，推动机场运行车辆和装备"油改电"工程。

（四）电力供应与消费领域

在可再生能源装机比重较大、高效发电机组利用小时数较低、清洁能源富裕的地区，加快推进燃煤自备电厂跨区跨省清洁替代，推广应用储能装置，提高系统调峰调频能力，促进清洁能源消纳。

在城市大型商场、办公楼、酒店、机场航站楼等建筑推广应用热泵、电蓄冷空调、蓄热电锅炉等，促进电力负荷移峰填谷，提高社会用能效率。

（五）家庭电气化等其他领域

大力提升全社会电气化水平，积极推动电空调、电冰箱、电磁炉、电热水器等家用电器的普及使用，提升城乡居民生活用电智能化水平。

二、电能替代典型应用

（一）电热泵–工业领域应用

在食品工业的生产过程中需要热能来杀菌、浓缩和干燥，食品和饮料器具的清洗需要热水；在生化工业中，化学品生产、药物提取过程中的溶剂需要热能蒸馏回收和再生。制取这些热能的传统方法是燃烧各类燃料或电加热。利用燃料的燃烧制热，不但要消耗大量能源，而且还会造成环境污染；采用电能加热看似是一种洁净的方法，但电能基本还是靠燃烧燃料制取的，其获得同样热能所消耗的能源和导致的环境污染通常更多。相比较，热泵是制取这类热能的更好方法。

电热泵仅需要消耗少量高品位电能，就能从低温热源（如环境空气、海水、土壤等）中抽取大量低温热能，将其温度升高后"泵送"给用户，如图 7–4 所示。其制取热能的能源消耗可比传统方法节省一倍甚至数倍。

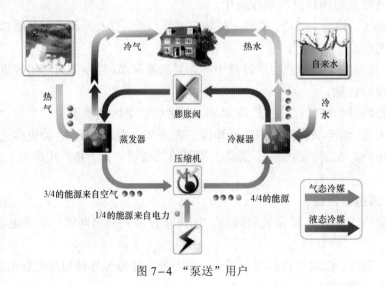

图 7–4 "泵送"用户

热泵机组具有冷暖兼备、一机三用（取暖、制冷、热水）、启停控制方便、运行稳定、高效经济、节能环保等特点。从能效水平看，热泵系统能效比在 3.5 到 5.5，比传统空调系统运行效率要高 40%，是节能型空调系统。

另外利用热泵机组低温余热回收再利用功能，热泵在干燥领域可广泛使用。如对塑料、颜料、肥料、催化剂、纸张等化工制品干燥；中药原材料、药物制剂等药品干燥；血浆、生物组织、酶、酵母、抗生素等生物制品干燥；木材等林产品和煤炭等能源产品的干燥。以上这些干燥均可采用热泵干燥装置。热泵吸收干燥器废气中的低温热能，将热能温度提升后，再用来加热进入干燥器的干燥介质，并同时将干燥器废气中的水分降温凝结为液态水排出。与常规干燥装置比，热泵干燥装置具有节能高效、干燥质量好的特点。

与其他常规干燥方式比较，热泵干燥的基本技术特点是可以高效制取不同温度的干燥介质，其下限可以到 0℃，上限则无明确的限制，但通常在 150℃ 以下。热泵干燥装置在低温干燥领域有很强的综合竞争力，尤其对干燥过程耐受温度在 0～60℃ 的一大类物料。

因此热泵在以热水供应、热能供应、干燥为主的领域可广泛推广应用，如化工厂、制药厂、制盐厂、造纸厂、纺织厂、橡胶厂、冶金、玻璃行业等工业领域以及在农林水产领域的应用包括制取热水、热蒸汽、余热利用、干燥等。

（二）家用和商用电炊具应用

1. 家用电器

包括电磁炉、电水壶（开水器）、电压力锅、热水器等。

（1）电磁炉又被称为电磁灶，即利用交变电流通过线圈产生方向不断改变的交变磁场，处于交变磁场中的导体的内部将会出现涡旋电流，涡旋电流的焦耳热效应使导体升温，从而实现加热。

（2）电水壶（开水器）：采用的是蒸气智能感应控制，过热保护，水煮沸自动断电、防干烧断电，快速煮沸水的一种器具。

（3）电压力锅：电压力锅是传统高压锅和电饭锅的升级换代产品，它结合了压力锅和电饭锅的优点，采用弹性压力控制，动态密封，外旋盖、位移可调控电开关等新技术、新结构，全密封烹调、压力连续可调，解决了压力锅的安全问题，解除了普通压力锅困扰消费者多年的安全隐患；其热效率大于 80%，省时省电。

（4）电热水器：电热水器就是将电能转换为热能，在一定时间内使冷水温度升高变成热水的一种装置。

2. 典型应用

（1）烧开水。以起始水温 20℃，烧开一壶水（5 磅，2.2kg）为例，液化气、天然气、电力对比表见表 7-4。

表 7-4   液化气、天然气、电力对比表

名称	液化气	天然气	电力
所用能源	燃气	天然气	电
能源热值	11 000Cal/kg	8600Cal/m³	860Cal/kWh
能源单价（元）	7 元/kg	3 元/m³	0.538 元/kWh
能源利用率（%）	40	40	95
产生能耗费用（元）	0.28	0.153	0.116 [注：高峰时段（0.568 元/kWh）：0.122 元/壶；低谷时段（0.288 元/kWh）：0.062 元/壶]

以一家一天用 5 瓶热水计算（高峰 3 瓶、低谷 2 瓶），与瓶装液化气比较，用电水壶可以节约（（0.28-0.122）×3＋（0.28-0.062）×2）×365＝332 元/年。建议：如果采用燃气灶具烧水时，水壶底面积越大越好，火头燃烧面积要约小于水壶底部，不要开大火。

（2）洗澡、取暖等热水供应。以提供 50kg，60℃热水为例，采用燃气热水器（液化气、天然气）、电热水器、空气源热泵的对比表见表 7-5。

表 7-5   燃气热水器（液化气、天然气）、电热水器、空气源热泵对比表

名称	燃气热水器		电热水器	空气源热泵
	液化气	天然气	电	电
所用能源	燃气	天然气	电	电
能源利用率（%）	75		90	300
能源消耗费用（元/次）	1.7	0.93	0.74	0.22

以一家 2 天用 50kg 热水计算，与瓶装液化气比较，用电热水器可以节约（1.7-0.74）×180＝173 元/年，用空气源热泵热水器可以节约（1.7-0.22）×180＝266 元/年。由于电热水器和空气源热泵热水器都是利用低谷电加热进行热水储存，所供应的热水容量取决于保温水箱的大小，在人口比较多的家庭要选用较大容积。

（3）商用电磁灶。以 6kW 热量炒菜合计 1h 为例，总计需要热值 5160Cal 计算，燃气灶、柴油灶、电磁灶的对比表见表 7-6。

表 7-6   各 类 灶 具 对 比 表

名称	燃气灶		柴油灶	电磁灶
	液化气	天然气	柴油	电
所用能源	燃气	天然气	柴油	电
能源单价	7 元/kg	4.5 元/m³	7 元/kg	0.881 元/kWh
能源利用率（%）	30		15	90
折算成费用（元/h）	10.95	9	23.84	5.87
节约成本（元/年）				7417

以一台灶一天有效利用4h计算，与瓶装液化气比较，用电磁灶可以节约（10.95−5.87）×4×365＝7417元/年，一年就能收回投资成本。建议：由于考虑最大火力，猛火炒菜的需要，电磁灶配置的功率比较大，一般在5kW以上，单位一般在12kW以上。安装时一定要考虑好容量配置。

（三）热泵−生活用热水应用

在商业、公共服务、食品加工等领域，常常需用热水供暖、洗浴、食品和饮料器具的清洗、室内游泳池、解冻冻结的肉类和水产类等。这些所需热水的温度大多在60℃左右，制取这些热水的传统方法是燃烧各类燃料产生蒸汽或高温热水，再用蒸汽或高温热水与冷水混合制成所需要的热水。与工业领域相同，热泵是制取这类热能更好的方法。

与其他生活热水制取方式比较，热泵的基本特点是只需消耗少量高品位能源，即可制取大量的中高温热能。经过比较，当低温热源适宜，且热水温度与低温热源温差不太大时，热泵热水装置具有对气候及安装场地的适应性强、安全性好、能源效率高、维护简单等特点，其高出的初期投资通常可在6～24月内通过能源费用的节省而收回。

因此热泵在以热水供应、供暖供冷为主的领域可广泛推广，如超市、商场、酒店、旅馆、影剧院、体育馆、学校、图书院、疗养院、度假村、游泳池、浴室等公共服务领域以及在商业领域的应用包括制取热水、供暖供冷、织物干燥等。

三、电能替代政策

政策的支持是电能替代发展的关键因素，国家层面出台了一系列的电能替代支持政策，地方政府结合当地实际也相应出台了一系列促进电能替代技术推广应用的政策措施。下面就近年来国家政府层面出台的电能替代政策进行梳理。

2011年10月，财政部办公厅、科技部办公厅、工业和信息化部办公厅等联合印发《关于进一步做好节能与新能源汽车示范推广试点工作的通知》（财办建〔2011〕149号），积极研究针对新能源汽车落实免除车牌拍卖、摇号、限行等限制措施，并出台停车费、电价、道路通行费等扶持政策，广泛调动政府、企事业单位和个人购买、使用节能与新能源汽车的积极性。

2013年9月，国务院印发《关于印发大气污染防治行动计划的通知》（国发〔2013〕37号），到2017年，煤炭占能源消费总量比重降低到65%以下。京津冀、长三角、珠三角等区域力争实现煤炭消费总量负增长，通过逐步提高接受外输电比例、增加天然气供应、加大非化石能源利用强度等措施替代燃煤。

2014年11月，国务院办公厅印发《关于印发能源发展战略行动计划（2014—2020年）的通知》（国办发〔2014〕31号），积极发展能源替代；加快淘汰分散燃煤小锅炉，到2017年，基本完成重点地区燃煤锅炉、工业窑炉等替代改造任务。

2016年5月，国家发展改革委、国家能源局、环保部等部委印发《关于推进电能替代的指导意见》（发改能源〔2016〕1054号），将在北方居民采暖、生产制造、交通运输、电力供应与消费等4个重点领域推进电能替代。"十三五"期间，实现能源终端消费环节电能替代散烧煤、燃油消费总量约1.3亿吨标准煤，带动电煤占终端能源消费比重提高约 1.5%，促进电能占终端能源消费比重达到约 27%。

2016 年 11 月，国家发展改革委、国家能源局制定了《电力发展"十三五"规划（2016—2020 年）》，2020 年，电能替代目标 4500 亿 kWh，实现能源终端消费环节电能替代散煤、燃油消费总量约 1.3 亿吨标准煤。

2017 年 1 月，国务院印发《关于印发"十三五"节能减排综合工作方案的通知》（国发〔2016〕74 号），加强煤炭安全绿色开发和清洁高效利用，推广使用优质煤、洁净型煤，推进"煤改气""煤改电"，鼓励利用可再生能源、天然气、电力等优质能源替代燃煤使用。在居民采暖、工业与农业生产、港口码头等领域推进天然气、电能替代，减少散烧煤和燃油消费。

2017 年 8 月，环保部、国家发展改革委、财政部、国家能源局印发《京津冀及周边地区 2017 年大气污染防治工作方案》，将民生供暖电能替代、燃气替代项目列入中央基建投资计划，优先支持清洁能源替代项目使用中央基建投资，给予替代项目部分设备投资支持。

2017 年 9 月，住房和城乡建设部、国家发展改革委、财政部和国家能源局四部门发布《关于推进北方采暖地区城镇清洁供暖的指导意见》（建城〔2017〕196 号），"2+26"个城市推进"煤改气""煤改电"以及可再生能源供暖工作，加快推进"禁煤区"建设，提高清洁供暖水平。

2017 年 9 月，国家发展改革委、工业和信息化部、财政部、住房城乡建设部、国务院国资委、国家能源局 6 部门联合发布《电力需求侧管理办法（修订版）》（发改运行规〔2017〕1690 号），各有关部门和企业要在需求侧领域合理实施电能替代，促进大气污染治理，扩大电力消费市场，拓展新的经济增长点。

2018 年 3 月，国家发展改革委、国家能源局印发《关于提升电力系统调节能力的指导意见》（发改能源〔2018〕364 号），全面推进电能替代，到 2020 年，电能替代电量达到 4500 亿 kWh，电能占终端能源消费的比重上升至 27%。

2019 年 10 月，国家生态环境部、发展改革委等十部门联合北京市、天津市等人民政府共同印发《京津冀及周边地区 2019—2020 年秋冬季大气污染综合治理攻坚行动方案》，坚持宜电则电、宜气则气、宜煤则煤、宜热则热，积极推广太阳能光热利用和集中式生物质利用。

2021 年 4 月 22 日，国家能源局制定了《2021 年能源工作指导意见》并予以发布，规定：煤炭消费比重下降到 56% 以下；新增电能替代电量 2000 亿 kWh 左右，电能占终端能源消费比重力争达到 28% 左右。

第六节　需求侧响应

近年来，我国电力供需形势发生深刻变化，生态文明建设、能源消费革命、新一轮电力体制改革的推进都对电力需求侧管理提出了新的要求。《电力发展"十三五"规划（2016—2020 年）》中特别强调需大力提高电力需求侧响应能力。电力生产供应和消费应贯彻节约优先、绿色低碳的国家能源发展战略，在增加电力供应时，统筹考虑并优先采取电力需求侧管理措施。

一、需求侧响应基本概念

（一）电力需求响应

需求响应（DR，demand response），即电力用户根据价格信号或激励机制做出响应，改变以往的电力消费习惯或用电行为，从而促进电力供需平衡、保障系统稳定运行的市场参与行为。也就是说当用电出现缺口时，充分发挥市场机制的调节作用，电力用户根据价格信号或激励政策，按照供需双方事先签订的合作协议，主动改变其用电行为，减少高峰用电负荷，从而促进电力供需平衡、保障系统稳定运行的行为。

当满足以下条件之一可考虑启动需求响应：

（1）全省电力供需出现紧平衡；

（2）全省电力供需出现缺口，供需缺口小于全省电力需求响应总能力；

（3）局部地区出现电力供需缺口，电力供需缺口小于当地电力需求响应总能力。

（二）可调节负荷

可调节负荷资源指能够根据电价、激励等信息，实现启停、调节运行状态或调整运行时段的客户侧用电设备、分布式电源设备及储能设备等。

可调节负荷大致可以按照以下情况进行分类：

（1）按行业类型可分为工业负荷、商业负荷、农业负荷、居民负荷，电动汽车及储能等。

（2）按控制方式可分为直控负荷和自控负荷。

（3）按响应速度可分为日前（1天）、小时级（一般0.5～4h）、分钟级（5min以内）、秒级（1min以内）、毫秒级（1s以内），其中分钟级及以内只针对空调、储能等具备条件的负荷，并签订负荷直接控制协议。

（4）按应用场景可分为削峰、填谷、新能源消纳、区域电网精准负荷控制、紧急需求响应、市场化交易、虚拟电厂等。

二、电力需求响应开展的原因

1. 政策方面，多方位助推电力需求响应的实施

自2004年起，国家各部门就已陆续出台政策文件，指导用能单位开展电力需求侧管理工作，加强电能管理，调整用能结构，提高终端用电效率，为实施需求响应提供了强有力的政策支持。各地方也出台了开展电力需求侧响应的实施细则及多种优惠政策。

2. 市场方面，经济效益调动供需双方的积极性

售电侧改革有利于实现供需方资源的优化配置和综合能效提升，为电力需求响应提供更好的实施环境。售电公司可进行削峰填谷改善用户负荷特性，帮助用户降低成本，提升客户黏性。

随着新基建发展、互联网智慧能源战略实施以及电力市场改革的推进，实施电力需求响应将成为新形势下的发展趋势，市场空间广阔。

三、开展需求响应的措施

（一）基于价格的需求响应措施

用户根据接收到的电价信号，包括分时电价、尖峰电价和实时电价，通过削减负荷可减少电能消耗，降低负荷峰谷差，调整电力需求，达到优化系统资源配置的效果。

（二）基于激励的需求响应措施

根据电力系统供需状况相关的政策要求，用户在发生系统性或区域性电网紧急情况下降低电力需求，可获得直接补偿或电价折扣优惠。传统的激励计划包括直接负荷控制和可中断负荷，市场环境下的激励计划包括需求侧竞价、紧急需求响应以及容量市场、辅助服务等。

四、需求响应执行

（一）响应要求

1. 响应能力

全省用户协议响应能力合计值应达到年度需求响应计划值的 150%。单个用户的协议响应能力不高于年度有序用电方案的错避峰负荷量，且需确保人身、设备等安全；协议响应能力一般为该用户最高用电负荷的 10% 以上，且对正常生产经营活动不产生较大影响。

（1）当满足以下条件之一可考虑启动削峰需求响应：

1）全省电力供需出现紧平衡，且备用容量不足；

2）全省电力供需出现缺口，电力供需缺口小于全省电力需求响应总能力；

3）局部地区出现电力供需缺口，电力供需缺口小于当地电力需求响应总能力。

当全省出现持续性的电力供需缺口，且大于全省电力需求响应能力时，则停止执行需求响应，启动实施有序用电。

（2）当满足以下条件之一可考虑启动填谷需求响应：

1）用电负荷水平较低，且电网负荷备用不足；

2）用电负荷大幅下降，电网负荷调节能力不能适应峰谷差变化；

3）可再生能源波动性、间歇性影响导致电网调节困难。

2. 响应时段

实施削峰需求响应的时间段原则上为白天用电高峰时段（早高峰：10:00～11:00，午高峰：13:00～17:00），具体时段在响应邀约中明确。实施填谷需求响应的时间段原则上为低谷时段（凌晨低谷：0:00～6:00，中午低谷：11:00～12:00），具体时段在响应邀约中明确。单次需求响应总指标根据电网实际供需情况确定，当其低于年度需求响应计划值时，则用户的需求响应指标也按比例下调。

（二）响应实施主体

需求响应实施主体包括政府主管部门、电网企业、电力用户、负荷聚合商等。

电网企业作为需求响应的重要实施主体，在政府电力主管部门指导下，组织开展需求响应工作。会同政府部门制定需求响应工作方案，做好资源普查、客户宣贯、组织实施、效果认定等具体工作。

电力用户制定自身参与需求响应的实施预案，履约执行需求响应。参与直控型实时需求响应的，应履约保证保底可调节负荷的在线水平。

负荷聚合商制定自身参与需求响应的实施预案，做好所集成负荷资源的有效管理，确保履约执行需求响应。参与直控型实时需求响应的，应履约保证保底可调节负荷的在线水平。

（三）响应实施场景

实施场景主要包括削峰、填谷、新能源消纳、紧急需求响应、区域电网精准响应、市场化交易响应、虚拟电厂等。

（1）削峰响应。在夏冬两季电网用电负荷高峰时段，市场供需矛盾突出的情况下，启动削峰响应，降低高峰时段用电负荷，实现电力供需平衡。

（2）填谷响应。在用电低谷时段、火电机组调峰困难，启动填谷响应，鼓励电力用户低谷期间用电，填补负荷低谷，实现电力供需平衡。

（3）清洁能源消纳响应。在清洁能源大发时段，风电、光伏、水电等清洁能源发电消纳困难时，利用市场化手段引导用户多用清洁电，减少弃风，弃光、弃水。

（4）紧急需求响应。在发生自然灾害、设备故障等情况下，电网供电能力受限，启动紧急需求响应，降低用电负荷，实现供需平衡。

（5）区域电网精准需求响应。在局部电网存在短时缺口、设备过载等情况，但电网改造投资经济性不高时，组织该区域内客户实施需求响应，提升用电负荷率，缓解电网投资压力。

（6）市场化交易响应。通过综合能源服务公司等负荷聚合商，聚合需求响应资源，参与辅助服务市场、容量市场、电力现货市场等交易，完善市场红利分配机制。

（7）虚拟电厂。通过综合能源服务公司等聚合商，利用智慧能源服务平台聚合客户侧可调节负荷，分布式电源、储能等各类资源，满足"虚拟电厂"技术性能，实现与电网能量交互。

（四）响应实施对象

实施对象包括工业负荷、建筑楼宇负荷、储能负荷、电动汽车负荷、负荷聚合商负荷、农业负荷、居民负荷等。

（1）工业负荷。工业生产领域中具备可调节能力的生产、辅助、办公生活等用电负荷。

（2）建筑楼宇负荷。建筑楼宇中的集中式空调、分散式空调、电锅炉等用电负荷。

（3）客户侧储能负荷。蓄热式电采暖、冰蓄冷、电池储能、电感电容储能等储能设备。

（4）电动汽车负荷。通过对电动汽车充电桩功率、时间的调控和对 V2G 充电桩充放电方式及功率大小控制，成为可调节的充放电设备。

（5）负荷聚合商负荷。负荷聚集商将分散的工业负荷、建筑楼宇负荷、居民负荷、电动汽车负荷等进行聚合，以聚合代理的形式参加需求响应。

（6）农业负荷。农业生产过程中的提灌水泵、自动烘干式制肥机、智能饲料粉碎机、沼气制备辅热装置、农产品自动电烘干炉等设备负荷。

（7）居民负荷。居民分散式空调、电热水器等便于调节控制与负荷聚合，且短时调节对居民生活影响较小的负荷。

（五）响应程序

1. 响应邀约

省电力公司根据电网供需变化情况，确定需求响应区域、指标值、响应时段等信息，提出需求响应启动建议，省发改委（能源局）启动需求响应。省电力公司组织市、县供电公司通过负荷管理系统于响应前一天中午 12 时前，向邀约范围内的所有签约用户发出响应邀约。邀约信息应包含响应时段、协议响应能力、用户基线平均负荷、邀约反馈截止时间等。

用户对邀约信息有异议的，当地供电公司要认真听取用户意见，意见合理的，要予以采纳。意见无法达成一致的，不列入邀约范围。

2. 响应能力确认

用户应于响应邀约发出后 2h 内反馈是否参与本次需求响应，逾时未反馈的视为不参与。省电力公司根据用户反馈信息统计本次计划参与负荷总量，若计划参与负荷总量大于或等于需求响应总指标，则单个用户的需求响应指标按其协议响应能力进行比例分配；若计划参与负荷总量小于需求响应总指标，则单个用户的需求响应指标为其协议响应能力，剩余供需缺口考虑通过有序用电等方式达到平衡。省电力公司在收到用户反馈后 1h 内向所有参与用户发出响应确认信息，确认信息包含响应时段、用户本次需求响应指标、用户基线平均负荷等。

3. 响应执行

用户在响应日按照约定的响应时段和需求响应指标，完成负荷调控。

（六）效果评估

1. 基线计算方式

需求响应起止时间为响应确认信息中的响应时段。根据气温、用户历史负荷曲线，原则上选取用户在需求响应邀约日的前 5 个工作日，将其对应响应时段的平均负荷曲线作为基线。基线中出现的最大负荷称为基线最大负荷，出现的最小负荷称为基线最小负荷。根据基线计算出的平均负荷称为基线平均负荷。

2. 评估标准

实施削峰需求响应时，用户在响应时段须同时满足以下两个条件：

（1）最大负荷低于基线最大负荷；

（2）平均负荷应低于基线平均负荷，且其差值大于需求响应指标 80%，则视为有效响应；否则视为无效响应，不予补贴。

实施填谷需求响应时，用户在响应时段须同时满足以下两个条件：

（1）最小负荷高于基线最小负荷；

（2）平均负荷应高于基线平均负荷，且其差值大于需求响应指标 80%，则视为有效响应；否则视为无效响应，不予补贴。

（七）补贴计算和核发

（1）根据最新的价格政策，对于削峰实时需求响应，补贴单价为 4.0 元/kWh；对于削峰约定需求响应，补贴单价为 2.0 元/kWh。

（2）根据最新的价格政策，对于填谷需求响应，补贴单价为 1.2 元/kWh，具体响应时段以后续通知为准。

（3）补贴核发。用户补贴资金按季度结算核发。电力需求响应补贴事宜，由省电力公司根据评估测算数据，于当年 10 月和次年 1 月第 7 个工作日前报送省发改委、省能源局审核，审核通过的补贴金额在省发展改革委网站上进行公示，公示期 1 周，用户如对补贴金额有疑义，可在公示期内向省发改委、省能源局提出复核要求。公示期结束后的 10 个工作日内，省电力公司完成用户补贴金额的结算发放。省电力公司应于次年 1 月底前向省发改委、省能源局报送今年电力需求响应实施情况。